Della Vita E Delle Opere De Silvio Pellico: Da Lettere E Documenti Inediti, Volume 2...

Ilario Rinieri

Nabu Public Domain Reprints:

You are holding a reproduction of an original work published before 1923 that is in the public domain in the United States of America, and possibly other countries. You may freely copy and distribute this work as no entity (individual or corporate) has a copyright on the body of the work. This book may contain prior copyright references, and library stamps (as most of these works were scanned from library copies). These have been scanned and retained as part of the historical artifact.

This book may have occasional imperfections such as missing or blurred pages, poor pictures, errant marks, etc. that were either part of the original artifact, or were introduced by the scanning process. We believe this work is culturally important, and despite the imperfections, have elected to bring it back into print as part of our continuing commitment to the preservation of printed works worldwide. We appreciate your understanding of the imperfections in the preservation process, and hope you enjoy this valuable book.

ILARIO RINIERI

Della Vita e delle Opere di SILVIO PELLICO

Da Lettere e Documenti inediti

Volume Secondo.

Libreria Roux di
Renzo Streglio
Torino · 1899·

LETTERA DEL PADRE A SILVIO PELLICO CARCERATO A VENEZIA
MUTILATA DALLA POLIZIA AUSTRIACA.

RE/ RINIERI

Della Vita
e delle Opere

di

...

Volume Secondo

Libreria DUX di
ENZO TRECHO
ORINO · 1930

ILARIO RINIERI

Della Vita e delle Opere
di
SILVIO PELLICO

Da Lettere e Documenti inediti

Volume Secondo.

Libreria Roux di
Renzo Streglio
Torino · 1899·

PROPRIETÀ LETTERARIA

CIRIÈ — TIP. RENZO STREGLIO - 1899.

AL LETTORE

L'aspettazione impaziente imprima, e l'universale accoglienza fatta poscia al primo volume: Della vita e delle opere di Silvio Pellico, *hanno provato quanto perduri tuttavia pregiata e cara agl'Italiani la memoria di Silvio Pellico. E insieme hanno servito di stimolo allo scrittore e al chiaro Editore di quest'opera, per affrettare la pubblicazione del secondo volume, desiderato e richiesto oramai da molti lettori con legittima curiosità. Il quale esce quindi alla pubblica luce, lavorato e compiuto con quelle stesse norme, che regolarono il primo.*

Con ciò intendo di significare al lettore, non avere io avuto altro proposito nell'imprendere e condurre a termine questo lavoro, se non di fare un'opera prettamente storica, che facesse conoscere e presentasse come in uno specchio, terso e fedele, riverberate le azioni, le qualità, i fortunosi avvenimenti, i dolori, le gioie, l'indole, in breve l'anima tutta dell'autore delle Mie Prigioni. *Laonde, nemico per principio e per esperienza, di còn-*

siderazioni pedantesche e di declamazioni tanto inutili quanto pericolose, delle quali si dilettano certi scrittori recenti stemperandole a ogni poco in prolusioni rettoriche o in istorici proemii, mi sono attenuto al metodo storico, ed ho adoperato proporzionandola all'argomento la critica più accurata e più imparziale, che l'indole di quest'opera, il tempo, e le occupazioni mi abbiano acconsentito.

Forse altri disapproverà l'uso soverchio de' documenti, e altri avrebbe desiderato maggiore studio nel comporli in maniera più unita e continuata. Altri forse, avvezzo a letture compassatamente finite e adagiate come a sopragitto sopra un fondo storico, da' proprii autori ignorato o falsamente supposto, si abbatterà in alcune notizie, circostanze di fatti o giudizii, che gli riusciranno nuovi o gli sapranno reo.

Ai primi la risposta è facile: per non interrompere il filo della narrazione, i documenti si possono, leggendo, tralasciare. Agli altri giova il ripetere, non esservi altra sorgente, d'onde derivi il vero, se non quella de' documenti. E se per avventura la maniera, con cui lo scrittore ha dato l'intonazione al racconto o ha formulato i suoi giudizii, non apparisca in rispondenza o in armonia con quelli, ogni giudizioso lettore li potrà modificare e anche correggere col discuterli egli stesso a sua posta con animo riposato. Inoltre, per dirla qui di passata, siccome ho accolto non solo con piacere ma *con animo grato le giuste e amichevole osservazioni, che intorno al I° volume mi sono state dirette da parecchi cortesi lettori, così mi protesto grato a chiunque me ne presenterà intorno al secondo.*

Se poi qualche raro lettore incontrando alcune verità, discordanti dall'aspettazione del suo animo o dalle imagini della sua fantasia, vi torce il labbro con isdegno e contro colui che le ha scritte riversi le impressioni del suo mal talento, costui a giudizio di tutti fa opera ingiusta del pari che inutile: il vero non si cambia per ciance nè per ingiurie.

Tali sentimenti, che mi hanno occupato l'animo nella lunga fatica di cui, gentile Lettore, ti presento il frutto in queste pagine, auguro e desidero che non si scompagnino mai dall'animo tuo nello studio dilettevole, che tu farai scorrendole. Vivi felice!

I. R.

Torino, 1 novembre 1898.

INDICE DEI CAPITOLI

AL LETTORE . . . . *Pag.* VII

CAPITOLO   I. - La Carboneria . . . . »   1

»   II. - La Carboneria universale secondo documenti ufficiali inediti . . . . »   23

»   III. - Pietro Maroncelli - Suo processo (1817) . . . . »   67

»   IV. - Processo.

         I. Silvio Pellico è arrestato - Sue negazioni e speranze di prossima liberazione . . . »   105

         Estratto di alcuni Costituti del processo del conte Confalonieri . . . . »   112

         II. Confessioni . . . . »   137

»   V. - La Sentenza - I dolori della sua famiglia - Carteggio di Silvio Pellico dalle carceri di Venezia . . . . »   152

»   VI. - Lo Spielberg . . . . »   188

CAPITOLO VII. - La liberazione - Le *Mie Prigioni* - Memorie perdute . . *Pag.* 206

» VIII. - Di un'autobiografia di Silvio Pellico - Relazione del Padre Bresciani, scritta dal Bresciani medesimo . . . . » 239

» IX. - Silvio Pellico e l'Abbate Vincenzo Gioberti . . . . . . » 248

» X. - Relazioni - Ultimi anni . . . » 300

» XI. - Morte di Silvio Pellico . . . » 319

» XII. - La vita letteraria di Silvio Pellico . . . . » 337

APPENDICE. - Frammenti autobiografici e letterarii di Silvio Pellico . . . . » 365

INDICE ANALITICO . . . . » 391

CAPITOLO I.

LA CARBONERIA

> Ecco la fiera con la coda aguzza,
> che passa i monti, e rompe mura ed armi;
> ecco colei che tutto il mondo appuzza.
> *(Inferno, XVII, 1).*

Rintracciare le origini della Carboneria reputiamo opera inutile se non perduta affatto; tra perchè si tratta di cose succedute in congreghe secrete avvolte sempre nel mistero; e perchè, atteso le vigilanti inquisizioni della polizia austriaca, gli aggregati badavano a scrivere poco, e quel poco a nascondere gelosamente o distruggere addirittura. D'altra parte lo spirito nostro, quando si tratta di cose arcane, tende sempre all'esagerazione; e lo storico si trova facilmente su i confini della leggenda. Qui più che mai altrove saremo scrupolosi, ch'è quanto dire non daremo accoglienza se non a cose *certe*, o che almeno, atteso i documenti, reputiamo tali.

« Dal tutto, si può argomentare che la *Carboneria*

non era che la *Massoneria* riformata »: così il Carbonaro Maestro Foresti ne' suoi *Ricordi* (1). Con quest'affermazione di un uomo inteso nella materia concordano le testimonianze di molti altri addetti, i quali massimamente sono qui fededegni. Delle rivelazioni di uno di questi abbiamo alla mano uno scritto, cavato da un processo segretissimo, di cui potemmo avere una copia dagli archivii di un antico ministro. Confrontando le notizie ivi contenute con quanto asserisce il Mazzini nel vol. I e II delle sue opere, le abbiamo trovate rispondenti a capello. Le denominiamo *Testimonianze inedite:* la discrezione non ci permettendo altro per ora.

---

(1) **Fu iniziato a Ferrara nel 1817 dal Solera, uno de'** *Mille* che denunziarono i loro compagni. Ebbe per incarico d'introdurre le *Vendite* negli Stati Austriaci della sinistra del Po. Essendo egli giudice (Pretore) e pertanto insospettato, vi riuscì a maraviglia, e potè aprirvi moltissime vendite. Fu arrestato il 7 genn. 1819; giudicato e condannato attentava nella stessa prigione alla sua vita forsennatamente. Condotto allo Spielberg ne usciva nell'ottobre del 1835. I suoi Ricordi furono pubblicati dal Vannucci nei *Martiri*, p. 605 segg. Cf. **Ces. Cantù**, che dà di lui un giudizio sfavorévole a p. 211 (n. 22), *Cronistoria*, II.

I ragguagli, sebbene *incerti* e confusi, sull'origine della Carboneria si possono vedere negli autori seguenti: **John Murray**, *Memoirs of the Secret Societies of the South of Italy, particularly the Carbonari*, Londra 1821, libro divenuto raro. **Saint-Edme**, *Constitution et organisation des Carbonari*, Paris, 1821. Parla della gran follia della Repubblica Ausonia: da questo Autore prese i suoi documenti il Gualterio (*Gli ultimi Rivolgimenti*) vol. I, p. 30, 227. **Cesare Cantù**, *Cronistoria*, vol. I, p. 808 e segg. **Crètineau Joly**, *L'Eglise Romaine en face de la Révolution* (Paris, 1860), vol. II, *passim*. **Gervinus**, *Geschichte des 19 Iahrunderts*, (Leipzig, 1855-1866) vol. I, cap.: Die Carbonari. **Ernesto Masi**, *Cospiratori in Romagna dal 1815 al 1859* (Bologna, 1896). E sopratutto **N. Deschamps**, *Les Sociétés secrètes et la Société* (Paris, 1880), vol. II, p. 232 e segg.

Anche secondo Cesare Cantù, «realmente questa società rampollava dalla massoneria, fondata su arcani e segni di ricognizioni, comunicati a pochi e a misura dei gradi». (*Cronist.* vol. I, p. 808). E già la massoneria, ch'era stata accolta all'impazzata nelle dorate sale della spensierata Maria Antonietta e delle molteplici cugine (1), erasi sparsa in Italia molto prima della gran Rivoluzione. Nel 1785 fu scoperta in Venezia una loggia, a cui trovavasi ascritto il fiore dell'aristocrazia della tarlata Repubblica, nè vi mancavano due Abati e tre Reverendissimi. C'era tutto il solito *mondo* massonico de' riti simbolici, de' rari attrezzi e altri secretumi, fino a tre letti ben forniti e uno scrigno con entrovi quattro mila ducati. Ogni cosa fu presa e confiscata da' giudici magistrati (2).

Il Cusani riferisce ch'entrò in Lombardia, passata la metà del sec. XVIII (3), e citando l'autorità del Colletta racconta « che alcuni Napoletani esuli nel 1799, iniziati in Svizzera ed in Allemagna, dove la setta portava altro nome, tornando in patria v'introducessero la Carboneria» (4). Secondo questi storici la denominazione di Carbonari fu presa da' primi banditi Calabresi, i quali vivendo

---

(1) È da confrontare su questo argomento la testimonianza *autentica* del gran massone **Louis Amiable**, nel suo libro: *Une loge maçonnique d'avant 1789*, p. 95 e segg. (Paris, 1897).

(2) *Carte segrete e Atti ufficiali della polizia austriaca in Italia.* (Capolago, Torino, 1852), vol. I, p. 81.

(3) *Stor. di Milano*, vol. I, p. 205 e segg.

(4) *Ibid.*, p. 209.

alla macchia riparavano nelle grotte de' fabbricatori di Carbone. Di questi il colore e la selvatichezza e la strana foggia colpì talmente la loro fantasia, che ne vollero prendere il nome e la fosca parvenza. Quindi introdussero il gergo di vocaboli commerciali di *vendite*, e simili, che frullavano spesso nelle loro comunicazioni secrete: in verità non era se non una goffa maniera di nascondersi a' *pagani*, così chiamando essi i semplici mortali non iniziati (1).

Determinare lo scopo della Carboneria è cosa difficilissima per chi voglia attenersi alle norme storiche. Riferiremo quindi freddamente quanto ci presenteranno i documenti, che abbiano valore.

Lo scopo politico era uno, a detta di tutti gli storici: l'indipendenza nazionale, e la civile libertà (2); « unità, libertà, indipendenza » (3); se fosse ciò solo, vedremo. Intanto *tutti i mezzi* conducenti a quel fine erano buoni e adoperati da loro per quanto potevano. Ecco come si esprime *L'iniziatore al Carbonarismo* di G. Mazzini: « Il mezzo però che s'era trascelto fu ben presto più forte dello scopo che si volea raggiungere, dello scopo cioè di combattere la preponderanza di Napoleone, dacché, fatta una prima breccia nell'opinione, si passò all'esecuzione del vero primitivo progetto, che è quello d'estendersi tanto, che abbia

---

(1) Cf. **Murray**, l. c.
(2) *Carte segrete*, vol. I, p. 74. **Ern. Masi**, l. c., p. 198, segg.
(3) **Foresti**, l. c., p. 605.

ad ottenersi per consenso della forza soverchiante dei popoli il rovesciamento della Religione, e dei troni. Lo scopo della Carboneria, e, con essa, di tutte le sette che con vari nomi e varie forme furono istituite e tuttora si istituiscono, è sempre lo stesso in tutto il mondo, qualunque apparenza contraria possa in un'occasione o in un'altra presentarsi. S'abbatta la Religione cristiana e la Monarchia, due principii, che, come dicono i Carbonari, arrestano nel suo corso la perfettibilità dello spirito umano. Siccome poi il dirigersi in modo manifesto a questi due punti potrebbe trattener molti dall'aderire, e certamente poi si provocherebbe la reazione concorde di tutti i governi, si stabilì che il primo passo unicamente sarebbe rivolto ad istituir governi costituzionali, giacchè così ottenevansi anche due grandi vantaggi: uno d'avere intanto per sè tutti i governi costituzionali; l'altro di gittare un seme di divisione nello stesso principio monarchico, introducendovi due forme diverse che impedissero ogni accordo perfetto nell'agire. Questa è la marcia che si è seguita sinora, e che già comincia a progredir più oltre ammettendo il dogma della sovranità popolare, che forma la base della nuova costituzione francese, sicchè sarà poi anche breve e facile il passo alla democrazia assoluta, che è comandata da tutti i giuramenti dei Carbonari » (1).

(1) *Testimonianze inedite*, esame VII; 12 ottobre 1832. Quali fossero le mire, *espresse*, delle innumerabili sette di fronte alla Chiesa Romana, c'è rivelato da varii documenti pubblicati la prima volta da Crétineau Joly, nella sua

Pure, se diamo ascolto al Manin, raccoglitore delle *Carte segrete* e *Atti Ufficiali della polizia Austriaca...*, i governi furono quelli che si presero la cattiva briga di accattar mal nome alle intenzioni della Massoneria. I governi spinsero tra le file massoniche delle persone vili e malvage, perchè si adoperassero a togliere ogni prestigio alla santità del fine settario, e a gittar sul capo a' Framassoni « l'immoralità loro e il pericolo dell'ordine sociale » (vol. I, p. 74). Poi gli sfugge subito questa confessione:

---

opera *L'Église Romaine en face de la Révolution*, vol. II. Famoso è quello che si trova a p. 83, il quale fu pubblicato come cosa nuova, per non dir altro nelle *Mémoires d'une Ex-Palladiste* di colei che si diceva: Miss Diana Vaughan, p. 359-60, segg. (1896). Da quanto s'è declamato contro queste memorie non sappiamo che nessuno abbia scoperto tale menzogna sino a questo mese di marzo 1897, in cui scriviamo! In quel documento la Massoneria si maneggia per aver un Papa liberale; è del 1819 (p. 90). La lettera di *Vindice* (pseudonimo) scritta nel 1825, dopo l'esecuzione degli assassini Targhini e Montanari, insegna la maniera di *distruggere i martiri* (l. c., p. 102). La lettera di *Piccolo tigre* (pseudonimo di un ebreo) del 18 genn. 1822, a' capi della *Vendita* piemontese, insegna il modo di aggregare Principi e preti e frati... « Il duca d'Orléans è framassone, il principe di Carignano lo fu pure.. » (p. 123). Il famoso *Nubius* (falso nome di un Patrizio di sangue romano, ricco, bello, giovane) insegna la maniera d'insinuar lo spirito settario nella stessa chiesa (p. 130). Egli lo pratica collo scivolare visite e sdolcinature al Card. Bernetti, alla principessa Doria, al Padre Ventura ecc. (p. 123). Dopo l'Enciclica di Pio VIII (1829) che feriva in pieno petto la massoneria, *Felice* (altro nome posticcio) scrive d'Ancona, che bisogna impaludarsi come le rane alla caduta del travicello (p. 136). Melegari nel 1835 scriveva da Londra che certi capisetta esigevano da' gregarii cose da fare inorridire i capelli: a Roma il Capo supremo ha ordinato a due « de' nostri » di fare la Comunione pasquale, (p. 145), ecc., ecc. Tutti questi documenti come altri curiosissimi, da' quali ci consta dello sdegno di *Nubius* di non aver potuto guadagnare alla setta *nessun Cardinale e nessun gesuita...* sono veramente autentici: Crètineau-Joly li ereditò dal Card. Bernetti *per testamento*, e li ebbe per opera di Mgr. Fioramonti. Vedine le prove nel: *Crètineau-Joly, sa vie politique*, ecc., par... **Maynard**. (Paris, Firmin Didot, 1875) p. 400, segg.

« Il fatto che riassunse in sè l'azione massima delle società segrete, tanto italiane che straniere, fu la rivoluzione di Francia sul finire del secolo scorso... » (p. 76). Non saprei qual filo di logica unisca queste proposizioni, e faccia vedere la santità di scopo massonico, disturbata per arbitrio di governi, che n'ebbero rotte le corone!

**

Sollevando anche leggermente il velo che copriva i misteri carbonari, ne potremo scorgere il fine delineato quasi in iscorcio. I gradi *carbonici* in principio non erano se non due, di *Apprendente* e di *Maestro*. Ma poi « per maggior cautela » ne furono introdotti degli altri. L'iniziatore di Mazzini ne avea ricevuto sei, e credeva che ce ne fossero tre altri. « Il luogo ove si radunano i Carbonari si chiama, ora *Capanna* dove si riuniscono gli *apprendenti* pei travagli minori, ora *vendita* ove si eseguiscono tutti gli altri lavori... La vendita è una stanza dipinta a bosco; di fronte all'uscio d'entrata v'è il trono... su cui siede il capo della vendita; di dietro a questo trono havvi una tappezzeria nera che sorgendo si ripiega sul davanti a formare un baldacchino triangolare. In questo strato nero si vede pendere una croce e sotto essa vengono ad unirsi due mani di rilievo, congiunte a quel modo che suol chiamarsi in *fede*. Nella parte posteriore al trono, havvi a destra un sole ed a sinistra una luna tessuti in seta ovvero dipinti... con di dietro dei lumi che li rendono trasparenti, giacchè tutti i travagli della vendita non si fanno che di notte; avanti il trono si vede una tavola triangolare... A destra della tavola del Presidente v'è il tronco del giuramento... Intorno a questo tronco verde è attortigliato un serpente, non che un giro di foglie di alloro, e dalla bocca del serpente pendono i simboli tutti della passione di Gesù Cristo.....

« Alla sinistra del trono del Presidente è costrutto una specie di forno da cui dipinte in seta vedonsi uscir le fiamme per mezzo di trasparenti: inoltre in giro sulle pareti si legge a grandi caratteri: *Morte allo spergiuro*.

« Il dì della recezione... il proponente o padrino va incalzando il candidato con interpellazioni, facendogli quesiti ed obiezioni, come a dire che farebbe se fosse instato ad abiurar la Religione sua (1), come ardisca di entrar in una società di cui non conosce gli obblighi, e perchè s'esponga a dover assumere una qualche impresa che può esser superiore alle sue forze. Se il candidato vacilla, la sua aggregazione non ha più luogo... »

Viene in fine il giuramento; la doppia fila de' Carbonari tengono alzati i pugnali: e all'iniziato «inginocchiatosi sul drappo bianco innanzi al trono del giuramento vien

---

(1) Il prete Fortini, iniziato dal Foresti al grado di *apprendente*, fu invitato da' Carbonari co' pugnali alzati a rinunciare alla Religione, per far prova che non era un traditore. L'infelice si ricusò inprima, ma poi cedette. Fu condannato al carcere duro nello Spielberg. Il Foresti si sforza a provare che quella fu una burla; crediamo che non solo fu burla di gusto tutto massonico, ma che avea serio fondamento, se non negli statuti, nei principii carbonari.

dato dal Presidente un pugnale, ch'ei si appunta colla man destra al cuore, mentre la mano gli è afferrata dallo stesso Presidente; e in questo atto egli presta il giuramento, ripetendolo di mano in mano dietro le parole del Presidente:

« Giuro e prometto sopra di questo ferro punitore degli spergiuri, di guardar scrupolosamente i secreti, che saranmi comunicati, di non scrivere, disegnare o incidere niente appartenente all'ordine senza la permissione espressa di farlo; di proteggere i miei buoni e cari cugini in caso di necessità e di non attentare all'onore di qualsiasi moglie, sorella e famiglia dei medesimi; e se spergiuro divenissi, acconsento che il mio corpo sia fatto in pezzi, che l'abbrucino spargendo quindi le mie ceneri al vento, che sia il mio nome d'esecrazione a tutti i miei buoni e cari cugini sparsi sopra la superficie della terra: così Iddio m'aiuti » (1).

---

(1) *Testim. ined.*, esam. VI, VII, (12 ottobre, 1832, sera). I riti, i nomi, i simboli, i convegni cambiarono sovente volte, rimanendo sempre il medesimo fondo di questo *monstrum* veramente proteiforme. Dal 1815 al 1820 nel giuramento si diceva: « Giuro d'impiegare tutti i momenti della mia esistenza a far trionfare i principii di libertà, di uguaglianza, di odio alla tirannia, principii che sono l'anima di tutte le azioni secrete e pubbliche della rispettabile (*sic*) Carboneria ». **Cusani**, vol. VII, pag. 353.

Dall'estratto di un « rituale » *S. M. P. (Sublimi Maestri Perfetti)* n. 4, togliamo: « All'apertura d'ogni Chiesa! il *Saggio* dice per la prima cosa: Noi che abbiamo dedicato la nostr'aspirazione all'*umana felicità*, siamo obbligati a combattere del continuo la disuguaglianza, il despotismo, e la *superstizione* ». Segue il giuramento, che sottosopra è lo stesso. E dopo che l'iniziato è sciolto delle catene « vien manifestato al medesimo che ogni religione rivelata è inganno ». Nell'accettazione di un S. M. P. in grado

Ha dell'incredibile quello che ora riferiscesi in queste *testimonianze:* che cioè vi fossero eziandio delle *carbonare*. Esponiamo fedelmente: « Nella Carboneria son d'ordinario gli uomini, ma non è già perciò che le donne ne sieno escluse: mentre che per esse non si fa che mettere in opera una maggior cautela avanti d'aggregarle. Invece di Carbonare, esse son chiamate Giardiniere, e i luoghi ove si radunano invece di Vendite diconsi Giardini; del resto havvi una graduazione per esse come pei Carbonari e possono essere ammesse ai più importanti secreti, quando abbiano comprovato d'esser capaci di custodirli, e di coadiuvare con tutti i loro mezzi alla buona riuscita dei progetti carbonici. Segnali, parole e saluti esistono anche per le donne, e per esempio a Madrid a capo di quelle giardiniere si trova Dna. Dolores Palafox C^{ssa} di Villamonte, dama d'onore della regina. Quando si tratta di scoprir qualche segreto di governo al cui rilievo son riusciti inefficaci tutti i mezzi ordinari della Carboneria, è allora che si mettono in movimento le donne, ed è raro il caso in cui col loro aiuto non s'arrivi a penetrare ogni mistero. La p^{ssa}... e la B. sono emtrambe giardiniere e s'adoprano quanto sanno pel trionfo della setta... (Esame N. VI. 11 ot-

---

di S. E. (Sublime Eletto)... si richiede che abbruci un'imagine di regno, come corona, ecc. invece dell'insegnamento sulla nullità della *Rivelazione*. Egli riceve allora il nome misterioso *Tieboar*, che significa: *Tirannum interfice et bona omnia antiqua recupera* ». Da un documento rimesso a tutti i Ministri radunati in Vienna, di cui parleremo tra breve.

tobre 1832). « Le Giardiniere sono particolarmente adoperate nel difficile travaglio di sedur gl'impiegati e personaggi distinti. I gradi della donna son *Apprendente* e *Maestra*; l'aggregazione si fa nello stesso modo dei Carbonari ed anch'esse hanno i loro toccamenti, le loro parole e i loro segnali: *Costanza e perseveranza* son le parole del primo grado; *onore, virtù e probità* sono quelle del secondo grado cioè di Maestra... Nel giuramento non v'è che qualche leggiera mutazione. Le Giardiniere son istrutte dei progetti della Società di mano in mano che son sperimentate e che vien l'occasione d'impiegarle, ora però ciò è da intendersi solo di ciò che deve essere per gli statuti della Carboneria, giacchè del resto gli avvenimenti hanno parlato chiaro, e chi entra nella setta in qualunque grado sia, *conosce già di per sè a che scopo mira...* (1).

Se religiosa riservatezza non ci frenasse lo sdegno citeremmo nomi femminili di famiglie illustri, che ebbero la cervellinaggine di aggraziare i giardini ed i boschi carbonareschi de' loro sorrisi e delle loro facili larghezze. Abbiamo dinanzi i loro nomi e le loro geste, ma reputiamo meglio di coprirle per ora del velo d'un silenzio niente *settario*.

---

(1) *Testim. ined.* Esam. XI, 11 ottobre 1832. **C. Cantù** ne dà un accenno *Cronistor.*, vol. II, pag. 312.

* * *

Tale si era la Carboneria. Essa ebbe forse un buon principio (1), e fu quello di combattere alla sordina e senza misteri massonici la dominazione forestiera nell'Italia meridionale. Tra breve però si ridusse allo stato di vera setta. Murat, Eugenio, Napoleone ne intesero l'importanza, e presero a proteggerla politicamente (2), volgendone ai proprii interessi la forza terribile, e quasi contenendo in catene di seta quella fiera di più brame carca e apparentemente ammansata. Infatti ogni cosa nel Regno Italico era Massoneria, il fiore degli Ufficiali e della cittadinanza vi apparteneva. Ma presto si accorsero che si aveano educato nel petto la vipera. E già il 26 dicembre 1813 il Melzi scriveva al Viceré: « Il Grand'Oriente di Napoli ha cominciato la propaganda colle loggie che seco corrispondono. Fortuna nostra che qui le loggie sono sciolte, e spero non si lascieranno più riunire. Ciò che avvenne quest'anno in Europa per la funesta influenza delle so-

---

(1) **Cusani**, vol. VII, pag. 204.
(2) *Carte segrete*, vol. I, pag. 83, doc. 36, 37. **Cusani**, l. c. C. **Cantù**. *Cronistoria*. « Nel 1805 vi si era stabilito un Grande Oriente Italiano, gran maestro il generale Teodoro Lecchi; sinché, divenuta regia ogni cosa, cedette la dignità ad Eugenio Beauharnais. Cinque loggie ne dipendevano, che intitolavansi la *Reale Napoleone*, la *Reale Giuseppina*, la *Eugenia*, la *Concordia*, il *Felice Incontro*, poi a Bergamo l'*Unione*, a Verona l'*Oriente dell'Arena*, a Taranto l'*Amica dell'uomo*.., oltre quelle dell'esercito, delle quali era gran maestro Giuseppe Lecchi... Nel 1808 e 1809 furono stampati il *Catechismo dei tre gradi* e la *Costituzione del Grand'Oriente in Italia*». vol. 1, pag. 811.

cietà secrete fa conoscere quanto possono essere dannose » (1).

Caduto l'impero e il regno Napoleonico, non appena fu conosciuto il famoso patto della *Santa Alleanza*, la Carboneria se le schierò di fronte come dichiarata nemica; e come nemica pure si atteggiò nel divisamento e nell'opera verso le decisioni del Congresso di Vienna.

Dopo essersi presa gabbo de' cospiratori del 1814, che si davano ingenuamente il nome d'*Indipendenti* o d'*Italici puri*, e credettero da senno all'efficacia delle idee generose nel Congresso delle potenze, l'Austria aveva annidato le aquile grifagne nel Lombardo Veneto: come indomita ed indomabile nemica se le oppose la Carboneria co' suoi infiniti mezzi di combattimento. La lotta oramai era determinata tra l'antico sistema che si rappresentava nell'Austria, e le nuove aspirazioni d'indipendenza e di affrancamento nazionali che nella Carboneria presero corpo e forma. Questa lotta durò dal 1815 sino al 1870! Noi dobbiamo accennare le prime avvisaglie, che si svolsero con molto sangue e con molte lagrime ne' primi anni in cui le due nemiche si trovarono di fronte in una lizza di nuovo genere.

---

(1) **C. Cantù**, l. c. «Dopo la fatale ritirata di Mosca, gli affigliati (tedeschi), e specialmente alla lega della virtù (Tugend-bund), presero a migliaia le armi contribuendo ai rovesci ed alla caduta di Napoleone nelle campagne del 1813-1814». **Cusani**, l. c. pag. 203-9. Di questa setta del *Tugendbund* parleremo tra breve.

La Carboneria prese dal 1815 al 1820 tale vigore di forze e tanto numero di proseliti, che ha dell'incredibile. Vera piovra gigantesca stendeva dappertutto i glutinosi tentacoli; scoperta, mutava nome; ferita, ripigliava accrescimento dal sangue; sempre seppe così nascondere la testa tra le tortuose spire e le varie ritorte, che sfuggì pur sempre all'occhio come agli artigli dell'aquila bicipite.

Se crediamo al Foresti, gli uomini di condizione popolare, il popolo insomma, non entravano nelle Vendite de' Carbonari, e ciò secondo lui fu grande sbaglio. In quella vece i nobili erano *molti*, quei del ceto medio *moltissimi*: mercatanti e preti in numero minore (1).

« Una relazione della Cancelleria Aulica Austriaca valutava nel 1815 i Carbonari ad 800.000 (?) (Archivio triennale). Colletta asserisce che dal 1815 al 1820 salirono a seicentoquarantaduemila. E nell'atto d'accusa (2) si diceva: che la setta dei Carbonari, o dei Centri, promotrice dell'indipendenza italiana, si estendeva da Napoli a Parigi, e il numero de' suoi affigliati in Italia si faceva ascendere a trecentosessantamila ». Così il Cusani (vol. VII, p. 210) che è uno degli storici moderni, assai rari, che abbia scritto con amore di verità.

---

(1) *Ricordi*, l. c., pag. 607. Delle tre vendite di Ravenna (1818) la terza, la *Turba*, componevasi di « operai quasi tutti ». *Memorie d'un vecchio Carbonaro*, Primo Uccellini; manoscritto citato dal Masi, pag. 211.

(2) L'atto d'accusa è quello che fu rimesso a ciascheduno dei congiurati militari del 1814, esigendo così la procedura del codice italiano, al quale si sostituì l'Austriaco nel 1816. **Cusani**, VII, 5.

Tutti questi numeri sono certamente esagerati (1): rimane però sempre che dovea pur essere una tremenda moltitudine quella de' Carbonari. A togliere la confusione propria delle masse e a dar loro direzione e disciplina si volse ben presto la direzione de' capi. A ciò nell'inverno del 1817-1818 si tenne secreto numeroso convegno in Bologna, nella casa del Principe Hercolani: si divise la parte *direttrice* della Carboneria dalla massa de' Carbonari, che doveano ricevere impulso e direzione. Allora fu creato il *Guelfismo*, che fu come una *Carboneria superiore*, i cui membri detti *Cavalieri Guelfi* erano come l'anima de' grandi movimenti, non essendo tutta l'altra turba altro che *massa mossa*. Allora fu stabilita la *Costituzione latina*, che era un vero disegno per effettuare una rivolta armata » (2).

Bologna divenne l'alto centro che dominava sopra le vendite pure centrali di Modena, Ferrara, Romagna,

---

(1) Se, almeno nel Lombardo Veneto e in Piemonte gli aggregati non si pigliavano se non tra i *nobili*, gli *avvocati*, *ingegneri* e *preti*: *certamente* il loro numero dovea essere piccolo. Siccome in questa parte non c'è nulla di *officiale*, tutti i ragguagli degli scrittori, che ce ne fanno memoria, devono essere di valore relativo.

(2) **Foresti**, *Ricordi*, pag. 608. Il **Salvotti** nella Relazione del 18 luglio 1821, così si esprime: « Ci sembra che nello Stato Pontificio la Carboneria ed il Guelfismo, alla fine del *1816 o in sul principio del 1817*, si avesse pensato di riavvicinarli, tendendo ambedue allo stesso scopo, ed è perciò che Foresti e Munari dichiarano: *che il Guelfismo era la mente, e la Carboneria la forza fisica della Società* » (**Cantù**, nell'*Archiv. Storic. Ital.*, vol. XXIII, pag. 487). E il Foresti dichiara ne' suoi ricordi ch'egli non fece *rivelazioni!*

Polesine, Ancona, alla quale facevano capo le vendite delle Marche (1). Gli Stati Pontificii, atteso la mitezza e la poca perizia poliziesca del governo papale, erano così pieni di Carbonari che questi vi formicolavano (2). Agenti e procuratori scelti portavano e riportavano le comunicazioni de' varii centri, congiungendoli insieme. Il centro di Bologna, di cui era direttore il Principe Hercolani (3) (che sposò la figliuola di Luciano Bonaparte), comunicava per mezzo de' Cavalieri Guelfi cogli Adelfi di Piemonte e di Parma, il cui capo era il Generale Gifflenga (4), co' Federati della Lombardia, di cui pare essere stato direttore il Confalonieri, e certamente lo era il Conte Porro (5), e de' quali era gran Maestro il Generale Guglielmo Pepe (6). Secondo il documento assai accurato, che citeremo qui sotto, tutte queste fucine di Carbonarismo mettevano capo

---

(1) **Foresti**, *Carte segrete*, vol. I, pag. 101, segg.

(2) *Ibid.*

(3) *Ibid.*, pag. 608.

(4) *Carte segrete*, vol. I, pag. 102.

(5) È detto semplicemente dal Salvotti nella *Relazione officiale della Congiura de' Lombardi nel 1821.* (**Cantù**, *Cronist.*, vol. II, pag. 220)... « il capo di questo complotto, il conte Luigi Porro Lambertenghi..., ecc. » E in quella del 12 febbraio 1823 scriveva: « È manifesto che Confalonieri fu il capo di tutta la Lombarda cospirazione ». **Cantù**, *Archiv. Stor. Italiano* vol. XXIV, pag. 108. E sopra tutto Paride Zajotti nella *Semplice Verità*: « Il Conte Confalonieri... era il capo della congiura, che si macchinava in Lombardia; » pag. 129. Di questo libro parleremo più sotto.

(6) *Testim. ined.* Esame n. IX, 13 ottobre 1832. Eppure Guglielmo Pepe negli *Avvenimenti politici militari*, *Napoli 1820-1821* « nega sapere si facesse rivoluzione in Piemonte ». (**Cusani**, vol. VIII, pag. 31). Nelle *Carte segrete* (vol. I, pag. 110) è riferito invece, ed è certo, che la setta de' Cavalieri Guelfi univa insieme Torino e Napoli e Bologna e Milano!

ne' grandi centri primi motori, i quali aveano stanza a Ginevra, e sopratutto a Parigi, e univano i settarii d'Italia e di Francia con quei di Germania.

La polizia Austriaca non indugiò lungo tempo ad accorgersi dell'esistenza di quella rete settaria, che ammagliava nelle sue file quasi tutta la Penisola. Ma fino al 1818 il governo benevolo e pacato del conte Saurau (1) nella Lombardia non ebbe a far uso di molta repressione: fino a che in quell'anno la pubblicazione del *Conciliatore*, il rinfocolarsi che fece la contesa de' Romantici e de' Classici, solo in apparenza letteraria, in fondo settaria squisitamente; poi le scuole di mutuo insegnamento, la navigazione sul Po, le vere cospirazioni occulte che miravano a rovesciare a mano armata la dominazione Austriaca nell'Italia: queste e altre cause occulte e palesi indussero l'Austria a pigliar contro la Carboneria tutte quelle disposizioni di leggi e di pene, di confische e di esilii, di carceri e (confessiamolo) di molta indulgenza, che giudicò a proposito per isvellere ed estirpare quella pianta che *aduggiava Italia tutta*.

Ma non le venne fatto, almeno sino al 1824, di avere esatta conoscenza del *piano* di congiura, nè de' veri direttori di essa (2). Perchè fossero tolti in iscambio, e perchè

---

(1) Cf. **Gervinus**, l. c., vol. II, (ediz. Franc.), p. 255, segg.

(2) *Ricordi* del **Foresti**, l. c., p. 608: « La Commissione austriaca non potè mai impadronirsi della *Costituzione guelfa*, nè stabilire neppure *una* delle *identità personali* dei molti *cavalieri guelfi*... Così la gran parte (di questi) rimase invulnerata, e godè la sua tranquillità piena in mezzo alle persecuzioni che infuriavano contro la Carboneria ».

le ricerche della Polizia ne venissero intralciate, i Carbonari presero allora i varii nomi di *Adelfi, Filadelfi, Maestri perfetti, Cacciatori Americani, Figli di Marte, Difensori della Patria, Figli dell'onore, Amici del dovere, I decisi* (1), e altri parecchi pullulati dopo i processi, prima ed eziandio dopo dell'apparizione della *Giovine Italia*, generata dal carbonaro Giuseppe Mazzini (2).

E qui ci vengono a taglio le comunicazioni officiali, che il Salvotti inviava al Governo austriaco a' 18 di luglio 1821. Sono come un sunto de' varii interrogatorii fatti a' prigionieri: e sembrano di un'esattezza tutta propria di quell'inesorabile rappresentante della giustizia. Sull'iniziazione de' varii gradi non aggiunge gran cosa a quello che abbiamo detto, se non che all'iniziando al grado di Maestro, prima di proferir il giuramento si fa bere « un liquor rosso, che dovea figurare il *sangue del tiranno sparso* fuori da un teschio, che si supponeva esser quello del ti-

---

(1) Questi settarii ch'erano sparsi sopratutto nel Leccese sino al numero incredibile di « 30 a 40 mila », aveano tra gli altri simboli, quello della folgore che percuote trono e tiara: il pentalfa massonico con in mezzo la rosa: *Carte segret.* vol. I, p. 91, segg.

(2) *Carte segr.* vol. I, p. 406: II, p. 104, segg. — Ces. **Cantù**, *Cronist.* vol. II, 608, segg. Questa diversità faceva che i settarii della greggia mal si conoscessero insieme, e sopratutto non conoscessero punto i *direttori cavalieri*. Ecco perchè i magistrati non poterono mai avere il netto della congiura: i gregarii ne ignoravano la grande trama, i capi o non furono arrestati, o furono *incredibilmente muti* come il Confalonieri, il quale per la sua imperturbabile *discrezione* destò la maraviglia del Salvotti: « Ho veduto colpevoli sorpresi in fragrante delitto negare, e non maravigliai. Ma l'esempio dato dall'inquisito è per me, lo confesso, nuovo, inconcepibile... rimango attonito a questo esempio forse unico d'umana illusione ». Ved. **Cusani**, vol. VII, p. 100.

ranno » e dopo « veniva battezzato con un liquore rosso, che raffigurava il *sangue dei tiranni* » (1).

« L'estratto del processo formatosi a Roma contro i Carbonari delle Marche, ottenuto dalla direzione generale di Polizia, egli è quel documento che fa prova della fusione di queste due società (Carboneria e Guelfismo, come sopra) mentre da quello appare come il Carbonaro della Romagna, mandato a Bologna, onde abboccarsi coi capi dell'alta vendita, che vi supponeva esistere, avendo trovato invece istituito il consiglio guelfo centrale, concertò secolui la formazione dei Consigli guelfi in quei luoghi della Romagna, in cui prima parve non essere stata nota che la Carboneria, e si estese e adottò un piano formale di organizzazione.

« Tra le prescrizioni più rimarchevoli di questo piano e da cui la tendenza rivoluzionaria delle società potea facilmente dedursi, eravi quella che obbligava tutti i Consigli e vendite inferiori a rimettere al corpo centrale di Bologna ogni mese lo stato dei socj colla indicazione se erano possidenti, giovani, vecchi, titolati, atti alle armi. La diffusione della società era uno dei principali doveri, che si inculcavano.

« Non andò però guari, che, prevedendosi dal Consiglio centrale di Bologna che la salute del Sommo Pontefice, che si diceva sconcertata in aprile o maggio 1817, fosse per concedergli solo brevi istanti ancora di vita,

---

(1) **C. Cantù**, *Archiv. Storic. Ital.*, vol. XXIII, p. 485.

commise a Paolo Monti, gran maestro della vendita di Fermo, l'estensione d'un piano formale di rivoluzione, onde poi unire tutta l'Italia, tranne Napoli, sotto un governo libero e nazionale. Monti estese il piano, che fu rimesso al consiglio centrale di Bologna, il quale si riservò d'impartire la formale sua approvazione, finchè fosse pervenuta la risoluzione de' gran dignitari di Milano.

« Alcuni Carbonari delle Marche però, più imprudenti e più caldi, risolsero di tentare essi soli quella sollevazione, ed ecco perchè, appena scoppiata nel giugno 1817, fallì questa impresa, che diede argomento al processo costrutto dalla Corte di Roma. Tutto ciò appare dal prescritto estratto di questo processo.

« Non per questo però si distrussero le fila rivoluzionarie, chè anzi si pensò di riunire in un sol corpo la Carboneria ed il Guelfismo, *sparsi su tutta Italia*, il che avvenne mediante la Costituzione Latina, che venne approvata nell'ottobre 1817, ed attivata dai capi convenuti a Bologna, mercè della quale tutte le vendite carboniche doveano dipendere dai corpi superiori invisibili, che tribunali appellavansi, e i quali ad una corporazione suprema detta Senato erano soggetti.

« Foresti (1), riferendo il giuramento che questa

---

(1) Vedi l'osservazione fatta nella nota superiore, pag. 19. Forse però il **Foresti** avrà scritto ne' suoi *Ricordi* più di quello che non ne ha pubblicato l'autore de' *Martiri*, l. c., sfrondando alla verità qualche foglia per accrescere la gloria de' suoi martirizzati.

costituzione esigeva dai suoi membri, dichiara che collo stesso si prometteva *odio eterno ai governi monarchici e di procurare con tutte le proprie forze e perfino colla vita la indipendenza d'Italia*. In caso di mancanza, si invocava la morte.

« Lo stesso Foresti racconta che dai processi verbali di Bologna rilevò che si era stabilito di mandar quattro deputati all'estero, onde sistemar anche negli altri stati, dietro questo piano, la Carboneria e il Guelfismo, uno dei quali era destinato per Milano, l'altro per Venezia.

« La copia della lettera, dalla Commissione rinvenuta fra gli arredi di Carravieri, scritta dal senato di Bologna al tribunale (1) di Ferrara, fa conoscere come il primo spingeva le sue misure anche sulle società di questo Regno.

« Vero è che a noi non consta di un piano di rivoluzione qualunque dopo quello delle Marche, che a noi è ignoto. Ma è egli possibile che un piano di rivoluzione non sia adottato almeno dai capi?...

« La sola società, tal quale risulta dalle carte carboniche e dal regolamento guelfo, nonchè dal giuramento *deposto da Foresti*, avrebbe in sè stessa i caratteri dell'alto tradimento, voluti dal codice dei delitti. In tutti i premessi giuramenti si impegna il socio di distruggere i governi monarchici non costituzionali, e nei due giura-

---

(1) *Tribunale*, cioè *Superiori Carbonari: Senato, Corporazione suprema* de' Carbonari, ved. sopra p. 20.

menti, prescritti dal Guelfismo e dalla Costituzione Latina, si obbliga perfino colla propria vita a procurare all'Italia la sua indipendenza, vale a dire a sovvertire anche il nostro Governo » (1).

Cesare Cantù, prima di questo documento, terminava il suo primo articolo dell'*Episodio del Liberalismo Lombardo*, con quest'annunzio, di cui lamentiamo amaramente che il tempo o altre cause non gli abbiano concesso l'esecuzione. Ad ogni modo queste poche linee sono una rivelazione veramente solenne:

« Sulla Carboneria noi abbiamo sottomano tanti materiali, oltre quelli che altrove pubblicammo, da poterne fare un libro. Infinite ne furono le suddivisioni, e in conseguenza i nomi, l'organamento, i segnali, i riti. Però le deposizioni del processo romano nel 1817 portano tutte come suo scopo: 1º La distruzione dei Governi ove il supremo potere non risieda nella nazione; 2º La distruzione dell'impostura religiosa; 3º Particolarmente l'indipendenza italiana, cioè un solo Governo, ma costituzionale. Per non isgomentar i Cattolici, si asserisce che al papa nulla deve scemarsi dell'ecclesiastica dignità, ma solo spogliarlo del dominio temporale. Agli accattolici si tiene il discorso opposto » (2).

---

(1) C. **Cantù**, l. c. Non dubitiamo dell'autenticità di questo documento; ma avremmo desiderato che il grande storico ci avesse assegnato la fonte d'onde lo ha tratto; difetto grande e abbastanza universale, che si osserva in questi articoli, che ha poi in parte riprodotti nel *Conciliatore e i carbonari* (Milano, Treves, 1878): e sopratutto nella vasta opera dell'*Indipendenza Italiana*.

(2) *Archivio Storico Italiano*, vol. XXIII, p. 484-5.

CAPITOLO II.

LA CARBONERIA UNIVERSALE

secondo documenti ufficiali inediti.

Per avere un'idea compita delle trame e degl'intendimenti carbonareschi, crediamo necessario, o almeno utilissimo, di riferire qui un documento a nostro giudizio d'importanza capitale, come quello che sparge di molta luce in questa materia veramente fosca. Fu lavorato, crediamo, dalla Commissione Milanese incaricata de' famosi processi, forse dal Salvotti medesimo. Contiene come a dire il fior fiore delle deposizioni fatte da Andryane e dal de Witt Dörving (1), e sopratutto de' documenti ufficiali che quelli portavano seco.

---

(1) « Nei processi del 1821 figurò un Gio. Ferdinando de Witt Dörving, dal Piemonte consegnato all'Austria, dopo essere stato arrestato per istanza del Niebhur ministro prussiano a Roma, siccome *attivissimo cospiratore e legame dei Carbonari Italiani con quelli di Germania*, ch'egli avea conosciuti studiando a Jena. A Milano egli faceva un'ampia deposizione al generale Bubna, mostrandosi informatissimo delle trame di tutta Europa, vantandosi di aver servito a tutti quei partiti, ma per tradirli, ed essere

Questo lavoro, che abbiamo potuto scovare dagli archivii di un vecchio diplomatico, fu presentato dallo stesso Metternich a' Ministri tedeschi adunati in Vienna nel 1824. È posteriore di poco alla relazione del Salvotti, 22 Gennaio 1824, la quale è un'opera certamente famosa nei fasti giudiziarii e che brevemente e chiaramente compendia le mene e le divisate geste de' Carbonari: fu pubblicata nella Gazzetta di Milano. Questa invece è una *Memoria*, quasi confidenziale: fu redatta in tedesco, la diamo voltata in italiano quasi *letteralmente*.

Contiene: 1° il concetto del lavoro, cioè dimostra l'unità d'intendimento della setta italico-tedesca; 2° un confronto parallelo di entrambe; 3° le fonti d'onde sono state tolte le prove. In quest'ordine medesimo la sottomettiamo a' lettori.

Memoria.

I risultati finora ottenuti dalla ricerca della società segreta recentemente scoperta, (la quale, benchè sembri originata dalle Università, pur tuttavia conta meno per queste che per gli adepti appartenenti a vita civile), erano ben a proposito, per la loro importanza, d'essere

---

riuscito a gettare la zizzania tra i migrati. Di questi mostra basso concetto massime de' nobili piemontesi, e come fossero appena da poco aggregati alla Carboneria e quali semplici cugini; aver essi operato senza ben farsi ragione delle loro speranze, e sentirsene pentiti... » **C. Cantù**, l. c., vol. XXIV, pag. 271.

l'oggetto dell'attenzione degli esterni, e d'un'accuratissima considerazione.

Il confronto della tendenza, del carattere fondamentale della costituzione, ed inoltre delle forme e rituali di questa società pericolosa allo Stato, con quelle della società de' S. M. P. *(Sublimes Maîtres, o Massoners, Parfaits)*, come si presentano dagli atti del processo dell'emissario di questa setta, Sg[r]. Andryane, sentenziato dalla Commissione speciale in Milano, dovette necessariamente condurre alla congettura assai fondata: che due società, il cui scopo è identico, le cui forme sono in parte del tutto uguali, in parte omogenee e differenti solo in cose secondarie, sieno anche della stessa origine, e (per questo parlano molti fatti) sieno sottoposte alla medesima segreta direzione.

Il rassodare questa opinione è del massimo interesse per la ricerca ulteriore della segreta società tedesca; mentre non porge solo un punto di contatto, ma offre un passo considerevole per la investigazione di quel centro segreto, che (e ciò per mezzo del processo Andryane, conforme agli atti, è posto fuor di dubbio) già da anni guida di nascosto la maggior parte delle società segrete in Europa e crede raggiunto il suo scopo, solo allora che abbia ottenuto il rovesciamento di tutti i troni. Lo sviluppare, mediante un confronto continuo, questa idea sull'identità della fratellanza indicata e fondarla unicamente su fatti, su documenti originali e su asserzioni degne di fede si è appunto lo scopo della presente memoria, in cui:

1° Vengono indicate le fonti dalle quali si sono presi i segreti dell'Ordine dei *Sublimes Maîtres Parfaits*.

2° Si espone l'origine di questa setta, le sue relazioni generali, e la sua verisimile congiunzione colla Germania, come pure il suo carattere fondamentale cavato dagli atti.

3° Finalmente viene confrontata punto per punto la costituzione della società dei S. M. P. *(Sublimes Maîtres Parfaits)* con ciò che è noto sull'organizzazione della Società segreta tedesca; ed ogni dichiarazione verrà corredata dagli atti.

Origine dei Documenti.

L'esposizione, fatta per le stampe, al 22 Gennaio, dalla Commissione speciale di Milano (dopo l'annunzio dei giudizii e degli individui trovati colpevoli d'alto tradimento) di tutti i delitti cadenti a carico dell'Andryane, ci libera dalla necessità di sviluppare i rapporti di Andryane ed il suo posto elevato nell'Ordine dei S. M. P. I documenti originali trovati appresso di lui, le istruzioni, i libri degli statuti ed i cosidetti decreti del Gran Firmamento, gli furono presentati uno per uno nella inquisizione e da lui riconosciuti genuini, in iscritto ed oralmente, come quelli consegnatigli dall'Ordine per il suo lavoro di propaganda.

L'autenticità di quei documenti non può perciò mettersi in dubbio in questo riguardo. Da questi si cavarono per lo più gli estratti che sono allegati alla presente memoria.

Delle asserzioni di Andryane si usufruirono solo quelle, che egli depose in giudizio e che ha confermate ancora alla fine del processo.

Solo non erano noti al Governo austriaco i lavori dell'Adelfia, prima dell'epoca dell'arresto di Andryane. Già prima si era arrivati a conoscere l'esistenza, lo scopo ed in parte anche le forme di questa setta segreta. Schiarimenti assai esatti e minuti aveva già dati in modo speciale un membro iniziato profondamente nei segreti dell'Ordine, nell'anno 1820. Le comunicazioni da lui fatte, ed in modo speciale i libri degli statuti da lui consegnati, indi la storia dei lavori di quel sinodo, a cui aveva assistito nel febbraio 1820 a Torino, coincidevano per lo più tanto esattamente coi documenti d'Andryane e con le sue altre manifestazioni, che dovettero esser considerate come controlli delle medesime, e perciò venir anche comprese fra gli atti del suo processo. Solo questi *pezzi* sono stati perciò ancora usufruiti nel presente lavoro: laddove ci siamo astenuti con gran cura di citare altri rapporti segreti e documenti d'altra specie, sebbene non di rado coincidevano con quelli *levati* giudizialmente.

Nascimento e relazioni generali della Società dei S. M. P.

(Sublimi maestri perfetti).

Secondo manifestazioni unanimi dei due fratelli aggregati all'Ordine, la Società dev'essere sorta contemporaneamente alla rivoluzione francese. Ma fatti più determinati sopra la medesima risultano solo appena dopo la caduta della repubblica francese e l'usurpazione del trono per mezzo di Bonaparte.

Ancora adesso l'ordine onora la memoria di Audetri (?), che come general francese cadde nella battaglia di Wagram, o, come più tardi vien detto nella storia stampata dei Filadelfi, ucciso per comando di Napoleone, qual fondatore dei Filadelfi, società segreta fondata specialmente contro la ripristinazione della monarchia in Francia. Il diacono, o capo del circolo, porta ancora adesso, secondo il rituale, per sua memoria un simbolico O [lettera iniziale dell'Ordine] *en sautoir* sul petto nel giorno di loggia. Così pure sono anche coronati i segni segreti dei sinodi, chiese, ecc. con un O. Sul modo con cui dopo la morte del fondatore si sfasciò la Società, e fu nuovamente organizzata, c'è ancora dell'oscuro.

Il *Diacre mobile* (?) Buonarroti esattamente iniziato nei segreti dell'Ordine in Ginevra, palesò all'adepto Andryane, che l'Ordine subì alcune riforme, e per desiderio dei suoi membri fu più volte ricostituito completamente;

ma che egli però, Buonarroti, già da 15 anni (contando dal 1811) stava in relazione colla Società. Una delle sue ultime forme era l'Adelfia in Francia ed in Italia, finchè anche questa, come pure la Filadelfia restata superstite, fu riformata ed incorporata alla Società dei S. M. P.

Il primo decreto, rilasciato ancora all'Adelfia, e che si mostra negli atti del dirigente grande Firmamento, porta la data dell'anno 1811. Una forma fondamentale dell'Ordine ed un segno caratteristico del medesimo, a detta unanime degli iniziati, si è la tendenza di servirsi di altre società segrete più propagate, senza che queste lo sappiano, e farle esecutrici de' propri disegni. Questa circostanza nel libro degli statuti della Società de' S. M. P. (Vedi n. 8), rispetto alla framassoneria, è stata ben determinata ed esposta con grandissima accuratezza.

Agli adepti fu chiaramente palesato, che l'Ordine non era solamente propagato in Francia ed in Italia, ma in quasi tutti i paesi. Nel sinodo di Torino fu in modo speciale menzionato, che l'Ordine, siccome si serviva in Francia della Massoneria a guisa di veicolo, così in Italia abbia adoperata la Carboneria per tale scopo, ed in Germania del tutto eccellentemente abbia usufruita la Società in Italiano chiamata *Società dei patriotti Europei*, ma pure tedescamente chiamata *Jugendbund (Società della virtù)*.

Veramente notevole era del resto la dichiarazione dell'oratore nel detto sinodo, che l'Ordine era da considerarsi come *proteiforme*, e che esso seguiva sotto forme di ogni specie la sua mira principale, cioè: la generale *repubblicanizzazione*.

Del resto fino dall'anno 1820, e per conseguenza non molto prima del tempo in cui i lavori di parte in Piemonte avevano preso già il carattere di congiura, il sinodo faceva assegnamento sopra un'attiva cooperazione da parte della Germania.

Si promise allora al neofito, accettato in Torino nel sinodo, di mantenerlo in continua cognizione degli emissarii tedeschi giranti per il Piemonte: senonchè a mantenere quella promessa si opposero probabilmente le circostanze subentrate più tardi; e quindi si spiega la presenza del de Witt Dörving in quel paese poco dopo la Rivoluzione piemontese.

Persino in uno di quei punti dell'organizzazione della Società S. M. P. *(Sublimes Maîtres Parfaits)*, dove la medesima offre un deviamento significante, troviamo pure mantenuto il suo carattere fondamentale, cioè: la graduale influenza segreta dei gradi superiori sugli inferiori. Nella Lega tedesca il primo ed il secondo grado entrano nelle due segrete Società di studenti; il secondo grado della Società è appunto quello che guida, a loro insaputa, le Società degli studenti.

I Sublimi Maestri Perfetti sono bensì direttori segreti dei Massoni e di altre Società segrete della stessa risma, ma essi stessi vengono guidati da un terzo grado, cioè: dagli S. E. *(Sublimes Elus)*: un grado, che nella Società tedesca o non esiste o finora non fu scoperto. Qui adunque si scostano le due costituzioni dell'Ordine, per quella conoscenza che si ha della fratellanza tedesca; ma poichè, come sopra fu menzionato, resta sempre predominante la forma fondamentale, cioè l'influenza segreta secondo i gradi superiori; così non si potrebbe concludere da tali divergenze, per quel poco che appare da differenti rituali, una differenza completa e reale delle due società. Laddove è cosa sufficientemente conosciuta e molto spesso viene ripetuta agli iniziati, che l'Ordine prende forme proprie in ogni paese; anzi è conforme ad un decreto del G. F. (*Gran Firmamento*), che fratelli di paesi differenti non si devono neppur conoscere fra di loro.

Queste sono le premesse dalle quali apparisce: *a)* che lo scopo delle due Società è identico, poichè consiste nella *repubblicanizzazione* di tutti gli Stati; *b)* che il carattere fondamentale saliente, l'esercitare, cioè, influenza su altre Società segrete, è pure comune alle due società; *c)* che ambedue s'abbandonano ad una direzione superiore generale, a loro sconosciuta; *d)* finalmente che, secondo la confessione degl'iniziati tedeschi, esiste una congiunzione della parte tedesca coll'Italia, mentre che, come di sopra si disse, la parte propagata in Italia si appoggia su i fratelli tedeschi: le quali cose tutte potrebbero già giustificare il riconoscere nella Lega segreta tedesca, nuovamente scoperta, una varietà di quella de' S.M.P., modificata secondo le condizioni della Germania; e il presupporre con gran verisimiglianza, che ambedue sottostanno alla direzione del corpo centrale, che corrisponde con loro, forse per mezzo di più gradi ancora sconosciuti. È questa una supposizione, il raffermar la quale è della massima importanza. Essa si presenta innanzi involontariamente per mezzo dei seguenti confronti, raccolti da ciò che è conosciuto finora, riguardo alle leggi organiche ed alle forme delle due società.

Sguardo comparativo della forma e degli Statuti della Società « Sublimes Maîtres Parfaits » e della Lega segreta tedesca.

Società dei S. M. P.	*Lega segreta tedesca.*
I.	I.
La Massoneria comune, l'Adelfia e la Filadelfia, abbisognò d'una riforma: e fu perciò deciso dal gran Firmamento, in parte di riunire la medesima con certe precauzioni al nuovo Ordine dei S. M. P.; in parte di subordinarla alla segreta direzione (del nuovo Ordine). Vedi N° 1. Decreto (del Gran Firmamento). Sotto all'Equatore addì 22 del VII mese, anno 5822 (1812) (1).	L'esperienza e la convinzione che le Società segrete di studenti, esistite fino adesso, non intaccano abbastanza la vita privata, hanno dato occasione ad una nuova Lega segreta, la quale non calcola solo sugli anni di studio, ma si occupa della vita posteriore.

---

(1) I decreti coi varii numeri sono riportati più sotto, dopo lo specchietto comparativo.

II.

Lo scopo principale della Società è:

a) Repubblicanizzazione di tutti i paesi, dove si estende la sua influenza ed attività.

b) Per i fratelli d'Italia, unità e unificazione dell'Italia e sua libertà.

Vedi N° 2, formula di fede della (Società) S. M. P. ed S. E. (Sublimes Élus); N° 3, atto del Congresso italiano del G. P. (Gran Pontefice); N° 4, formula di giuramento dei S.M.P. e dei S. E.; N° 10, libro degli Statuti della (Società) S. M. P.

III.

In modo più speciale è necessario pel raggiungimento dello scopo suaccennato:

Distruzione di tutte le costituzioni esistenti, rovesciamento di tutti i troni, graduale progressione al sistema costituzionale, e violento passaggio da questo alla republica; creare uno stato di cose, dove il popolo, al quale solo spetta la sovranità, eserciti la forza sia direttamente, sia mediante scelti rappresentanti.

II.

Lo scopo della lega è:

a) Repubblicanizzazione della Germania.

b) La sua unità, o unificazione in uno stato unito e libertà.

III.

In modo più speciale è necessario pel raggiungimento del suaccennato scopo della lega:

Violento rovesciamento di tutte le costituzioni esistenti, e creazione d'uno stato di cose, dove vien data libertà al popolo di darsi una costituzione liberale.

Vedi N°5. Estratti dall'interrogatorio di Andryane.

N° 6. Libro degli statuti, N° 2. dei S. E.

IV.

La Società sta sotto la direzione del gran Firmamento, sconosciuto a tutti i fratelli dell'ordine, persino a quelli dei gradi superiori; al quale si deve obbedire tanto strettamente, che quei fratelli che si permettono un movimento sedizioso (*manoeuvre séditieuse*) contro questa costituzione e forma dell'ordine, soggiacciono alla pena delle *Garantie* (pena di morte).

Pena questa, che vien imposta persino contro quei membri del Gran Firmamento, che si attentano di scoprire ai fratelli le loro relazioni ed il luogo di domicilio.

Vedi N° 4.

N° 7. Libro degli statuti della (Società) S. M. P.

V.

Mediante un decreto del G. F. vien espressamente ordinato, che ogni (chiesa) debba far erigere appresso di sè

IV.

La lega vien guidata da direttori segreti, sconosciuti, a cui si deve strettamente obbedire ed a cui la Società si confida come a mezzo assoluto.

V.

La lega è entrata nella società segreta di studenti, ad insaputa di questa, e deve guidar la stessa in segreto.

una loggia massonica e guidarla a sua insaputa e ad insaputa eziandio del Grand'Oriente del paese, dove la Massoneria è permessa.

Nello stesso tempo vien comandato agli S.M.P. di servirsi in queste logge di una lingua geroglifica, sconosciuta agli altri membri della stessa.

Vedi N° 8. Statuti della (Società) S. M. P. ed estratto dalla relazione dell'iniziato di Torino.

N° 6. Libro degli Statuti degli S. E. (Sublimi Eletti).

VI.

Gli antichi *départements* dell'antico impero francese, indi ogni cantone svizzero, ad eccezione di Ginevra, formano un circolo (*arrondissement*) dell'Ordine.

NB. Tra gli antichi *départements* dell'Impero francese, sembrano esser comprese, secondo le istruzioni di Andryane, eminentemente le provincie italiane del medesimo.

Vedi N° 9. Istruzione supplementare per i DD. TT. (*Diacres Territoriaux*) indi libro degli Statuti dei S. E.

Nella sala, cioè nella società di studenti si trovarono dei membri della Lega, che rimasero sconosciuti agli altri.

VI.

La Lega ha diviso la Germania in dieci circoli di propaganda.

VII.

Ad ogni circolo presiede un *Diaconus territorialis*, a cui si deve obbedire, che guida nel medesimo gli affari dell'Ordine, e che corrisponde col G. F.; tuttavia non immediatamente, ma mediante l'organo del *Diacre mobile*, a cui è destinato.

Vedi N° 9.

VIII.

La Società deve attendere con premura alla massima propaganda; determinati fratelli hanno da coltivare il popolo della campagna; s'impone alle logge di guadagnar influenza sull'opinione pubblica; ne è loro indicato il modo mediante esatte prescrizioni del G. F.

Onde il numero dei membri dell'ordine possa venir aumentato, hanno i *Diacres* ottenuta permissione dal G. F., per cinque anni, di ricettare de' membri per sè soli senza le usate forme.

Vedi N. 5.

N° 10. Statuti degli S. M. P.
N° 11. Decreto 20.7.21.
N° 19. Rapporto di Torino.

VII.

Nel circolo v'è un capitano, a cui si deve obbedire.

VIII.

La lega riconosce come uno dei suoi doveri principali la più grande propaganda possibile, specialmente tra gente di campagna; e cerca principalmente di aumentare quanto più possa il numero dei suoi membri.

IX.

Guadagnarsi il militare, che è il sostegno della tirannia, viene in modo speciale raccomandato alle chiese.

Vedi Nº 10 come sopra. Decreto del G. F. § 1.

X.

Un Sinodo può constare di tre membri. Il consiglio d'un *Atelier* di S. M. P., a cui spetta la proposta per l'accettazione, consta di tre membri, cioè: il Saggio (presidente) e due stelle (Aster).

NB. Per facilitazione della propaganda, il G. F. ha accordato le concessioni, addotte a Nº VIII, in modo eccezionale per cinque anni ai diaconi.

Vedi Nº11. Decreto del G. F.
Nº 12. Libro degli Statuti degli S. M. P. e regolamento del Sinodo.

XI.

Ad uno che deve venir accettato, o ad un fratello che deve essere iniziato ad un grado superiore, è data una spia, che guadagna la sua confidenza, studia i suoi prin-

IX.

In modo speciale la Lega deve prendersi premura del militare.

X.

Per l'accettazione d'un Candidato sono necessarii tre membri.

XI.

I fratelli da accettarsi sono accuratamente osservati, prima della loro accettazione, da spie dell'Ordine.

cipii e fa relazione di lui prima della sua accettazione.

Vedi N° 18. Regolamento della chiesa e del sinodo.

XII.

Gli S. M. P. e S. E. sono obbligati:

a) d'obbedire al G. F., loro sconosciuto.

Vedi N° 4.
» » 7.

b) di prendersi a cuore ed estendere la Lega.

Vedi N° 6.

c) di guadagnarsi e dirigere l'opinione pubblica in ogni maggior modo possibile, e d'estendere le notizie partecipate dal G. F.

Vedi N° 10.
» » 11.
» » 5.

d) di non manifestare i segreti dell'ordine nelle condanne della *Garantie* (morte).

Vedi N° 4.
» » 7.

e) la corrispondenza, salvo il caso in cui non sia possibile fare altrimenti, deve praticarsi solo oralmente; ordine di non scrivere i lavori delle

XII.

Alle leggi dell'Ordine appartengono:

a) ubbidienza verso i superiori sconosciuti.

b) la maggior possibile estensione della Lega.

c) commovere e sfruttare il malcontento popolare.

d) silenzio sulla pena di morte.

e) di non portar niente sulla carta.

logge, ma d'imprimerseli nella memoria.

Vedi N. 14.

Libro dello Statuto degli S. M. P. § 31 ed istruzione dei DD. TT. § 12 *(Diacres territoriaux)*.

f) accettare non possidenti in generale è proibito dalla società S. M. P.; ogni membro dell'Ordine ha da sborsare un contributo mensile d'un franco.

Vedi N° 15. Decreto del G.F.

g) di questi denari, per l'amministrazione dei quali ci sono leggi abbastanza ragguagliate, si fa il seguente uso: i due terzi vanno a disposizione del G. F. ed un terzo a vantaggio della chiesa o sinodo.

Vedi N° 16.

f) i possidenti hanno da contribuire con denaro; i non possidenti da far viaggi da messaggeri.

XIII.

Fra gli altri segni dei fratelli ci sono anche domande e risposte, che su comando del G. F., talora vengono cambiate.

Vedi N°17. Decreto del G.F.

XIII.

I membri si riconoscono per mezzo di domande e risposte.

XIV.

Le liste numeriche, insieme collo stato della cassa dei fra-

XIV.

Nomi, entrate, indi il modo con cui un membro ha da

telli dell'Ordine, vengono mediante i Saggi (presidenti delle logge) mandate ai *Diacres Territoriaux* (presidenti dei circoli); questi le mandano per mezzo del *Diacre Mobile* al G. F.

Vedi N° 18 Istruzioni D. T., § 2.

Statuti de' S. E. (Sublimi Eletti), § 15.

XV.

Gli Adelfi contavano in Torino nell'anno 1820 sulla cooperazione della Germania; il G. F. comandò, con proprio decreto, di sostenere a tutta forza la rivoluzione di Napoli e di Piemonte. Con un altro decreto del G. F. fu ordinato, che, come i Filadelfi, così anche la Società dei *Patriotti Europei* (come i più estesi) fossero incorporati all'Adelfia; il qual nome non portarono mai i S. M. P., ad onta del decreto del G. F.

Vedi N° 10.

» » 19. Rapporto degli Iniziati di Torino.

Vedi N° 20. Decreto del G. F. nel libro degli Statuti dei S. M. P.

esser interrogato, si scrivono in un foglio del libro maestro: questo foglio lo riceve il presidente della Lega, che è capitano del circolo.

XV.

La Lega è sorta nello stesso tempo dei movimenti rivoluzionarii in Italia; ed era fondata sulla speranza della riuscita della medesima; nel qual caso, addì 18 ottobre doveva aver luogo in Germania una esplosione.

XVI.	XVI.
Dopo l'esito - per i rivoluzionarii inaspettato - della rivoluzione napoletana e piemontese, il G.F. ordinò al 18.5.7 del 21, di tralasciare tutti i lavori: e sospese il potere dei *Diacres Territoriaux*, permettendo però l'ulteriore impegno di nuovi fratelli.	Dopo finita la rivoluzione in Italia in un modo inaspettato e non desiderato per i demagoghi, si fece un convegno da parte dei più scelti membri a Norimberga addì 18.22.8 del 22, ed ivi si prescrisse il cessamento di tutte le operazioni e l'osservanza della massima precauzione, e nello stesso tempo fu deciso d'obbligarsi a più stretta unione.
Passato poco tempo, nell'anno 1822, furono prescritti nuovi segni, e la Società fu di nuovo posta in attività; che cosa sia successo con quella special precauzione, lo si può vedere.	
Vedi N°21. Decreto del G. F. » » 22. » » » » » 23. » » »	

Mediante questa raccolta, continua la Relazione del Metternich, fondata su documenti degni di fede e compiuta con ogni diligenza, abbiamo terminato il nostro compito e crediamo di aver dato la prova dell'intimo nesso dell'azione comune e persino in certo modo della completa identità delle summenzionate società.

Noi non possiamo tralasciare in questa occasione un'ulteriore osservazione. Dalle negoziazioni del processo criminale Languaire Souligner, recentemente discusso in Francia, ci si è presentata la congettura, che l'accennato (assai sospetto al procuratore del re) istituto della *Fontaine perpétuelle d'amortissement,* dove non sia una varietà della lega, debba essere uno dei mezzi subalterni, di cui si serve la medesima per raggiungere i suoi fini.

Noi vediamo, cioè, impiegati e corrispondenti di diversi gradi: gli uni mobili, gli altri *sédentaires;* ed il Languaire, per niente equivoco rispetto alla sua tendenza, come ispettore di più dipartimenti - posti come ricevitori. - Quanto i rivoluzionarii si prendano a cuore di servirsi di qualunque istituto, che sotto qualunque forma pone gli uomini in un contatto regolato, risulta da più esempi, che porgono i processi degli ultimi anni. Così fece gran figura il *Bazar français* nel processo tenuto in Francia dinanzi la Camera dei Pari nell'anno 1820. Così risulta dal processo di Milano, che l'introduzione di scuole per l'insegnamento vicendevole (*enseignement mutuel, écoles à la Lancastre*), fu iniziata dai capi della congiura negli anni 1820-1822, secondo il loro scopo proibito: persino la faccenda della navigazione sul Po entrava nei loro intenti e serviva alle loro idee.

Nominare qui le scuole di ginnastica in Germania sarebbe del tutto inutile.

Se si dovessero confermare le nostre supposizioni a questo riguardo, si formerebbe una prova per la convinzione in cui siamo, che la moltiforme setta non lascia senz'utile nessuna forma, colla quale le sembri possibile di estendere le sue diramazioni; e ch'essa lavora continuamente ad irretire tutta Europa demagogicamente.

Tanto più strettamente si sente il bisogno di un'intima cooperazione di tutti i governi per iscoprire le trame della setta, e più specialmente per iscoprire la sua direzione generale. Questo scopo dovrebbe esser raggiunto per mezzo di comunicazioni vicendevoli di tutto ciò che viene alla luce in questo proposito.

Se noi pensiamo, per mezzo delle presenti comunicazioni, di non aver altro da lasciar desiderare sulla questione sollevata di sopra, si badi però di tener sempre conto di tutto ciò che potrà accadere di scoprire.

Fin qui la relazione metternichiana. Seguono ora i decreti e le formule in uso presso quelle sette, e sono i documenti a cui si riferisce il testo nelle varie citazioni.

*_**

N. 1. Decreto del Gran Firmamento in appendice agli Statuti dei S. M. P.

Il Gran Firmamento decreta quanto segue:

§§

§ 2. Le società dei Filadelfi e degli Adelfi sono incorporate all'Ordine.

§ 3. Ogni Adelfo, o Filadelfo otterrà, tostochè verrà riconosciuto per tale, se egli non fu già Massone, i tre gradi simbolici, senza altre spese che quelle per l'accettazione.

§ 4-5. Ogni A. o F. può esser proposto alla chiesa per mezzo del suo consiglio (tre membri), quindi segue l'accettazione conforme agli statuti, dopo aver nominato lo spione. Gli A. e F. accettati in questo modo sono liberati da qualunque tassa.

Dato sotto l'Equatore addì 22 del VII mese 5812 (1822).

NB. (Del relatore). Sebbene questo decreto dati dall'anno 1822, pure esisteva ancora l'Adelfia in alcuni paesi e specialmente in Piemonte fino in circa dall'anno 1821, verosimilmente come primo grado, invece della Massoneria.

N. 2. — Formula di fede del Sinodo o Riunione dei Sublimi Eletti.

Credo veram libertatem existere tantum ubi omnes, nemine excepto, ad legem sanciendam vocantur; ibi populus vere dominus, ibi *respublica*. Credo autoritatem legum ab uno vel a pluribus exercitam, electione esse conferendam, nec unquam hæreditatis ratione vel ad vitae tempus.

Credo usurpatorem supremae potestatis a quocumque obtruncandum.

Credo prudentiam, aes sufficiens, sobrietatem, justitiam, laborem, humanitatis, patriæ et gloriæ amorem in alienos fidem et honorum, divitiarumque odium esse aeterna placidae libertatis propugnacula.

Credo *nil*, ad tantum bonum assequendum, *nefas*.
Credo cor et coelum *virtuti suum* (sic) præstare.

Formula di fede della chiesa
o Riunione dei S. M. P.

Credo a Deo hominum, patre et legislatore, justum beatam obtenturum immortalitatem; credo Deum sola caritate colendum, præter quam quidquid cogitaveris stultitia est.

Credo ad mutuum amorem divino naturalique iure homines, quatenus eiusdem patris filios, aequaliter teneri.

Credo hunc esse divinum fontem aequalitatis, quam sancivit sociale foedus, cuius generali placito, verae nempe legi, obedire vera libertas est.

Credo quamcumque potestatem, *aliunde ortam, sicut scelus esse damnandam*.

N. 3. Atto del Congresso Italiano.

Ad incarico dei cittadini Pausanias, appoggiati da G. P. (Gran Pontefice), ha il sinodo, consistente di Italiani, deciso la fondazione d'un Congresso italiano sulla Base:

1. Che in Italia non possa esistere altro governo che quello in cui vengano tolti tutti i privilegi e distinzioni di ordine.

§§§

4. Che questo progetto venga per conferma presentato al G. F. (Gran Firmamento.)

Quest'atto fu confermato nel Marzo 1822 dal Gran Firmamento, dopo di che fu decisa la fondazione di un Congresso di tutti gli Italiani, che volessero prendervi parte, e nello stesso tempo determinati i *seguenti articoli*:

§§§

Art. 3. Questo Congresso tenda in ogni modo, ad acquistare la libertà ed indipendenza d'Italia, mediante un governo popolare.

Art. 4. Che il medesimo si prenda a cuore in modo speciale di designar tutte le persone, che, sebbene non possedessero le debite qualifiche per appartenere a questo circolo, tuttavia cercassero di rendersi utili per altri mezzi come ricchezza, influenza e mediante la stima che godono.

Per luogo del Congresso frattanto fu nominato Tangy (Ginevra) e per presidente il Diacono mobile, Policarpo (Buonarroti).

N. 4. Estratto dal rituale.

All'apertura d'ogni chiesa, il Saggio dice prima di tutto le seguenti parole:

« Noi che abbiamo dedicato la nostra aspirazione all'umana felicità, siamo obbligati continuamente di combattere la disuguaglianza, il despotismo e la superstizione. Voglia sempre animarci l'esempio degli eroi della Bastiglia, dell'isola Leone, di Nola ed Alessandria. »

Il neofito accettato nella chiesa fa il seguente giuramento, dopo aver bene schiarita la formula di fede. (Vedi N. 2):

« Io giuro in presenza del grande Autore dell'Universo e sul mio onore, di mantenere il più rigoroso segreto su tutto ciò, che adesso durante la mia accettazione ho visto ed udito, e che dopo vedrò ed udirò. Io giuro di non parlar mai su ciò con nessuno che non sia del mio grado. Io giuro di non portar in carta qualsiasi cosa che abbia relazione a ciò, senza licenza del mio Superiore. Io giuro di promuovere l'interesse della Società, a cui adesso apparterrò. Io giuro di obbedire fedelmente ai comandi datimi dal mio Superiore. Io giuro, di non appartenere a nessun'altra Società segreta, e la cui esistenza, se mi fosse nota, annuncerei tosto al mio Superiore.

« Io mi assoggetto alla pena di morte, se io rompessi questo giuramento, e m'obbligo allo sborso dell'imposto mensile prescritto dalle leggi. »

Il presidente comanda quindi di slegare il neofito e gli dice: « Io ti sciolgo queste catene sotto condizione, che tu applichi tutte le tue forze unicamente a combattere il despotismo, la cui immagine esse rappresentano.

« Prometti tu questo? » A cui il candidato annuisce. Quindi vien manifestato al medesimo, che *ogni religione rivelata* è inganno; e così viene chiuso l'atto dopo alcune cerimonie insignificanti.

Nell'accettazione d'un S. M. P. in grado di S. E. (*Sublime Élu*) o nella sua uscita dalla chiesa o entrata nel sinodo, il neofito giura lo stesso giuramento di silenzio verso tutti e verso membri di grado inferiore, obbedienza verso i superiori, l'assoggettamento alla pena di morte quando rompesse il giuramento, e quindi gli vien letta la formula di fede dei sinodi, che da lui è riconosciuta.

Invece dell'insegnamento sulla nullità della rivelazione, si richiede dall'iniziato che egli abbruci un'immagine simbolica di regno, come corona, scettro, ecc.; e con ciò ha manifestato il suo odio contro gli stessi. Egli riceve allora il misterioso nome *Tieboar* la cui significazione è: *Tirannum Intefice Et Bona Omnia Antiqua Recupera*, la quale gli viene schiarita ed indi, dopo alcune cerimonie, si chiude il lavoro.

N. 5. Estratto dal processo di Andryane.

La Società non ha per niente lo scopo di produrre con violenza in un tempo determinato cangiamenti politici.

La riuscita dei loro disegni rimane abbandonata, in parte ad avvenimenti favorevoli, in parte anche al successo *della loro estensione successiva*.

Quest'ultimo massimamente è il loro scopo prossimo.

La loro vera mira consiste quindi nel far esercitare al popolo, a cui appartiene la sovranità, la potenza legislativa, sia mediante rappresentanti diretti, sia colla loro elezione.

La Società è propagata in Francia, Spagna, Italia ed anche, in seguito alle manifestazioni del D. M. (diacono mobile) Buonarroti, negli altri stati d'Europa.

La Società esisteva già dal tempo della rivoluzione francese; ha cambiato però soventi volte nome, e si chiamò fra le altre cose anche Adelfia.

Una delle principali regole fondamentali della Società consiste in ciò: che i membri di paesi stranieri non si debbano riconoscere tra loro.

La Società, secondo informazioni del Buonarroti, il quale già da 15 anni è membro della medesima, cessò più volte di esistere per mancanza di costanza da parte dei suoi partecipanti, e dovette venir rinnovata sempre per mezzo di nuovi adepti (verisimilmente da capi segreti).

Fu palesato ad Andryane, esser dovere d'ogni fratello dell'Ordine, di guadagnare un certo numero di persone non iniziate, nel suo circolo per gli scopi dell'Ordine.

N. 6. Libro degli Statuti dei Sublimes Élus.

N.B. *Consegnati dal Sinodo inaugurato in Torino.*

§ 55. Dopo compiuta la cerimonia d'accettazione, e dopochè il *Sublime Maître Parfait*, che entra nella classe degli *Élus*, si è sufficientemente pronunciato per la forma repubblicana, il presidente prende la parola, e svolge nella sua orazione le considerazioni seguenti:

a) Che, dopochè la rivoluzione francese calpestò la nobiltà, il clero ed i re, ma pure non fu in istato d'ottenere il suo scopo, cioè la costituzione repubblicana per molti errori dei capi, i veri repubblicani si erano riuniti in segreto per combattere la tirannia, e dare al popolo la libertà.

b) Che inoltre si erano serviti in tutti i paesi del veicolo delle già esistenti società segrete. Così i Filadelfi in Francia si servirono dei Massoni; i Patriotti tedeschi dell'Ordine degli Illuminati e dell'Ordine dei Guelfi nell'alta Germania, indi di più altre società filantropiche segrete, colà esistenti: queste aver lavorato contro ogni tirannia Bonapartistica. Pure i migliori fra tutti aver fondato nella più gran segretezza l'Adelfia, il cui primo grado *è l'accettazione* in una qualunque delle società segrete d'Europa, il secondo quello dei S. M. P., il terzo finalmente quello dei S. E. *(Sublimi Eletti).*

c) I membri furono a questo modo guadagnati alle cosidette forme costituzionali libere, indi poi, dacchè queste sono il passaggio alla repubblica e devono servire per i re, nobiltà e popolo, si lavora per le forme estreme.

d) In fine viene spiegato questo passaggio e insieme il modo di effettuarlo, il quale consiste in ciò: il popolo uso essendo alla pressione, per lo più non assai grave, dei potenti, si dimostra con finezza satanica, che una volta ottenuta la forma costituzionale, deve accadere l'una di queste due cose: O il principe che l'abbia data ne risentirebbe tosto pentimento, e in questo caso la scissione avrebbe luogo da sè. O invece, qualora pensasse sinceramente, l'aristocrazia dovrebbe divenirne malcontenta, e allora la Società dovrebbe tendere ad allargare la rottura. Questa rottura si deve poi spingere fino all'esplosione, ossia fino a rovesciare il monarca, e ad erigere una repubblica invece dell'efimero trionfo dell'oligarchia.

e) Doversi quindi movere il popolo all'odio contro la nobiltà ed il clero e spingerlo sino al versamento del sangue, perchè l'offensore non perdona mai l'offesa.

Questi ammaestramenti devono essere bene inculcati: è questo un dovere santissimo dell'adepto, che in quel momento consegna alle fiamme i segni della tirannia, corona, scettro...

N. 7. Statuti dei S. M. P.

(Sublimi Maestri Perfetti).

« Il presidente del G. F. ordina in conformità alla legge, che la presente istruzione, che contiene l'intera costituzione criminale e la legge penale dell'ordine, venga comunicata immediatamente ai D. D. (Diaconi) e da questi resa nota alle diverse officine (ateliers). »

Qui segue una spiegazione assai ragguagliata delle forme, che debbono aver luogo nel porre lo stato d'accusa d'un fratello dell'Ordine, e quindi procedere alla sua condanna.

Vien fissato quali delitti devono venir puniti colla *Garantie* (pena di morte); e quali falli minori debbono castigarsi con multe di denaro, co'la destituzione, o colla sospensione.

I delitti, per cui esiste pena di morte, sono i seguenti:

§ 6. Sono delitti: - Tradimento, od imprudenza, con cui si compromettono i segreti dell'Ordine, o pure si trattano i membri dell'Ordine come forestieri. Uso del potere d'ufficio di cui fossero rivestiti gl'impiegati dello stato, a svantaggio dell'Ordine. — Conservazione o comunicazione di carte, risguardanti l'Ordine, senza essere a ciò legittimamente deputati. Furto o falsificazione dei segni del G. F., o degli atti di lui.

Sono pure delitti: L'iniziamento di ciechi *(profani)* per mezzo di fratelli che non ne hanno diritto. — L'usurpazione illegale del potere giudiziario in giudizio di condanne, da parte di quelli che non ne hanno autorità.

Il movimento sedizioso, che avesse per iscopo di sciogliere l'Ordine, o di cambiare le sue forme in modo illegale. — Ogni manifestazione agli altri fratelli da parte di membri del G. F., per la quale vengano quelli a riconoscere le qualità o ad avere indicazioni sopra la costituzione di questo corpo e venire in cognizione del luogo della sua dimora.

Un continuo rifiuto e la continua disobbedienza, con cui alcuni fratelli dell'Ordine si volessero sottrarre alle pene minori, decretate giudizialmente contro di loro. — Finalmente, il tralasciare di dar le indicazioni ad un diacono o ad una loggia d'un delitto, noto ad un fratello dell'Ordine.

Dato sotto l'Equatore, addì 16 del I mese 5817 (1817).

Gli Statuti degli S. E. *(Sublimi Eletti)* sono identici con questi.

N. 8. Statuti dei S. M. P.
(Sublimi Maestri Perfetti).

§ 14. Appresso ogni chiesa esisterà sempre una loggia framassonica, la cui direzione e proprietà spet'a alla chiesa.

§ 16. Le logge massoniche, erette appresso le chiese, avranno cura di farsi dare le costituzioni dal G. O. (Grand'Oriente) del paese, in cui si trovano in attività. — Esse del resto hanno solo da seguire il rito del G. O. francese.

Rapporto segreto dell'iniziato in Torino.

Gli Adelfi si servono nelle logge massoniche di parole proprie, il cui senso rimane ignoto ai massoni comuni. Così p. e., *libertà* vien chiamata beneficenza, *rivoluzione* segreto, *armi* denaro.

Se un Adelfo vuol palesare agli altri iniziati un segreto od un disegno allora tiene agli altri Massoni un discorso, nel modo sopraddetto, e nel senso a loro inintelligibile.

N. 9. Istruzione supplementare per i DD. TT.
(Diacres Territoriaux)

§ 1. In ogni circolo *(arrondissement)* esiste solo un D. T. *(Diacono Territoriale).*

NB. I *Départements* dell'antico Impero francese ed i cantoni della Svizzera, ad eccezione di Ginevra, formano ognuno per sè un tale circolo.

§ I DD. TT. stanno da una parte in comunicazione con tutti i Saggi (presidenti delle singole riunioni) dei loro circoli, dall'altra poi col G. F. (Gran Firmamento).

Con quest'ultimo per lo più si usa mediante quei D. M. *(Diacres mobiles)*, a cui sono destinati dal G. F.

Libro degli Statuti degli S. E. *(Sublimi Eletti)*.
Decreto del G. F.

I seguenti articoli verranno aggiunti al libro degli Statuti degli S. E.

§ 1. I DD. *(Diacres)* sono o *mobiles-territoriaux*, o straordinarii.

La potenza dei D. M. si estende a tutti i luoghi. Il potere dei D. T. è limitato nei circoli, che son loro destinati dal G. F.

§ 2. I Saggi (presidenti delle missioni) sono subordinati ai D. M. e D. T. ed obbediscono loro.

§ 3. I D. M. sono di grado più elevato dei D. T.

§ 4. Le loro funzioni consistono in direzione, sorveglianza dei sinodi e delle logge, in fare la maggior possibile propaganda, nel costituire nuove riunioni, nel sorvegliare e perseguitare i delinquenti dell'Ordine, in controllare le casse, congiungere le logge nuovamente emanate, ascoltare i denunziatori.

N. 10. Libro degli Statuti dei S. M. P. Decreto del Gran Firmamento.

Il Gran Firmamento decide su rapporto del suo presidente quanto segue:

§§

§ 4. Le Riunioni si prenderanno sommamente a cuore, di guadagnare una influenza attiva sull'opinione pubblica dei paesi, in cui esistono.

§ 5. Esse propagheranno a questo scopo le notizie segrete loro comunicate. e dirigeranno l'attenzione del pubblico su quei punti d'amministrazione o legislazione, conforme sarà loro indicato dal G. F., od esse stesse, coll'assenso del D., giudicheranno meglio a fine di raggiungere lo scopo.

§ 6. Perchè si possa andare all'opera con prudenza e venga ottenuta l'influenza che si cerca, senza compromissione dell'Ordine e dei rispettivi paesi, sarà incombenza del D. T. (*diacono territoriale*) in ogni circolo, coll'approvazione del G. F., di determinare il modo, con cui si abbia in ciò da procedere, e dovranno invigilare che i fratelli si comportino esattamente in conformità di ciò, che fu conchiuso nelle loro riunioni colla loro approvazione.

Dato sotto l'Equatore, addì 18 del sesto mese 5818 (1818).

Decreto: Il G. F. considerando che, sebbene sia dovere dei fratelli dell'Ordine in ogni tempo, di propagare i veri principii continuamente ed al più presto possibile, d'altra parte poi non è meno necessario di guardare per quanto si possa, che con precipitato agire non venga frustrato lo scopo dell'Istituto, decide quanto segue:

§ 1. Le Riunioni si sforzeranno continuamente ed in ogni paese, dove si trovano in conformità dei § 4, 5 e 6 del decreto del 58 (18 giugno 1818), che l'opinione pubblica venga guadagnata per un rivolgimento politico, il cui scopo tenda a far conseguire al popolo un'influenza diretta e completa sulla legislazione. Essi hanno inoltre da render generale l'odio contro l'oppressione, e di *agire sulla morale dei soldati che fino ad ora sono il sostegno della tirannia.*

§ 2. Nel caso che circostanze favorevoli portassero una rivoluzione, i presidenti delle Riunioni devono adoperarsi perchè cada in mano a loro stessi, o ad individui da loro dipendenti, la direzione della medesima.

§ 3. La rivoluzione spagnuola e napoletana, come tutte che hanno la stessa tendenza, si devono favoreggiare con tutti i mezzi disponibili da parte delle Riunioni.

§ 4. In Italia le Riunioni saranno penetrate del medesimo spirito, cioè di lavorare per la libertà ed indipendenza del popolo italiano.

§ 5. Anche in caso favorevolissimo l'Ordine resterà segreto.

Sotto l'Equatore, addì 17 del settimo mese 1820.

NB. Lo stesso decreto si trova sotto ugual data nel libro degli Statuti degli S. E. *(Sublimi Eletti).*

N. 11. Decreto del G. F.

Il G. F. decreta quanto segue:

Fino alla fine di termidoro del 38° anno è permesso ai D. T. *(Diacres territoriaux)* e D. M. *(Diacres Mobiles)* di accettare, tanto fra il numero degli S. M. P. quanto degli S. E., dei membri sommariamente e senza il termine prescritto, in tutti quei luoghi, dove non vi sono logge di lavoro in azione.

§§§

Dato sotto l'Equatore addì 20 del settimo mese 1821.

Decreto del G. F.

Il G. F. decreta:

I D. M. *(Diacres Mobiles)* sono d'ora innanzi autorizzati, nei casi in cui credono giovare all'interesse dell'Ordine, di concedere l'accettazione anche avanti l'età legale (25 anni nei S. M. P., 28 negli S. E.) cioè fino al 20mo anno.

Sotto l'Equatore, primo del mese 1822.

N. 12. Libro degli Statuti dei S. M. P.
(Sublimi Maestri Perfetti).

§§

§ 10. Il Saggio e le due stelle *(aster, assessori com-presidenti)* formano soli il consiglio delle Riunioni.

Regolamento dei sinodi degli S. E.

Prima dell'iniziamento nei segreti dei S. M. P., il consiglio delle chiese interrogherà sull'accettazione di un candidato. Un sinodo può esser formato di tre membri.

N. 13. Regolamento delle chiese e dei sinodi.

Nell'accettazione di un nuovo membro, il consiglio della Riunione deve prima di tutto applicare i mezzi necessarii per bene studiare l'interno di lui.

A questo fine gli vien dato, sotto titolo di fratello segreto *(frère intime)* uno spione *(Dilucidateur)*, fra quei fratelli dell'Ordine che posseggono la sua confidenza, o che la possono acquistare. Questo spione cercherà ogni occasione per condurre il candidato a tali discorsi, ne' quali si manifestano i suoi principii ed il suo carattere. Egli cercherà a poco a poco d'instillargli il desiderio d'essere accettato. Lo spione è obbligato a fare un giornale di tutti i discorsi ed azioni del suo custodito, e presentar il medesimo (giornale) al consiglio.

In modo simile ha luogo l'accettazione nel 2° grado, cioè dai S. M. P. ai S. E.

N. 14. Libro degli Statuti dei S. M. P.

(Sublimi Maestri Perfetti).

§§

§ 31. I S. M. P. s'astengano da qualsiasi scrittura; s'imprimano i principii dell'Ordine nel cuore e nella mente.

Istruzione dei DD. TT.

§§

12) Per quanto è possibile, la corrispondenza dev'essere fatta solo oralmente.

N. 15. Decreto del G. F.

Il G. F., considerando, che il buono stato delle finanze regola in parte il compimento dei suoi scopi, decreta quanto segue:

§ 1. Sarà aggiunta agli altri obblighi, a cui s'assoggettano gli S. M. P. nella loro accettazione, la condizione, che i medesimi s'obblighino, di sborsare gl'importi mensili determinati.

§ 2. I Diaconi incorporeranno la presente ordinazione nel libro degli Statuti dei S. M. P., come pure in quello dei S. E.

Sotto l'Equatore, addì 21 del 12° mese 1817.

Decreto del G. F.

Ogni membro dell'Ordine deve pagare mensilmente un franco per la cassa dell'Ordine, cominciando dalla sua accettazione, e sborsare inoltre quegli importi che gli saranno imposti dal consiglio dell'Ordine.

Dato addì 22 del 7° mese 1815.

N. 16. Decreto del G. F.

Il G. F. per assicurare casse, e per allontanare ogni diffidenza contro la loro amministrazione, decreta quanto segue:

1. Le officine delle chiese sono invitate a far fabbricare, a loro spese, casse con tre chiavi, in cui i tesorieri abbiano da custodire i denari dell'Ordine. Il tesoriere e due ufficiali dell'Ordine hanno ognuno una di queste chiavi.

2. Il Saggio (presidente della loggia) ha da far ogni quattro anni la verificazione e da rivedere i conti.

3. Questo resoconto dev'essere spesso presentato alle logge.

4. La infedeltà nell'amministrazione di questi danari è punita con pena di morte.

5. I D. T. possono e devono cambiare questi denari in cambiali che rendano al 5|100, e metter queste nella cassa invece del denaro effettivo.

6. In caso d'un pericolo o morte del tesoriere, hanno da badare alla sicurezza dei fondi i Diaconi e Saggi.

Dato sotto l'Equatore addì 7 del 2° mese 5817 (1812).

Statuti degli S. E.

§ 19. Due terzi della cassa dei sinodi sono sempre posti a disposizione del G. F.

N. 17. Decreto del G. F.

Il G. F. comanda quanto segue:

Invece dei segni prescritti per gli S. M. P. mediante decreto de' 14 del 5° mese 1821, sono determinati i seguenti nuovi segni di riconoscimento:

§§

La parola di passaggio è *Elphador*.

Le domande sono le seguenti:

D. Che cosa cerchi tu? (Was besinnest du?)

R. La natura. (Die Natur).

D. Come l'hai perduta? (Wie hast du sie verloren?)

R. Per una infelice cecità. (Durch eine unglükliche Blindheit).

D. Ubi salus?

R. Nelle fiamme. (In den Flammen).

N. 18. Istruzione dei Diaconi Territoriali.
Decreto del G. F.

§ 2. I Diaconi Mobili mandano al G. F. la nota dei Diaconi territoriali coi loro nomi d'ordine e nomi comuni, il loro domicilio e la informazione dei loro rapporti civili,

Libro degli Statuti dei S. E.
Decreto del G. F.

§ 15. I Saggi d'ogni Riunione hanno, alla fine dei mesi di Marzo e Novembre, da spedire ai D. T. la dichiarazione dello stato dei membri e quella della cassa.

N. 19. Rapporto Segreto dell'Iniziato in Torino.

Fra gli Adelfi alcuni hanno la speciale incombenza di coltivare il popolo della campagna, e di renderlo abile alle discussioni politiche.

In Torino fu manifestato al Candidato da parte di alcuni capi, prima che visitasse i sinodi: che l'Ordine reputò necessario, per non veder andar a vuoto nuovamente i suoi intenti, per esempio nella esplosione d'un cambiamento di Stato, di prendersi la direzione coll'esatta conoscenza di tutte le altre società segrete. Abbia la *Lega della virtù* (Tugendbund), essendo questa una delle società più propagate, siccome più idonea, e inoltre sia in altri paesi la Massoneria e in Italia il Carbonarismo, uno dei suoi gradi.

Che i gradi delle società sieno del resto assai diversi (proteiformi), contati i bisogni ed i partiti. Esista commercio diretto colla Germania e colla Francia, denaro ed influenza si trovino là a disposizione della Società.

Nella Prussia ed Hannover si gridi la tirannia in modo peggiore che per la Francia. Le società segrete stieno in esatta congiunzione con Torino, ed un felice progresso non tarderà ad essere riconoscibile.

Al candidato furono in questa occasione nominati i nomi Alberto e Lenzenberg, senza però aver dato sui medesimi nè segnali nè ragguagli.

Nella istruzione dei S. M. P. vien domandato:

D. Come sei entrato nella chiesa?

R. Mediante i tre giuramenti.

D. Donde vieni?

R. Dalla Polonia.

NB. In Torino il sinodo reputa, che gli Adelfi abbiano origine dal Nord.

Il candidato seppe inoltre nel sinodo, che il terzo grado che gli si era già comunicato per iscritto, deriva dalla società tedesca, ma che fu messo fuori d'attività, perchè per suo mezzo facilmente si penetrava nella conoscenza dei segreti intimi.

Nel licenziare il candidato, gli fu dato incarico di mandar notizie dal suo paese, per converso gli si promise di porlo in cognizione degli Agenti segreti dell'Ordine, francesi e tedeschi giranti per Torino.

N. 20. Decreto del G. F.-N. II.
nel libro degli Statuti dei S. M. P.

§§

§ 2. La società dei patrioti Europei di grado accademico, quindi quelle dei Filadelfi sono incorporate all'Ordine,

NB. Al candidato, il quale consegnò il libro degli Statuti, del medesimo tenore del libro degli Statuti dei S. M. P. di Andryane, fu designata la società dei Patriotti Europei, come l'antico Tugendbund, e questo assegnato come una delle società più estese.

§ 3. Tutti i Patriotti Europei (membri del Tugendbund) e i Filadelfi che non sono Massoni, otterranno i tre gradi simbolici, senza spesa veruna, all'infuori della necessaria per la loro iniziazione §§.

N. 21. Libro degli Statuti dei S. M. P.

Decreto del G. F.

Il G. F. comanda, in considerazione delle relazioni, che gli sono pervenute sulla posizione dell'Ordine in diversi paesi, quanto segue:

§ 1. I segni di riconoscimento e delle leggi formali dell'Ordine sono da cambiarsi al più presto possibile; frattanto sono sospesi tutti i lavori ed accettazioni ed anche il pieno potere, dato ai Diaconi, eccettuato quello del Diacono Mobile.

§ 5. Ogni contravvenzione a questo comando vien considerato e punito come tradimento.

Sotto l'E. a' 14 del 5° mese del 1821.

N. 22. Decreto del G. F.

Il G. F.

Nella considerazione, che nei paesi, in cui è proibita la Massoneria, le sue forme non presentano più quella sicurezza per la quale sono state istituite; e che in questi paesi, Riunioni di lunga durata mettono in pericolo la sicurezza di coloro che vi assistono; e che eziandio la conservazione di atti voluminosi possa esporre alle ricerche della polizia, decreta quanto segue:

§ 1. In tutti i paesi, in cui la Massoneria è proibita, le forme dei lavori verranno mutate nel seguente modo:

§ 2. Sono levate tutte le decorazioni massoniche.

§ 3. Le uniche carte, che i soli Saggi hanno da conservare ed il cui contenuto mantiene ancora forza di legge sono:

a) Il libro degli Statuti nel grado e coi decreti in esso allegati, ad eccezione di tutto ciò che risguarda la Massoneria, giacchè questa rimane tolta.

b) Il nuovo regolamento per le chiese e pei sinodi.

c) I nuovi formularii.

§ 4. Questi scritti, che sono da ridursi a formato, quanto più piccolo che sia possibile, devono esser nascosti con ogni cura dai Saggi (presidenti) in luoghi sicuri; solo ai membri del consiglio dell'Ordine può esserne data conoscenza.

§ 5. Il formulario del grado, scritto sopra un biglietto assai sottile, è l'unica carta risguardante l'Ordine, che può esistere nel luogo.

In caso d'una sorpresa bisogna abbruciarlo, od inghiottirlo.

Per far anche senza questo scritto, i Saggi si studino di impararlo a memoria. Una copia d'esso sarà da conservarsi nel nascondiglio degli altri atti.

§ 6. I libri quadruplicati non sono prescritti.

§ 7. Gli atti antichi devono essere distrutti dai Saggi e D. T., tostochè ne vengano in possesso: solo al D. M. *(Diacono mobile)* ne è permessa la conservazione, sotto le cautele del § 4.

Dato sotto l'Equatore addì 10. 7. 1822.

N. 23. Decreto del G. F.

Il G. F.,

Nella considerazione, che le medesime cause, che hanno dato occasione al decreto del 1 luglio 22, sono applicabili anche ai sinodi, decreta quanto segue:

§ 1. Al nome sinodo è da sostituirsi Accademia. Gli S. E. (Sublimes Élus) si chiamano d'ora innanzi P. M. (Parfaits Massons). I dignitarii mantengono i nomi nel sinodo.

§ 2. Il presente decreto sarà introdotto per opera dei D. T. agli Statuti dei S. E.

Dato nel 1º agosto 1822.

CAPITOLO III.

PIETRO MARONCELLI.

Suo processo (1817)

> Io son colui che tenni ambo le chiavi
> del cor di Federigo... (*Infern.* XIII, 56).

Ed ora ci si para innanzi quel Pietro Maroncelli, le cui relazioni con Silvio Pellico sono tanto conosciute, che quasi fanno pensare alle favolose amicizie, onde si giocondano gli anni classici leggendole immortalate ne' versi di Virgilio e dell'Ariosto. Chi conoscesse Maroncelli solamente da quanto ne dice Silvio Pellico nelle sue *Prigioni* e da quanto egli stesso racconta di sè e di altri nelle *Addizioni* che vi aggiunge, avrebbe del carattere di quel Maestro in Carboneria e delle sue gesta un concetto, che desta simpatia e compassione pietosa. Disgraziatamente quel concetto non risponde all'indagazione storica de' fatti di quell'uomo. E siccome è legge inesorabile di meccanica, che all'*azione* risponde sempre in senso contrario una forza terribile di *reazione:* così accade che a una stima posticcia, la quale comecchessia abbia occupato la nostra mente, quando sdruscito il velo della leggenda sottentri il limpido giudizio della storia, l'impressione conseguente ci colpisca in maniera quanto contraria altrettanto rincrescevole.

La storia è quella serena Maestra della vita, che ha visto e registrato le umane debolezze. Pure dinanzi a certe figure, nelle quali l'apparente colore stride troppo colla creta di cui sono impastate, si dura fatica a contenere lo sdegno.

Ma lasciamo da banda le considerazioni, e narriamo la storia della vita di Pietro Maroncelli, perchè questi non riesca nuovo, quando lo incontreremo in istretta relazione con Silvio Pellico, e lamenteremo di entrambi quasi le stesse fortune. Il suo processo dibattuto in Roma nell'anno 1817 è pure il processo della sua vita sino a quel tempo, raccontata da lui medesimo, e rimessa nel suo vero punto col riscontro de' fatti appurati da' giudici esaminatori e da lui medesimo insomma confessati. Essendo esso importantissimo, e per le rivelazioni che contiene sulla Carboneria, e pel legame con cui congiunge le cospirazioni settarie del 1817 con quelle del 1820, siamo venuti nel consiglio di pubblicarne il *Ristretto*, per quanto sappiamo sinora inedito, *integralmente* almeno (1).

---

(1) Il processo di Pietro Maroncelli (1817) si trova nell'Archivio di Stato in Roma col corredo delle molte lettere, costituti, ristretto e altri documenti che compongono un gran fascio. Ci fu concesso di leggere e stu-

Fu esteso dal Martinelli, Assessore della Direzione Generale della Polizia in Roma, come consta dalla Relazione, che con lettera degli 8 luglio 1818 ne faceva al Cardinale Segretario di Stato, l'avvocato Leggieri, incaricato del processo (1): la citeremo in fine. Se non è un capolavoro di procedura criminale, ci rischiara quanto basta intorno al reo e alla qualità del reato. Ma prima diamo un cenno della vita antecedente di questo celebre cospiratore.

Pietro Maroncelli nacque in Forlì nel 1795, figlio di un sensale di quella città. Studiate ivi le prime lettere e la musica, andò a Napoli nel 1810 per il perfezionamento di quegli studii; quivi per cinque anni fu mantenuto dall'Istituto di Carità di Forlì; e quivi s'iniziava a' primi gradi della Massoneria (2). Tornato in patria nel 1815,

---

diare ogni cosa, e siamo lieti di poter attestare la gentilezza con cu gl'impiegati di quegli Archivii sono larghi agli studiosi di tutti i più cortesi riguardi.

Achille Gennarelli parlò pel primo di questo processo nella *Nuova Antologia* (15 novembre 1879), intarsiando il suo racconto con riflessioni ed accenni *storici*. Quella maniera di presentare le cose è evidentemente, per usare un'espressione moderna, *tendenziosa*: non la reputiamo storica. A Pietro Maroncelli consacra tutto un capitolo **Cesare Cantù** nel *Conciliatore e i Carbonari* (p. 101, segg.); invece di discorrere di lui, quasi sempre si occupa di Silvio Pellico!

(1) Archivio di Stato, Processo Maroncelli.

(2) « Non fu appena colà, che volendo pure ad ogni costo aprirsi una strada alla fortuna, si fece nel 1813 aggregare alla massoneria. Nel 1815 vedendo nella carboneria una maggiore probabilità di successo, diventò carbonaro e fece ritorno alla patria per propagarvi i suoi principj, ma bentosto un carme immorale e irreligioso lo fece arrestare » ecc. Così **Paride Zaiotti**, *informatissimo*, nel libro: *Semplice verità*, oramai quasi raro. Parigi, 1834, p. 12.

dopo poco tempo studiando o meglio cospirando in Bologna, a spese pure di quell'Istituto di Carità, come consta dal processo, fondava la setta *Filedonica*, *(amica del piacere)*, alla quale insieme con altri associava il suo fratello Francesco. Tornato in Forlì vi compose pel 25 luglio 1817 una poesia *misteriosa* in onore di San Giacomo, che dispiacque alla popolazione e gli attirò i sospetti e le ricerche della polizia.

Già si sapeva di lui e del fratello che erano entrambi settarii. Filippo Invernizzi Presidente, scriveva d'Ancona (27 novembre 1816) al Governatore di Roma, una lettera nella quale diceva conchiudendo... « Ed essendo inutile che rammenti all'E. V. che tanto il Dottor Francesco Maroncelli, quanto il noto di lui fratello Pietro sono due settarii, passo all'onore di rassegnarmi, ecc. » (1).

I sospetti poi furono confermati da' fatti. Gli vennero trovati in casa degli scritti *immorali* e un frammento di Catechismo Massonico. Quindi fu arrestato, e per ordine della Segreteria di Roma, condotto nelle carceri *nuove* di questa città, dove si dibattè il processo, di cui riferiamo qui il *Ristretto* fiscale, come uscì dalla penna del Martinelli.

---

(1) Archivio di Stato, Processo Maroncelli.

Romana ossia di Forlì - Di Fellonia
C. Pietro Maroncelli carcerato.

Zoli - Siboni - Guidelti - Francesco Maroncelli - Biagio Bianconcini - Giovanni Romagnoli - Muzio Camillo Masotti (1).

Ricorrendo nel giorno 25 luglio dello scorso anno nella città di Forlì la festa solenne di S. Giacomo Maggiore, concorse a celebrarla con una produzione degna de' suoi talenti il giovanetto Pietro Maroncelli, studente di musica costituito nell'età di anni 22, nativo e domiciliato in detta città. Compose egli qual altro ammiratore della devota pompa una ben tessuta orazione poetica sullo stile del Dante, dedicandola al Parroco D. Giovanni Ricci, rettore di quella chiesa, e col mezzo della stampa fu affissa e pubblicata. Essa è del tenore come di contro.

[*In margine*] « In ricorrenza della festa di S. Giacomo Maggiore - Nella chiesa parrocchiale di tal nome - Al Parroco Sig. D. Gio. Ricci - Un ammiratore della devota e solenne pompa - In segno di stima sincerissima offre:

    Nel mezzo del cammin di nostra vita,
    Il gran nemico avea tutta Potesta,
    Si la diritta via era smarrita.

    D'ogni ben fare ahimè ciascun si resta,
    Perchè si allegra il maledetto Lupo
    Che lui crescon le corna in su la testa.

---
(1) Sono i nomi degl'implicati nel processo.

Si fan sugl'altri, e si fingono al cupo,
Dilatan filaterie in ch'hanno scritto:
Detti son Rabbi, e nel Tempio è lo stupro.

Ad ogni vizio rompono, e delitto
Dicono, e fanno poi l'opra contraria,
Che Dio non han, che sulle labbia fitto.

Betzaida, Cafarnao, dura Samaria,
Cristo si mostra, e tu negagli pane.
E pur vedesti sua virtute varia.

Nè non ti muovon maraviglie strane,
Le passeggiate onde, il cieco, il morto,
Che dureran quanto il moto lontane.

E sublime alla croce ci fu scorto
Ele Ele chiamando, lacrimando,
Pregando, ansando, e finì il viver corto.

Tutta parte di sè ci donò amando
E segno certo fù di quella fede
Che i Vangelisti poi ebber comando.

Tu Iacobo maggiore e primo Erede,
Che primo vita lasciasti per l'empio,
Che poscia il gufo cacciò dalla sede.

T'ebbe Iberia superba vivo tempio
Di verità, di carità, di amore
Ch'in Iairo, all'orto, al Tabor ne fu esempio.

Iacob guata, ah pur guata... il tuo valore
Qui si fa manco, e vedi il tuo Paese
Cose sol far, che del dire è rossore.

Le faci di discordia sono accese,
Vedi che la città piantan nel sangue
Di umane salme feramente offese.

Padre, fratello, e l'Inda madre esangue
Cade e l'acerbo frutto strappan fuori
Che ciba il veltro famelico, e l'angue.

Si accordan liete loda a quegli orrori
E fuman pire, e tentennano chiavi
E altre cose pur troppo maggiori.

Quando il flagello a colpe così gravi?
Vicino è il tempo, che a te del Profeta
Alto parlaron le parole gravi.

Manderò gente che tuoi Campi mieta
E scorrerà sopra tutta la terra
Carbone, are, fien sue senza pieta.

Trionferà sui re: nulla la guerra
Di chi gli oppone invano Catapulte,
Baliste, arieti invano l'oste serra.

E non sarà che rimangan inulte
Le rapine di Lei, ch'è sopra l'acque,
Chè già le fata in ciel furono sculte.

Le unghiute mani dal dì, ch'ella nacque
La tenner volta alla bramosa voglia
E de' Magni bordello esser le piacque.

Pastor, Pastor, la disonrata spoglia
La bolgia attende del sesto e del terno,
E già più ch'altro ebbe tali in la doglia:

Dio, e li Santi voi prendete a scherno
E uccidete chi dentro vi scorga
E il dorso sferzi com molti pur ferno.

E ben lo sa questi e quei sulla Sorga.
Ma ci vedrete venire il potente,
Che rimedio al gran mal per Dio ne porga.

E tu che godi col primo Parente
Di doppia veste in tua terra vestito,
Poichè verrà, nè tarderà sta gente,

Rimanga in pace il popolo unito
E sul mar sulla terra abbia suo seggio
Fiero a nemici che l'avean partito,

> Baron Iacobo Santo io ti richieggio
> Per quella vista alma vera beatrice,
> Che tosto fugga questo male e peggio
> E d'esti dì vegga il mondo felice. »

« 25 luglio 1817.

DI PIETRO MARONCELLI. *f. 21.* »

..

Un general malcontento produsse presso il pubblico sì fatta poesia, poichè sebbene alludesse apparentemente al Santo, tuttavia esaminata con attenzione, e nell'intrinseco, offriva la certezza che fosse un'opera tessuta con studiato artificio ma del tutto allarmante, e ripiena di veleno contro le autorità del regime pontificio, e che con temerario abuso fatto dall'autore, si ascondesse sotto il nome del Santo, divenuto, a suo dire, l'apportator dei minacciati flagelli, non qual fu di vera carità e pace, si ascondesse, dico, il capo originario delle passate angoscie, invocandone il suo vano patrocinio per nuovamente rovesciare l'altare, ed il trono gloriosamente ristabiliti a fronte delle oppressioni de Nemici: quindi è che si sparsero svantaggiose vociferazioni, e si dubitò che la pubblicata produzione fosse un attentato solenne di qualche segreta società nemica del ristabilito regime. Informato l'Eminentissimo Legato di Forlì di tal sedizioso componimento, ordinò in primo luogo, che delle copie in stampa se ne fosse ritirato il maggior numero possibile, quindi volle, che l'autore venisse astretto a dare una dichiarazione in scritto, e far conoscere lo spirito, ed il vero senso delle cose contenute nella sua opera, che dava giusti motivi di sinistre interpretazioni, e con una singolare franchezza eseguì il *Maroncelli* sì fatto ordine. La dichiarazione da esso data fu la seguente registrata qui in margine:

Forlì, 28 luglio 1817.

[*In margine*]
Nota al canto di S. Giacomo stampato in Forlì per Barbiani, 25 sudetto.

Nel mezzo del cammin di nostra vita è la venuta di Gesù Cristo - Domine opus tuum in medio annorum.

Il gran nemico avea tutta potestà, il diavolo ossia in sostanza i peccati, che inondavano allora, onde *Sì la diritta via era smarrita*.

D'ogni ben fare il mondo si resta, perchè sempre più il diavolo *s'allegra, il maledetto Lupo*, crescendo la sua potenza, *che lui crescon le corna in su la testa*. E vengono i soverchiatori, e millantatori, che

Si fan sugl'altri, e si fingono al cupo,
Dilatan filaterie in che hanno scritto.

È troppo noto il testo - Dilatant phylacteria, amant vocari Rabbi - fecistis eam speluncam latronum - che si traduce:

Detti son Rabbi, e nel Tempio è lo stupro.

E tira inanzi l'espressione

Ad ogni vizio rompono e delitto,
Dicono e fanno poi l'opra contraria.
- Dicunt enim et non faciunt -
Che Dio non è che sulle labbia fitto
- Labijs me honorant -
Betzaida etc.
Cristo si mostra, etc.

Sono noti i duri trattamenti fatti a Cristo in questi luoghi, benchè Cristo non mancasse di beneficarli, ed operasse molti prodigi a loro pro; ond'è detto

E pur vedesti sua virtude varia.
Nè non ti muovon maraviglie strane

cioè peregrine, e straordinarie: vedi la Crusca, e si accennano tre dei miracoli più strepitosi: il camminar sul mare: - ambulans super mare e qui *le passeggiate onde* il cieco illuminato, il *morto risuscitato*, di che se ne parlerà sempre tuttavia:

che dureran quanto il moto lontane.

E finalmente la morte di Cristo:

E Sublime alla croce ci fu scorto.

Ed alcuni accidenti dimostrarono il suo interesse per noi.

Ele Ele chiamando, lacrimando,
Pregando, ansando,

Eli Eli lamma Sabactani, ignosce illis et emisit spiritum.

E finì il viver corto.

Ma non finì per questo di amarci lasciandoci per pegno del suo amore nell'Eucarestia tutto se stesso

Tutta parte di se ci donò amando,

il che fu agli apostoli e segno, e pegno di quella fede

E certo segno fu di quella fede
che i Vangelisti poi ebber comando,

per la quale gli Evangelisti ebber comando sui morti e sui diavoli, operarono in sostanza prodigi in virtù sempre della fede medesima di Cristo.

E *tu* (seguitando le traccie del tuo maestro) *Iacob maggiore e primo Erede* - Giacomo, detto il maggiore, per esser stato il primo fra i primi chiamati all'apostolato - Primo Erede - perchè primo di tutti sostenendo il martirio,

Che primo vita lasciasti per l'empio,

fu il primo a godere dell'eredità del Paradiso - Empio si allude ad Erode Agrippa, che secondo la storiella raccontata dal Calmet Lib. 2, un gufo volandogli sulla testa fu segno della perdita del suo grado di Tetrarca.

Che poscia il gufo cacciò dalla sede.

Ti recasti apostolo nelle Spagne: *T'ebbe Iberia superba vivo Tempio di verità* ecc., delle quali virtù ne fu esempio luminoso l'orazione all'orto, la trasfigurazione al Tabor, ed il risuscitare la figliola di Iairo.

Che in Iairo, all'orto, al Tabor ne fu esempio.

E siccome in massima, e poi ripartitamente si accennò nella venuta di Cristo i mali che dominavano allora, così alla venuta di Giacomo nelle Spagne si toccano in massima, e poi ripartitamente qualcuno dei pubblici mali, che allora la dominavano.

Iacob guata 'ah pur guata...

Vedi quanti mali, tu non puoi resistere a questa vita,
Il tuo valore qui si fa manco,
scorgendo tanto disordine, ecc.

Il tuo paese Cose sol far, che del dire è rossore.

E qui la discordia e le stragi: *Le faci di discordia ecc.*

E i perfidi che non hanno riguardo ai diritti di sangue, nè di sesso, nè ad ogni altro più sacro di natura, onde di quei tempi ne ridonda la storia.

Padre, fratello, e l'Inda madre ecc.
Che ciba il veltro famelico, e l'angue.

E tuttavia esponendo il sentimento e imitando le tinte più cupe della storia, che mentre si commettevan delitti, l'orrendezza dei medesimi anzi che sbigottire li esecutori, li rendea lieti della loro ferocia,

Si accordan liete loda a quegli orrori ecc.

Perchè a por argine al torrente entra l'apostolo a parlare colle parole del profeta Abacucco, e le altre conosciute minaccie tolte pur dalla Bibbia, e dice: credete che tardi la vendetta celeste a colpe sì gravi? vicino è il tempo di cui parla il Profeta:

Quando il flagello a colpe sì gravi?
Vicino è il tempo, che a te del Profeta
Alto parlaron le parole gravi.

Quia ecce suscitabo Chaldeam gentem amaram, et velocem ambulantem super latitudinem terræ, ut possideat tabernacula non sua - Ecco la versione:

Manderò gente, che i tuoi campi mieta

E scorrerà sopra tutta la terra, e sarà rovesciata l'idolatria

Carbone, are fien sue senza pieta.

Carbone le rendite profane, la parte per il tutto, come are per i templi.

De regibus triumphabit: *Trionferà sui re,* e invano vi opporrete in riparo per la difesa.

Nulla la guerra di chi gli appone Invano catapulte ecc. super omnem munitionem ridebit, et comportabit aggerem, et capiet eam.

E qui LASCIANDO DI NARRARE, siccome è di facile conseguenza, la felice riuscita della predicazione dell'apostolo, vale a dire la conversione della Spagna, ch'è già di fatto, non ha potuto mancare il poeta al suo zelo d'interesse a proposito dell'intercessione del Santo, onde così una bella parte del mondo la più ricca di fortuna e di talenti, la Brettagna, tornisi com'era alla cattolica communicazione, ed apostrofandolo dice, e non saran mai vendicate,

E non sarà che rimangano inulte

tante anime, che così per la sua defezione rapisce all'ovile di Cristo la Brettagna conosciuta già per antonomasia la regina delle acque,

Le rapine di lei ch'è sopra all'acque,
Chè già le fata in Ciel furono sculte,

perchè già è di fede, che essa pure à da restituirsi all'ovile di Cristo et fiat unum ovile.

E qui lo stampatore oltre una infinità di errori, e di controsenso e di appuntatura troppo palpabile, perchè siano tutti notati qui, e per esempio *tentennano* per *tintinnano*, *sferzin* per *sferzi*, E per O, *negagli* per *gli nega* e qui pur lasciato il segno del punto d'interrogazione.

Ora naturalmente a più impegnare il Santo a favore della Brettagna, si va discorrendo di lei come già da un pezzo si trovi vivere lontano dal disinteresse, e semplicità evangelici, perchè a buon conto essa - *dal dì ch'Ella nacque* - dal dì, che mancò alla chiesa - *La tenner volta alla bramosa voglia* - fu sempre sollecita di tener sè, e altrui nell'errore, onde - *de Magni bordello esser le piacque*. Annunzia le note pratiche al tempo dello scisma con personaggi riguardevoli - Vedi Davanzati. -

E non vi essendo altra salute, che nella communione cattolica - *per me salus, extra me funus*; ed essendo principalmente stati i loro re gli autori del pubblico danno, con santa evangelica libertà si dice che hanno perciò disonorata la porpora, e che gli aspettano gli eterni gastighi, ove già sono i precessori.

Pastor Pastor la disonrata spoglia
La bolgia attende del sesto, e del terzo,
E già più ch'altro ebbe tali in la doglia.

Pastori, pastori, intendendo con questo nome, messo a posta per meno offendere la moderna delicatezza, non solo il capo, ma tutti gli altri incaricati del Governo politico e del morale - La disonrata spoglia - la porpora reale - del sesto e del terzo - modo di dire per questo e quello, come terzo e quarto, e più che altro i Precessori, come già detto.

Dio e li Santi voi prendete a scherno,
parte dell'error nazionale -
E occidete chi dentro vi scorga.

È noto per la storia (Vedi sempre Davanzati) che furono nell'occasione dello scisma uccisi molti teologi, che con santa libertà scorgevano dentro la cagione della rivolta, offendendo anche le passioni dominanti, che a ciò conducevano.

E il dorso sferzin com molti pur ferno
E ben lo ha questi, e quei sulla Sorga.

Si è inteso d'individuare particolarmente quei Prelati e Cardinali, che furono involti nella persecuzione dello scisma, appartenenti strettamente alla corte del Papa, che aveva sede in Avignone, di cui la *Sorga* è vicinissimo fiume.

Ma ci vedrete venire il potente.

Minaccia salutare intesa in generale per i mezzi efficaci della mano del Signore,

Che rimedio al gran mal per Dio ne porga.
O tu che godi col primo parente.

È piaciuto a preferenza di dare a S. Giacomo in Paradiso la compagnia di Adamo, ad imitazione di Dante Par. 26.

Di doppia veste in tua terra vestito.

Terra sua duplicia possidebunt, Isaia l. 61 e Dante *Par.* 25. Dice *Isaia*, che ciascuna vestita di doppia vesta fia nella sua terra - la tua terra è questa dolce vita - Dante c. 25.

Poichè verrà, nè tarderà sta gente,
poichè l'aiuto del Signore verrà (veniet et non tardabit) *rimanga il popolo unito* - fiet unum ovile -

E sul mar sulla terra abbia suo seggio.
E il culto cattolico romano si propaghi per tutto - fiero a nemici che lo avean partito, trionfando sui nemici della scissura.

Baron Iacobo santo io ti richieggio
io ti prego -

Per quella vista alma vera beatrice
pel paradiso che godi -

Che tosto fugga questo male e peggio
che sollecitamente succeda la conversione come sopra,

E d'esti dì vegga il mondo felice
ed io a' miei giorni vegga per questo miracolo tutti felici.

28 luglio 1817.   PIETRO MARONCELLI.

Processo, fol. 15 e seguenti.

Non pago l'illuminatissimo porporato della nota come sopra presentatagli, per non aver possuto il *Maroncelli* accreditare abbastanza la troppo ingiuriosa pittura fatta della Spagna; per non aver dato un plausibile sfogo sulla *parziale* invocazione a favore dell'Inghilterra, luogo in cui il santo mai era stato, giacchè limitandosi ad essa nazione, che fu il baluardo per la conservazione del trono coi suoi desiderij onde ritornasse all'abbandonato ovile, doveva invocare l'intercessione del santo anche a favore di tante altre nazioni separate dalla chiesa; *per non aver* data un'esatta spiegazione sul vero senso di questa terzina, ove sembra compreso il sommo pontefice, apertamente inveendosi contro la sua sacra persona, non essendo mai applicabile, com'egli ha inteso di dire, il titolo di *pastore* ad una autorità semplicemente secolare; *per aver* esemplificati tali flagelli con quelli della Francia, dirigendo le sue politiche osservazioni alla Sorga, con esser caduto in un palpabile errore onde deviare dalla giusta interpretazione di tali vocaboli; *per aver* esagerati degl'inetti errori di stampa, onde togliersi da impegno, ed incolpar lo stampatore; e finalmente per essere paruto troppo affettato il suo zelo che, mentre nulla risparmiò nel descrivere gli esagerati disordini, ed i sovrastanti flagelli, lasciò poi di narrare la felice riuscita della predicazione dell'apostolo come di buon grado ammise: per le quali ragioni volle la lodata Eminenza Sua, pria di venire ad atti irretrattabili, che fosse di nuovo astretto a dare de' schiarimenti, quali con eguale franchezza presentò nel giorno appresso: sono essi del tenore come di contro.

[*A margine*] Richiesto di schiarimento a dubij parziali, e slegati rispondo:

29 luglio 1817.

Le Indie erano note al tempo di S. Giacomo, poichè erano note al tempo di Orazio Flacco, ricordando gl'Indi nelle sue odi, 63 anni prima della venuta di Cristo. E poi che le Spagne non erano illuminate dal lume della religione cattolica, non può loro essere ingiuriosa qualunque sia la pittura che si faccia del suo stato, e la minaccia di gastighi è una delle cause motive per ridurre i traviati.

Il passaggio dalle Spagne all'Inghilterra era circonstanziato nelle note presentate, nè l'autore intende, come sembri strana l'invocazione del santo a favore di chiunque ne bisogna, e molto più dell'Inghilterra siccome separata dal grembo. Che l'Inghilterra non abbia niente che fare con S. Giacomo, transeat; che poi S. Giacomo come si dice ncn abbia a far niente coll'Inghilterra, io non la direi quella proposizione, come offensiva alle pie orecchie, perchè se tutti i fedeli pregano in communione per la conversione degli infedeli, ed eretici, in questa communione dei santi ci entrano più d'ogni altro i santi. E in ciò è voluto entrare per proprio zelo l'autore, e pei motivi anche dichiarati nelle note.

Pastori Pastori: La spiegazione data è la sincera del cor dell'autore, e dovrebbe tuttavia persuadere, perchè il Governo dell'Inghilterra non è assoluto, e molti hanno parte nel regime.

Torneremo a dire, che per sesto e terno non si è inteso di tradurre che questo e quello, anche trascinati dalla difficoltà della rima (vedi la nota). Chi poi a controsenso dell'autore volesse intendere *la bolgia del sesto e terzo cerchio,* volontieri sottoscriveremo alla sua interpretazione, perchè nel *terzo cerchio* dell'Inferno di Dante sono i golosi, nè vi è gola maggiore della lussuria (cagione dello scisma) e nel *sesto* vi sono appunto gli Eretici.

Sorga, fiume della Francia, credetti che potesse avere che fare con quelli che nella persecuzione di Arrigo furono uccisi, perchè *Volsey* e *Ficher* sacrificati li credetti francesi dalla desinenza del loro cognome. Non mi è dato tempo di verificare la loro natività, e ancorchè mi fossi ingannato, è *un errore che vuol perdonarsi,* come quello in cui sono tuttavia caduti Omero, Dante, Virgilio e Ariosto: come l'anacronismo *della sede in Avignone,* in cui *sono caduto* nella nota a questo proposito.

Forlì, 29 luglio 1817.

PIETRO MARONCELLI.

Proc., f. 19 e 20.

*_**

Con tali artificiose risposte e manifesti raggiri, senza toglier di mezzo le difficoltà proposte, più che mai si consolidarono i sospetti, che l'opera del *Maroncelli* fosse un parto di qualche scuola Massonica, e che altro scopo non avesse avuto l'autore se non che d'ispirare odio contro l'attuale Pontificio Regime ed offendere con tinte le più cupe ed abbominevoli le primarie autorità, che lo costituivano. Si venne pertanto nella determinazione di far perquirere la di lui casa, per conoscere più da vicino col mezzo dei di lui scritti, o carteggio, la qualità del soggetto, e di fatti la già concepita opinione restò pienamente confermata, poichè oltre d'essergli state rinvenute delle composizioni immorali, ed irreligiose, segnatamente *un ode* nell'equinozio di primavera al sole, ch'è la traduzione della proscritta dottrina di Dupuis e di Volney, il primo nell'origine di tutti i culti, il secondo nelle ruine degl'Imperj, gli fu rinvenuto anche un frammento di catechismo massonico di primo grado, e le leggi e regolamenti di una secreta società così detta *Filedonica* basata sull'amore, ed il piacere, istituita il *dì 22 del 1816*, ed aperta per la prima volta il dì 25 dello stesso mese, qual società fu creduta ben tosto una riforma della così detta setta dei Carbonari, di cui egli ne facesse parte, perchè sebbene basata su quelle massime d'irreligione, e libertà, doveva esser ristretta al numero di cinque individui, o al più di sette, numero proporzionato per mantenere fra soci la più possibile perfetta consonanza, ed armonia di pensare ed agire. *Pp. 22 e segg.*

Presso una sì felice scoperta, ed acquisto fatto dal Fisco, si procedè all'arresto del *Maroncelli*, che con ordine della Segretaria di Stato venne trasferito dalle carceri di Forlì a queste nuove di Roma a disposizione della Polizia generale. *Pp. 50 e segg.*

[*A margine*] - Stante il gracile temperamento del carcerato, gli fu destinata una casa particolare in luogo di sicuro carcere, e la di lui trasmissione in Roma seguì nel settembre scorso.

Sottoposto ai formali costituti si rese qualificatamente confesso del delitto, ammettendo: *Che sebbene foss'egli figlio di un semplice sensale, fu tuttavia istradato nei studj delle belle lettere, lingue straniere, e della musica, e per perfezionarsi in queste facoltà si trasferì in Napoli nel 1810, ove si trattenne per il lasso di cinque anni, venendo mantenuto in un collegio dall'Istituto di Carità di Forlì, che passava a tal'effetto al di lui padre un'annua sovvenzione in denaro. Fol. 62, 64, 73.*

Che al terminar del regno di Murat trovandosi nella suddetta città, fu obbligato ascriversi alla Guardia urbana e da taluni appartenenti alla medesima (che non intende di nominare) *gli fu proposto se voleva aggregarsi alla società de' Carbonari o de' Massoni, al che si ricusò perché generalmente ne sentiva parlar male, cioè ch'erano società di persone immorali, ed irreligiose, e che nelle loro conventicole intervenivano ancora delle donne colle quali facevano il ballo angelico, e varii altri giuochi illeciti, che allettavano i sensi, per la quale oscenità e lascivia eran state tali società dallo stesso Murat circoscritte, non sapendo se oltre di ciò si trattasse di altro nelle medesime Pag. 122 a 128.*

Che in occasione del sudetto invito fattogli, detti aggregati gli manifestarono a voce alcuni segni particolari, ch'essi avevano, de' quali coll'andare del tempo se n'era dimenticato e soltanto glie n' era rimasta viva la memoria rapporto al saluto, per averlo veduto usare da più persone, qual saluto consisteva nello strisciare la mano destra sul petto verso il viso, praticando lo stesso, quando si cavavano il cappello. Pag. 129 e segg.

Che tornato in Forlì nell'ottobre del 1815, vide moltissime persone, che lo salutarono nel modo accennato, ai quali per altro neppur rispondeva, conoscendo che erano aggregati ad una società immorale, nella quale egli non era compreso. Pag. 133.

Che incontrato per istrada il Patrocinatore Dr. Zorli di Bagnacavallo lo rimproverò, perch'esso confitente mostrava tanta contrarietà nel manifestarsi, sospettando, che fosse aggregato alla Massoneria, e Carboneria, ma ad onta dei di lui rimproveri, gli rispose non esser di questa classe, e quantunque detto Zorli lo pregasse a fargli la grazia di volersi interessare per lui, onde mantenere la corrispondenza degl'aggregati tra Bologna e Forlì, sapendo che doveva trasferirsi a quella città per i suoi studj, si ricusò costantemente di servirlo. Pp. 133, 134 e segg.

Che lo stesso Patrocinatore Zorli lo invitò ancora

di affigliarsi alla vendita di Forlì, alla quale per conseguenza si figurò che fosse ascritto, e gli disse che divenendo egli Carbonaro, molti vantaggi ne avrebbe ricavati la Società, come quelli di far venire i regolamenti della Carboneria da Napoli, dove supponeva ch'egli avesse degl'amici: ma sempre costantemente si rifiutò per il riflesso, che i Carbonari e Massoni essendolo stati in un tempo in cui si manifestavano per le strade e per le piazze, non vi era una rivendugliola o bottegaio, che non li avesse conosciuti, nè eravi un plebeo, che non fosse stato aggregato. Pp. 138 e segg.

Che partito poco dopo da Forlì e andato in Bologna per proseguire i suoi studj, ebbe ivi occasione di conoscere due degli aggregati alla Carboneria, cioè il cantante SIBONI *di lui amico, ed il chirurgo* GUIDETTI, *giacchè desinando tutti e tre insieme in casa dello stesso* SIBONI *vide che il* GUIDETTI *verso il fin della tavola fece con il bicchiere il segno del saluto all'uso massonico, com'egli aveva imparato a Napoli, a cui avendo risposto il solo* SIBONI *ad esclusione di esso confitente, venne dal* GUIDETTI *chiamato in disparte, richiedendogli perchè esso non fosse di tal società, e gli rispose francamente, che la mala fama di tal gente lo aveva astenuto dall'entrarvi, tutto che ne avesse avuto l'invito, al che il* GUIDETTI *gli soggiunse di aver saggiamente operato e lo pregò per carità a stare avvertito a non farsi vincere dagli allettamenti di questi settarj, che avevano degenerato nelle massime, essendovi ora aggregata una quantità di birbanti, e di canaglia. Pp. 144 e segg.*

In ordine poi al poetico componimento allusivo all'apostolo S. Giacomo, e che assegnò per causa del suo arresto, suppose averlo fatto *ad istigazione di suo Padre*, ch'essendo, com'egli, amicissimo del Parroco, Giovanni Ricci, volle che in occasione *della* festa di S. Giacomo, per far cosa grata al detto Parroco, componesse e dasse al pubblico qualche canto poetico in onore e *lode* del Santo, ed è perciò che si accinse a tal lavoro, avendo impiegati tre giorni in meditare e comporre quella cantica in terzine obbligate sullo stile del Dante, quale dopo compiuta ed ultimata diede alla stampa e pubblicò con farne tirare duecento copie a spese di detto suo padre dai torchj dello stampatore Barbiani, quali copie esso confitente inviò al Parroco, riserbandosene tre solamente per sé, accompagnandogliele con una lettera di offerta di suo pugno, e detto Parroco pensò a pubblicarle e farle affiggere. Pria per altro di dare alla luce tale composizione, dice di averla fatta vedere al Sig. Francesco Roberti, Direttore di Polizia, per averne l'approvazione; ed ottenuta questa, dopo avergli dati alcuni dilucidamenti a voce, tanto in generale che in particolare, non intendendo detto Sig. Direttore a primo colpo alcune cose, perchè fatte sullo stile sublime del Dante, ed avendo anche a di lui insinuazione cambiato un verso, il di cui tenore precedente (figurò) di non potersi sovvenire, passò il componimento allo stampatore, munito della necessaria *approvazione*. *pp. 76 e segg.*

[*Nel margine*] - *Nè il padre dell'inquisito, nè il Parroco Ricci è stato esaminato, perchè dimorante lungi dalla capitale.* Da una lettera dell'E.mo Cardinale Legato a S. E. R. Mons. Governatore di Roma come capo della Polizia generale, si rileva che il Maroncelli subordinasse la sua poesia alla revisione, pria di darla alle stampe. *Fol. 17.*

Dopo due giorni (prosegue a dire) *fu chiamato dallo stesso Direttore e manifestandogli che varie erano le interpretazioni, che si davano a quel componimento, volle che gli mettesse in scritto quelle stesse dichiarazioni dategli a voce, lo che puntualmente eseguì, mediante una nota che scrisse di proprio pugno, ed avendo anche su di essa fatte delle opposizioni e richiesti de' nuovi schiarimenti sopra dubj parziali e slegati, rispose in scritto alle nuove difficoltà propostegli, dilucidando (a suo dire) colla massima chiarezza ciò che non era di facile intelligenza per ragion dello stile, avendo immitato il Dante nelle parole, non però nei sentimenti. Pp. 81 e segg.*

Nell'ammetter poi e riconoscer per suoi e fatti di proprio pugno, la nota e gli schiarimenti riprodotti sotto il f. 15 e segg., sostener volle, con riportarsi ai medesimi, di aver con ciò abbastanza diluiti i concepiti sospetti sul pubblicato canto di S. Giacomo, col quale altro non ha avuto in vista che di lodare, ed onorare il santo, non mai d'inveire contro l'attuale Governo, e le autorità primarie che lo costituiscono, essendo stati malamente interpretati i suoi puri sentimenti. *Pp. 91, 100, 103 110, 116 e segg., 213.*

In fine nel render conto degli statuti, e leggi della società Filedonica trovategli in casa, disse essere questi stati scritti di suo carattere, e di averli esso composti, e redatti in Bologna in unione di *Francesco Maroncelli di lui fratello*, e dei loro comuni amici *Biagio Bianconcini, Giovanni Romagnoli e Muzio Camillo Masotti*, tutti studenti come lui in questa città, ad oggetto di formare fra loro un'accademia letteraria, per cui furono dati i capi e materie da disporsi per sezioni e capitoli al Masotti, che non avendo ben condotto a fine l'opera, ne fu incaricato esso Inquisito, quale la ridusse a compimento. Confessò inoltre che tale società fu istituita ed aperta li 22 gennaro 1816 fra loro cinque in casa di certi *Spinelli* presso de' quali egli abitava, e due o tre adunanze furonvi soltanto tenute, l'oggetto delle quali altro non era che di fare delle composizioni poetiche a tema libero ed obligato. Essa riunione per altro durò assai poco, poichè essendo stato criticato esso Inquisito dal *Masotti* in una canzoncina sopra di un cagnolino, si disgustarono e la società fu disciolta con proponimento di non fare altre adunanze, come seguì. *Pp. 187 a 195.*

Sostenne poi costantemente che sì fatte composizioni nulla contenevano di male, e che sebbene detta società avesse in apparenza qualche cosa di criticabile, tuttavia non era stata instituita ad altro scopo, che per avere un'accademia letteraria, ed esercitarsi nella poesia e nelle scienze, *negando alle ammonizioni e contestazioni* che sotto questo manto ed apparenza illusoria, si racchiudesse una secreta riunione, di cui egli era capo, di male intenzionati individui ascritti alla vendita di Forlì, i quali mentre da una parte calpestavan la religione e la sana morale, dedicandosi al piacere e libertinaggio ed a comporre delle opere offensive verso il Governo, fra quali enumerasi quella pubblicata per la festa di S. Giacomo, cospiravan dall'altra a tendere insidie contro il Principato e suo legittimo sovrano, rendendosi così colpevoli della più nefanda fellonia. *Pp. 99 e segg.*

A verificare per altro la confessione del Maroncelli nella parte delittuosa, ed escludere rispettivamente le scusanti qualità appostevi, si riuniscono per la sostanza generica del delitto:

La Giudiziale esibita delle leggi e statuti della suddetta società divisi in cinque sezioni, la prima delle quali contiene il materiale su cui è fondata, cioè il *piacere*; la seconda il *rituale*, cioè i segni particolari, i toccamenti, e parole, con cui i Filedonici si distinguono; la terza lo *spirito* della società medesima, ossia il *giuramento;* la quarta il *di lei conoscibile*, ossiano i regolamenti da tenersi nell'adunanza, e nel far le rispettive composizioni; la quinta tratta delle *pene* contro chi dei soci chiamati col nome di figli rivelasse il rituale, per il qual motivo non solo viene decretata la immediata espulsione di questo tale, ma il cambiamento degli articoli del rituale medesimo che non siano a di lui cognizione, quali leggi e statuti esso Inquisito riconobbe per proprii e scritti di suo pugno. *Pp. 27 e segg., 96 e segg.*

L'esibita egualmente giudiziale di una delle copie in stampa ritrovategli in casa, risguardante il poetico componimento allusivo all'apostolo S. Giacomo, e da esso Inquisito riconosciuta per l'opera da lui data alla luce. *Pp. 21, 90.*

In specie,

La causa impulsiva a delinquere, derivante dalla sua povertà confessata, non avendo alcun bene di fortuna, e venendo mantenuto dal padre, con quel poco che guadagnava nel fare il sensale, motivo per cui, per fare i suoi studj in Napoli, e quindi in Bologna, venne sovvenuto dall'Istituto di Carità di Forlì, mediante un assegnamento di scudi centodieci, all'anno. *Pp. 63 e 64.*

L'aver egli fatto parte in Napoli nella setta de' Carbonari, alla quale venne ascritto benchè senza formalità di stile, poco prima che ne partisse; e di avere ivi appresi i segnali, ossia il catechismo massonico per gli apprendisti, come confessò al Direttore di Forlì, e rilevasi dal Dispaccio dell'E.mo Legato. *Pag. 47.*

Non impugnò il Maroncelli di aver detto al Direttore, d'esser egli Carbonaro, in quanto però ai segni per averli appresi in collegio a Napoli; ma sostener volle di non esser stato Carbonaro in quanto al fatto, non essendo stato mai il suo nome nei quadri, e negli elenchi di combriccole di questo genere. *Pp. 154 e segg.*

La sua partenza da Napoli nel cadere appunto del regno usurpativo di Murat, lo che più che mai dimostra ch'egli facesse parte in quella Carboneria, ove essa ebbe l'origine, e si diffuse poi per il resto dell'Italia. *Pag. 62.*

L'abboccamento avuto in Forlì al di lui ritorno col Patrocinatore di Forlì appartenente a quella setta, che non solo lo invitò, come egli ammette, ad affigliarsi alla vendita di Forlì, ma per mantenere la corrispondenza degli aggregati fra detta città e Bologna, gli richiese i regolamenti della Carboneria di Napoli, perchè ne erano mancanti. *Pag. 137.*

La susseguente di lui gita in Bologna dopo il breve spazio di due mesi per apprendere, come egli dice, gli studj, ove per altro quasi subito compose col Masotti e gli altri tre sunnominati correi, i capitoli della società in questione. *Fol. citato.*

La confessata amicizia e pratica avuta in Bologna segnatamente con il cantante *Siboni* e col chirurgo *Guidetti*, dandoli per due Carbonari addetti a quella setta. *Fol. 143 e segg.*

Il consiglio avuto dal *Guidetti* di non farsi conoscere per Carbonaro nè cercare progressi in società, per non esser compromesso con il Governo, come manifestò al sudetto Direttore, e si ha dal dispaccio dell'E. Legato. *Pag. 47.*

Sostenne l'Inquisito che il Guidetti gli dicesse soltanto che il Governo perseguitava questa società per la pessima qualità delle persone che la componevano, ma non che avesse badato a non manifestarsi per Carbonaro, impugnando sempre ch'egli fosse tale. *Fol. 149 t. e segg.*

La riperizione in sua casa di un catechismo massonico in idioma francese, contenente una lezione elementare per gli apprendisti, rapporto ai segni, toccamenti e parole da usarsi dagli aggregati, per distinguersi soltanto fra loro; segni, toccamenti e parole consimili a quelle che di proprio pugno scrisse l'Inquisito sotto il titolo — Rituale — della società da lui istituita. *Fol. 29 e 45.*

Il vario e malizioso sfogo ch'egli ha dato, rapporto al medesimo, poichè non potendo impugnare che facesse parte dei suoi scritti, disse in principio di non sapere affatto come fosse pervenuto in sua casa. *Fol. 97.* Quindi poi variando in altro costituto, ed accostandosi più al vero, asserì, che tal catechismo potesse appartenere a qualcuno dei suoi compagni di collegio in Napoli, e che senza sua notizia restasse fra le sue carte, sostenendo di non averlo neppure mai letto. *Fol. 183 t. e segg.*

L'ulteriore riperizione in sua casa dell'ode dedicata al sole nell'equinozio di Primavera, ch'egli stesso ammette essere la dannata dottrina del Dupuis, lo che fa conoscere il pessimo carattere dell'Inquisito, imbevuto di massime *anticristiane. Fol. 33 e 34.*

Impegnato il Maroncelli ad eliminare da sè il sospetto di averla egli composta, nell'ammettere che sono di suo carattere le due copie di detta poesia esistenti in processo sotto i fogli citati, ed ove può leggersene il tenore, suppose di averla trovata manoscritta nell'opera dello stesso Dupuis, da dove egli la copiò per sua mera curiosità, senza però darne alcuno per informato, e temendo un giorno di essersela smarrita, fece prova della sua memoria e ne trascrisse una simile. *Fol. 85 e 95.*

La natura e qualità della società medesima da esso eretta, poichè, se fosse stata in sostanza una semplice accademia letteraria non diretta a cattivo fine, e se lo spirito delle composizioni che in essa facevansi fosse stato puro e sincero, non vi era bisogno di legami fra gli aggregati, di segreti rituali e parziali segni per distinguersi fra loro ed occultarsi agli altri, non che alle viste del Governo: non occorrevano le multe, molto meno le espulsioni a carico di quel compagno, che avesse rivelato tali riti, coll'obbligo in seguito di cambiarli, e surrogarne altri che non fossero a di lui cognizione. Non vi era bisogno che gli aggregati si assoggettassero a spargere il sangue per la conservazione di tale società e giurassero di mettere in derisione tutte le cose sopranaturali, non che di portare un'eterna inimicizia ai tiranni, sotto qual vocabolo vengono sottintesi i sovrani a senso della Carboneria, e molto meno faceva di bisogno di sovvertire il vero senso delle cose con un dizionario particolare, ammesso alli stessi capitoli componenti tal società: qual dizionario sebbene presenti il cambiamento soltanto degli utensili di tavola in quelli di armonici istrumenti, non essendone stato rinvenuto altro presso il Maroncelli ad ogni modo fa conoscere, che il loro studio nel comporre segnatamente le poesie, come fu quella per la festa di S. Giacomo, fosse senza dubbio di servirsi di termini proprii alla loro intelligenza, benchè il significato apparisse diverso agli occhi del pubblico. *Fol. 21, 44, 41, 97. e segg.*

Convinto il Maroncelli dalla forza di sì fatti argomenti, procurò di sostenere che l'accademia suddetta non avesse alcun cattivo scopo, e che lo spirito delle composizioni fosse sincero, sostenendo che fu tale egualmente quello del di lui poema per la festa di San Giacomo, riportandosi alle note e schiarimenti da lui dati al Direttore di Forlì, senza poterne addurre altri più confacenti. Si studiò inoltre di spiegare la forza di quel giuramento, cioè che sotto quella espressione: « Riso alle cose sopranaturali » non erasi inteso di parlare delle cose divine, ma bensì di quelle metafisiche intralciate e che per tanto tempo hanno impedito la conoscenza del vero, portando per esempio quella del commercio dell'anima col corpo dove è più necessaria la fede che la filosofia; e rapporto all'altra espressione: « Odio ai tiranni, » non si era inteso parlare se non di quelli che senza diritto e potestà, nè rivestiti di autorità conveniente, opprimono il loro simile.

In ordine poi al dizionario, che si trova registrato negli anzidetti capitoli, si espresse così: che essendo la prima base della loro società l'amicizia, senza della quale l'unione si sarebbe sciolta, così si stimò bene anche fra l'allegria dei conviti di non perdere di mira questo gran capitale e perciò fu cangiato il nome degli utensili di tavola in quello degli istromenti, alludendo alla loro armonia. *Fol. 199 a 209.*

Investito per altro delle opportune contestazioni, non potè fare a meno di confessare che detta loro società o accademia conteneva molto di male, più però nell'apparenza che nella sostanza, e riflettendo allo scandalo che poteva essere derivato in forza dei suoi scritti, senza però averne voluto spiegare il vero senso ed i misteri in essi contenuti, si espresse dicendo: *Sostengo che feci veramente male a scrivere tali cose; che ne sono pentito tanto per quello che hanno di male in sè, quanto per quello a cui conducono o possono condurre, siccome ancora per lo scandalo, che ne è, e che ne potrebbe esser venuto agli altri, e di tutto questo io mi ritratto, e ne ho sommo dolore, nè penso più così come spero di perseverare, se così piace al Signore Iddio, nel di cui santo aiuto io ho tutta la fede, e me le raccomando.*

Ed alla comminazione delle pene corrispondenti, rispose di sperar bene nella bontà dei Giudici, raccomandandosi umilmente ai medesimi. — Fin qui il ristretto dei costituti di Piero Maroncelli. *Fol. 202 a 214.*

Pentimento di Piero Maroncelli.

L'Avvocato Legieri, che aveva presieduto a' Costituti di tutto il processo, ne porgeva una relazione in forma di lettera al Governatore di Roma, e al foglio 4° diceva: « ...Il risultato di tal processo è stato una qualificata confessione del detenuto, ottenutasi con la forza dei Costituti, essendosi da sè stesso dichiarato aver fatto parte di una società così detta *filedonica* istituita in Forlì, della quale gli sono state rinvenute a casa gli istituti, ecc. (*ut supra*)... fondata su i piaceri del senso ed in pregiudizio della religione e della sovranità...

« Al prospetto di tali leggi e istituti, non potè il Maroncelli negare la qualità perversa della Società a cui era ascritto, dichiarandosene veramente pentito, ma non volle palesarne i misteri, ed a fronte della contestazione e dello stesso suo pentimento, sostener volle che altro scopo non aveva che di una Accademia letteraria... (1). »

E veramente Pietro Maroncelli si dava per così da senno contrito ed umiliato, che chiedeva egli stesso « essendo Pasqua domani di far la sua confessione e comunicarsi, *ma senza pubblicità...* (2). »

---

(1) Archivio di Stato. Processo Maroncelli.
(2) *Ibid.*

Intanto era quasi libero, e per isbattere la mattana chiedeva la facoltà di visitar i monumenti e le rarità romane, e in special maniera « il Vaticano » e poi, per non si accattar cattivo nome da' suoi compaesani, supplicava la grazia di poter ritornare a Forlì non accompagnato da guardie (1). E già il suo povero padre con istanza diretta al Governatore di Roma (18 febbraio 1818), raccomandavalo egli stesso teneramente alla compassione di S. E., interponendo le sue preghiere paterne a favore di « questo disgraziato (2). »

Dall'altra parte il Cardinale Spina, legato di Forlì, scriveva da questa città (17 giugno 1818) al Direttore generale di Polizia in Roma: «... Ultimamente con mia dei 20 p. p. aprile n. 703, mi permisi di interessarla a pro' di questa disgraziata famiglia, ed ottenni da V. S. I. e R. le più lusinghiere assicurazioni, che in breve sarebbero state esaminate le supliche dell'angustiato genitore.

« Ridotta ora, come si assicura, a termini la relativa processura, ripeto le mie vive premure pel ridono della libertà al giovane Maroncelli, ben certo che, reso esso più saggio dalla sofferta correzione, non offrirà col suo ulteriore contegno altri motivi di censura al Governo.

« Voglio lusingarmi che non sarà inefficace presso V. S. I. e R. questo mio interessamento, e nel desiderio dei suoi comandi, con sensi di... ecc. »

---

(1) Lettera di Pietro Maroncelli al Segretario di Stato, senza data. *ibidem*.
(2) *Ibid.*

E al Cardinale Spina così rispondeva il Direttore generale di Polizia di Roma, 1 luglio 1818:

« Ben contento di aver potuto compiere i desiderii di V. E. R., ho l'onore di annunziarle essersi determinata la liberazione del detenuto Piero Maroncelli, *previa l'ingiunzione del precetto di astenersi da cose simili a quelle che dettero causa al di lui arresto, e di vivere onestamente, sotto pena dell'opera pubblica per un quinquennio da incorrersi in caso anche di prima, benchè lieve mancanza, e nell'intelligenza che venga esattamente sorvegliata dalla Polizia l'ulteriore di lui condotta.*

« Prego per tanto la di lei bontà di dare gli ordini correlativi a quest'ultima parte, allorchè il Maroncelli sarà pervenuto costà, giacchè le precedenti sono state già esaurite da questa Direzione generale (1). »

Di più lo stesso Pietro Maroncelli porgeva supplica al Governatore di Roma (25 luglio 1818), colla quale in nome suo e della sua famiglia significava di non aver possibilità di pagare le spese del suo mantenimento in casa di Antonio della Gatta (il quale ebbe poi a stentare per ottenere il dovuto risarcimento), nè quelle che occorrevano per restituirsi in patria...

E tutto, tutto fu concesso a Pietro Maroncelli: visitar Roma e il Vaticano, liberazione di pena quasi incredibile, esenzione di pagamento, ritorno a Forlì a spese

---

(1) *Ibid.*

del Governo di questa città, e « non accompagnato da guardie ».

Or questo giovane Carbonaro, come rispondeva alle larghezze pontificie, alle ingiunzioni fatte e accettate con promessa legale di « astenersi da cose simili a quelle che dettero causa » al suo processo?

Libero appena da un anno, lasciava le Romagne, e nella state del 1819, compariva in Milano non solo a spacciarvi mercatanzia carbonaresca, ma ad aprirvi vendite nella Lombardia. Colà « egli avrebbe potuto godere tranquillamente dell'asilo che il governo austriaco gli accordava: maestro di musica, maestro d'italiano e di francese, uomo di lettere, d'ingegno pedantesco, ma pure provveduto di qualche coltura, non gli sarebbe mancato nulla in un paese, ove... v'è del pane per tutti i mediocri...

« Ben altro era il suo scopo: egli voleva brillare, e soprattutto farsi una fortuna: per soddisfare a questo bisogno, tutti i mezzi gli parvero buoni egualmente, anche quello di compromettere le sostanze, la vita, l'onore de' suoi benefattori (1). »

Ed ivi or ora lo ritroveremo di fronte alle autorità tedesche *con altra voce omai, con altro vello*, che non era la voce e l'aspetto con cui fellonescamente si burlava delle grazie pontificie e delle proprie promesse.

Passati già molti anni, quest'uomo mostrava la *sua riconoscenza* insinuando sulla memoria di Pio VII il più

---
(1) *Semplice verità*, p. 12.

sciocco elogio che potesse arrecare sfregio a quell'augusto Capo, venerando già per canizie e per ingiustizie sofferte. Il conte Porro, tornando da Napoli « visitò Pio settimo (così scrive il Maroncelli), che lo abbracciò, e dimandatogli delle cose di Napoli, Porro disse quali ei le scorgeva prepararsi. Pio settimo ripigliò: *Nè sono avverso all'impresa di Murat, nè ai mezzi secreti pei quali si conduce* (sic): *i carbonari ànno senso Italiano, ed ella è Italiano, conto Porro, e lo sono anch'io* (1).

E questa storiella hanno ripetuto molti storici anche gravi. Eppure, so per una parte si riflette che Murat era appunto allora usurpatore degli stati pontificii, e Pio VII era tutt'altro che tenero de' carbonari; e dall'altra, se si pensa che quel racconto non riposa su altro fondamento che su l'asserzione di un Piero Maroncelli, non si può esitare gran fatto a mettere anche questo nel novero delle non poche panzane, di cui sono infarcite quelle sue *Addizioni* (2)!

---

(1) *Addizioni alle mie Prigioni*. Cap. IV, p. 18. (Parigi, Baudry, 1834).

(2) Il Gennarelli ci crede da senno, e conforta la storiella maroncelliana colla relazione Salvotti 18 luglio 1821, che dice: « In mancanza dei documenti che *invano* fin qui furono domandati al pontificio governo... E infatti, soggiunge, il processo che abbiamo studiato non fu trasmesso al conte di Strassoldo. » (*Nuov. Antolog.*, l. c. p. 236). Quell'*invano* non significa buona volontà del governo pontificio verso i Carbonari, ma ricerche infruttuose. Il processo non fu trasmesso, perchè lo Strassoldo non lo domandava, e non ne avea bisogno, avendo Piero Maroncelli dato la stura a tutte le confessioni, che si voleva. Sibbene chiedeva informazioni e arresto di Francesco Maroncelli e del Laderchi; ed in ciò fu servito; ma *invano*, perchè Francesco Maroncelli fu chiuso come un'ostrica. Questi documenti si trovano nel *fascio Maroncelli*, Archiv. di Stato. Li citeremo a suo luogo tra breve. Cf. a conferma di tutto ciò, *Relazione Salvotti*, Milano, 12 gennaio 1824.

CAPITOLO IV.

PROCESSO

I.

Silvio Pellico è arrestato. - Sue negazioni e speranze di prossima liberazione.

> Ahi quanto a dir qual era è cosa dura
> Questa selva selvaggia ed aspra e forte,
> Che nel pensier rinnova la paura!

Imprendiamo ora un argomento di difficile trattazione e delicatissima. Quanto si sia detto e quanto sia stato scritto intorno alla condanna di Silvio Pellico, ognuno lo sa. Quello che pochi sanno si è la verità intorno ai motivi che cagionarono il suo arresto, intorno alla discussione del suo processo e alla giustizia della sua condanna. In tutti questi avvenimenti e la favola e la leggenda si sono date la mano per intrecciar ghirlande su i capi di quei *gloriosi*, i quali, non colle facili ciance, ma co' dolori delle prigioni, de' ceppi e della fame fecero balenare sul fosco cielo italiano i primi bagliori de' tempi nuovi.

Leggenda e favola devono essere dissipate con la luce serena della verità. La verità non ha colore e non conosce temperamenti di arrendevoli debolezze nè velami di paurosa dissimulazione: e noi la diremo tutta. Quindi non ci vorranno male per una parte gli ammiratori appassionati dell'autore delle *Mie Prigioni*, nè per l'altra ci debbono saper cattivo grado i grandi patrioti avvezzi da un tempo a stancarsi gli occhi e la bocca nell'ammirar e decantare le glorie de' precursori delle patrie grandezze.

Con tali intendimenti di animo spregiudicato e di libera franchezza abbiamo messo mano a quest'opera; e con quelli stessi ci risolviamo a parlare del processo di Silvio Pellico, che è il momento più solenne e gravissimo della sua vita. Senonchè non ci è dato di poter mettere ad effetto il nostro divisamento in tutta la sua *libera* pienezza. E di ciò dobbiamo a' lettori italiani alcune parole di spiegazione.

Gli atti del processo del 1821, nel quale furono giudicati e condannati Silvio Pellico e Pietro Maroncelli, si trovano in Milano nell'*Archivio generale di Stato*. Furono quivi trasportati nel 1875 dagli archivii de' tribunali, dove si custodivano gelosamente, per richiesta e cura di Cesare Cantù, direttore degli archivii di quella città (1). Quegli atti, disordinati e disuniti, furono già studiati dal Cusani

---

(1) **Cusani**, *Storia di Milano*, VIII, 6.

con enorme fatica per lo spazio di due mesi; egli ne ha ricavato le conclusioni principali ne' vol. VII e VIII della sua *Storia di Milano*. Cesare Cantù ne ha pure pubblicato qualche cosa ne' volumi 25, 26 dell'*Archivio Storico italiano*, 1877. Gli articoli ivi pubblicati ricompose poi insieme per formare l'opuscolo: IL CONCILIATORE E I CARBONARI (Milano, Treves, 1878), nel quale l'illustre storico lasciò il disordine, l'incertezza e la molta borra degli articoli primitivi.

Con ciò e per essere già trascorsi dal tempo di quei processi gli *anni settanta*, che richiede la legge, per dar adito agli Archivi di Stato, credevamo di aver diritto di studiare anche noi a nostro agio quei processi. Ne facemmo domanda nel febbraio del 1897, la quale fu accolta e presentata con molta gentilezza da qualche alto impiegato negli Archivii di Roma. Senonchè, dopo quattro mesi di ansiosa aspettazione, e nostra e del nostro Editore, la scrupolosa delicatezza di coscienza del Ministro degli Interni, Marchese di Rudinì, non ci acconsentì quella *legittima* grazia. Avendo per più volte rinnovato la domanda, ci fu data la stessa ripulsa in quest'anno 1898; il perchè fummo costretti a chinare il capo dinanzi al *fatum* dei nostri reggitori: *che giova nelle fata dar di cozzo?*

Migliore accoglienza e più sicura speranza di riuscita abbiamo incontrato nel *Direttore degli Archivii Imperiali di Vienna*, dove per altro de' processi del 1821 e di altri non esistono copie e si trovano solamente alcuni pochi documenti. Ma la distanza e le spese per una parte, e per l'altra la non grande *necessità* di tali documenti, per il nostro scopo, ci hanno fatto soprassedere a una dispendiosa impresa e poco utile, come potranno giudicare i lettori.

**
**

L'eroe di questa lugubre storia, in tutto il senso nefasto e vile della parola, fu Pietro Maroncelli, cui già abbiamo visto figurare nelle carceri di Castel Sant'Angelo. Tuttavia è erronea la credenza comune, che cioè la prima occasione di venire in conoscenza delle mene carbonaresche nella Lombardia, fosse presentata alla Polizia Austriaca dall'opera imprudente di questo carbonaro forlivese. Il governo austriaco era già informato assai tempo prima e delle cose e degli uomini abbastanza da stare in sull'avviso e inviare mille segugi a pigliar lingua e ottener conoscenza dei moti rivoluzionarii.

L'imperatore Francesco I sceso in Italia arrivava in Roma a' 15 di aprile del 1819. Ivi, ne' varii abboccamenti che ebbe col Cardinale Consalvi, si avvisò e s'intese con quel celebre uomo di Stato della maniera di conoscere e di distruggere le sètte, le quali a guisa di tarme roditrici invisibili, gli andarono tarlando con lento e ardito lavorio le redini del regno lombardo. Per essere però bene informato di tutto, inviò secretamente un alto personaggio a' regnanti d'Italia a fine di tutte studiare le sètte. Fu così ben servito, dice il Cusani, che gli diede in ricompensa un carico rilevante (1) nel Governo.

E lo stesso Consalvi informava per tempo il Governatore del Lombardo-Veneto che « a Milano erasi formata una Società detta *Romantica* (gli uomini del *Conciliatore*), collo scopo di insegnare che l'uomo non è soggetto ad alcun principio di religione e di morale; molti signori esservi ascritti, e nominatamente il *celebre* Pellegrino Rossi, il quale è in relazione con lord Byron (2). »

Se tuttavia l'Autorità governativa di Milano non trasse le unghie se non dopo gli avvenimenti rumorosi di Napoli e di Piemonte; e se anche allora si trovò a bella prima in corto di notizie relativamente ai nomi de' *compromessi*, ciò si dovette all'accortezza de' cospiratori, i quali nella stessa Polizia avevano degli affiliati. Infatti, assessore nella direzione della Polizia era Giulio Pagani, uno de' loro. Questi, antico massone nel regno italico, rivoltosi quindi a parte austriaca giocava doppia partita. Quando a' 19 marzo del 1822 morì improvvisamente il Direttore della Polizia, Alessandro Goehausen, egli accorse subito e bruciò le note che informavano su alcuni compromessi nobili milanesi, e di presente fece apporre fra le altre carte i sigilli dal Gover-

---

(1) **Cusani**, l. c. VII, 256-7. Cf. *Semplice Verità*, 14, 15.
(2) **C. Cantù**, *Il Conciliatore e i Carbonari*, p. 89.

natore Strassoldo. Questo ci porge ragione dell'apparente sicurezza che affacciavano e Silvio Pellico e il Confalonieri e altri, e spiega pure le lamentanze del Salvotti, terribilissimo inquisitore, e i costui sospetti sulla Polizia passata (1).

∗

Ed ora pigliamo a narrare la serie de' fatti nell'ordine cronologico in cui accaddero. Soppresso il *Conciliatore*, che era, come abbiamo veduto, il grande propagatore palesemente astuto delle idee e del movimento antiaustriaco o liberale, che era allora tutt'uno, i congiurati si appigliarono presto a un'altra maniera di propaganda. Oltre le conversazioni secrete in casa Porro, oltre i *Venerdì* della Contessa Fulvia Nava-Trecchi, e le scuole di mutuo insegnamento, sistema errato e manchevole in quanto a vantaggio letterario, ma eccellente conduttore d'influenza settaria, pensarono a moversi di persona e scorrere città e campagne per allargare la sfera di azione e accrescere il loro numero. Impresero quindi la navigazione sul Po col primo battello a vapore che solcasse le onde dell'Eridano. Pe' primi di settembre si diedero l'intesa, si

---

(1) Se ne avvide il Salvotti, che guardò di mal occhio quel poliziesco assessore e accusò di poco accorta la Polizia del Lombardo. Il sospetto è manifestato dal famoso Brambilla nel suo rapporto del 16 ottobre 1822, *Carte segrete*, III, 265. Cf. **Cusani**, VIII, 67 segg. C. **Cantù**, che cita varie relazioni, non dice nulla di queste cose. *Concil. e Carbon.* pp. 88, 127.

convennero per un viaggio da Milano a Venezia i Conti Porro e Confalonieri, padroni del vapore, con Silvio Pellico ed altri. Lo scopo apparente era il commercio, il vero scopo mirava a spargere la congiura e dilatarne i confini col raccogliere nuovi congiurati contro il dominio austriaco nel Lombardo-Veneto.

« Il più agevole trasporto fluviale di merci, scrive il Cusani, era un pretesto: colla navigazione a vapore tendevasi a riavvicinare Lombardi e Veneti, affinchè meglio avvicinandosi agissero concordi allora quando l'occasione si fosse presentata... Que' tentativi, che sotto l'aspetto di pubblica utilità nascondevano viste politiche, erano opera d'individui stretti nella società segreta dei *Federati*, che si preparavano a dar mano ai loro colleghi del Piemonte, i quali riuscendo a far proclamare la costituzione, gli *aiuterebbero a cacciare gli austriaci per fondare il regno indipendente dell'Alta Italia* (1). »

Quali fossero gl'intendimenti e le origini nella Lombardia della Società de' Federati, è bene che sappiamo dalla bocca stessa di colui che n'era il capo, ossia dal Confalonieri. Questi così ne discorreva dinanzi alla commissione de' giudici. *Seduta dei 28 marzo 1822. N. 425:* (Risponde dettando)...

---

(1) **Cusani**, l. c. VIII, 20, 21.

Estratto di alcuni Costituti
del processo del conte Confalonieri [1].

« Al mio ritorno di Toscana la Società dei Federati già esisteva in Lombardia, ciò che si riferirebbe al 10 gennaio 1821. *Essa fu introdotta da noi dal Piemonte ove esisteva già da molto tempo*. Non so se questa introduzione siasi effettuata per mezzo di Piemontesi venuti in Lombardia, oppure per mezzo di Lombardi che aggregatisi a quella in Piemonte l'abbiano poi tra noi diffusa; inclino nullameno a credere più vera la prima supposizione. L'organizzazione non me ne fu ben nota, che dopo la rivoluzione del Piemonte...

« Erami noto soltanto ciò che appariva da una carta, che ebbi nelle mani, mostratami dal signor Pecchio al suo ritorno dal 2° viaggio del Piemonte, la quale per altro non era che uno scorcio inesatto delle Costituzioni, che le servivano di fondamento. Ed era del tenore seguente:

« Lo scopo della Società dei Federati, è quello di
« propagare e diffondere di ogni loro possibile in Europa
« e principalmente in Italia, le Costituzioni di cui abbiamo

---

[1] Tolgo queste risposte da alcuni Costituti del processo Confalonieri, i cui originali si dice che sieno andati perduti (?). Da un vecchio diplomatico assai conosciuto nella Corte di Vienna, ho potuto avere un estratto di que' Costituti, *che contengono le relazioni del conte Confalonieri con il principe di Carignano*. A questo estratto, che a suo tempo pubblicherò intiero, appartengono i brani che qui si citano.

« floridi esempi in Francia, ed in Ispagna, e di cooperare
« al loro stabilimento ed introduzione con tutti i mezzi
« possibili, e colla loro opera, vita e sostanze. Essa società
« verrà costituita da differenti classi, le quali tutte nel
« loro centro e secondo le immediate istruzioni de' loro
« Superiori, contribuiranno al buon successo dell'impresa
« che si propongono per iscopo. I federati d'Italia avranno
« in particolare per oggetto di riunire tutti gli animi
« Italiani in una generale federazione, per formare un
« corpo politico unito e legato... » Passava quindi alla
classificazione dei gradi, i quali erano divisi in comandanti
di provincia, comandanti di distretto, capitani e semplici
Federati. Vi era infine una formola di giuramento che conteneva in epilogo le sovra indicate obbligazioni... Eravi
pure l'obbligo a ciascuno, che vi s'ascrivesse, di contribuire
con una somma da lui assicurata, conforme alla portata delle
sue facoltà... I mezzi si riducevano a riunire una somma
di denaro... onde valersene e mantenere attiva la corrispondenza col Piemonte...

« Lo scopo era di favorire la rivoluzione Piemontese...
ed all'arrivo delle armi del Piemonte proclamare la costituzione di Spagna, ed in questo i Federati Lombardi
dissentivano dai Piemontesi, i quali aderivano di preferenza
alla Francese... In quanto alle future viste di questa Società
non eran neppure ben conosciute e concretate dalla Società
medesima. Parlavasi d'una riunione col Piemonte da estendersi fino al Pò e secondo taluni sino agli Appennini; di

un regno nel mezzogiorno, composto press'a poco degli attuali dominii di Napoli, e di un Regno centrale composto della Toscana o parte degli stati ecclesiastici, riducendo il Papa al solo Patrimonio di S. Pietro. Altri parlavano della riunione d'Italia tutta in un sol regno, altri ancora dell'associazione dei vari stati d'Italia sotto la forma federale a guisa degli Stati Uniti d'America. Credo pure che la società avesse in mira di proporre al Governo delle Provincie Piemontesi e Lombarde, sotto quella nuova organizzazione Costituzionale... il Principe di Carignano... (1) ».

Nella *seduta* dello stesso giorno il Confalonieri narra ragguagliatamente delle incombenze e delle lettere del Principe di Carignano, recategli in Milano dal colonnello Conte di Perrone (tolto in iscambio e arrestato), del capitano Marenco, dello scultore Comolli, del cavaliere Filiberto di Breme. Quindi riferisce di un abboccamento col colonnello Perrone « nei dintorni di S. Martino, cioè 11 novembre 1820 in Vigevano nell'osteria di S. Giorgio. Egli mi aperse i progetti dei Piemontesi di riformare il loro governo e di procurare una forma costituzionale pel loro paese come già aveva fatto Napoli... *Che alla testa del partito costituzionale francese era il Principe di Carignano, che vi aderivano la metà dei ministri, tutta l'ufficialità dei diversi capi, tutti i Colonnelli meno pochis-*

---

(1) Costituto del conte Federico Confalonieri, n. 425, *dagli atti del suo processo.*

simi e molti dei Generali. Egli non dubitava che ad istanza del Principe di Carignano vi avrebbero acconsentito anche i pochi renitenti. Era lor divisamento di far aderire il Re a questa nuova forma di Governo, e qualora i suoi impegni politici colle altre potenze, o le sue inveterate opinioni non si potessero vincere, di determinarlo ad abdicare a favore del Principe di Carignano...

« Ritornato il Pecchio dal suo [secondo viaggio in Piemonte]... mi disse che erasi alla vigilia d'una rivoluzione, che tutti i partiti si erano combinati, e che eransi riuniti per la costituzione spagnuola. Che il Ministro Bardaxi (1) era alla testa di quel partito. Ch'egli erasi abboccato con tutte le persone più marcanti, tra le quali nominatamente col Principe di Carignano, col Generale Giflenga, col colonnello S. Marsan, Perrone, Collegno, coll'avvocato Dalpozzo, Cilavegna, Radice, ed altri. Che il Principe di Carignano l'aveva fatto introdurre immediatamente nel suo Gabinetto, appena annunziato, e per un'entrata separata dalle anticamere, avendo licenziato gli altri suoi, sotto pretesto di volersi riposare per mal di capo, non avendo ritenuto presso di lui che il solo Collegno. All'entrare del Pecchio, il Principe gli avea sporto la mano, dicendogli: *Vi aspettavo con impazienza, ebbene datemi nuove di quel che si pensa in Milano, io ne ho dei rapporti molto*

---

(1) Era questi il rappresentante spagnuolo alla Corte di Torino. È noto che nella casa di costui fu, si può dire, tramata la rivoluzione piemontese del 1821.

contraddittori. Su di questo il Pecchio avendolo assicurato di molto buono spirito, il Principe gli soggiunse: *Ma abbiamo bisogno di fatti e non di parole*. Al che il Pecchio dissegli che vedute le disposizioni imminenti dei Piemontesi, avrebbero queste efficacemente contribuito a determinare quelle dei Lombardi. Gli domandò il Principe dei capi del Governo e delle milizie tedesche, di molte cose e di molte persone e finì col conchiudere che il tempo stringeva e che bisognava dar vigorosamente la mano all'opera, e ch'egli era bensì persuaso delle buone disposizioni, che esso Pecchio gli annunziava, ma che bisognava ch'egli ne fosse assicurato da molti altri ancora, tra quali disse il Pecchio, che nominommi, giacchè da altre notizie ch'egli aveva, benchè caldo nei principii, egli credeva che non volesse immischiarmi nelle attuali violenze del Piemonte...

« Insistette lungamente perchè mi recassi a Torino... e quantunque dicesse ciò perchè mi chiarissi co' miei propri occhi, riseppi poi che nulla più gli premeva che allontanarmi dal verificare le cose, onde tenere me e gli altri nell'errore... (1). »

Chi sappia leggere attraverso i viluppi e le interessate dissimulazioni del Confalonieri, scorgerà facilmente l'influenza assai grande del Principe di Carignano nelle

---

(1) Ibid., *Costituto n. 425*. Vedi la confermazione di questi estratti, nelle relazioni del conte Strassoldo al Metternich e nelle deposizioni del Castillia riferite dal **d'Ancona** nel *Federico Confalonieri* (Milano, Treves, 1890), pp. 290-303.

speranze dei Federati. Silvio Pellico confidò a una persona autorevole, dalla cui bocca lo abbiamo udito, che sarebbe stata follia nutrire speranza d'insurrezione nella Lombardia, senza essere sostenuti del concorso di quel Principe.

*_**

In quella navigazione, nuovi argonauti, secondo la espressione di Pietro Maroncelli, moveano in cerca del *vello d'oro* (1). Le notizie di quel viaggio e le impressioni provate e descritte da Silvio Pellico abbiamo già riferito nelle lettere scritte in quel tempo al fratello Luigi. In una di queste egli accennava ad una nuova disposizione presa dal Governo contro a' Carbonari, il cui colore non gli parve *aureo* davvero, ma di colore oscuro. Si direbbe che l'animo presago gli presentò in barlume all'immaginazione, che quel provvedimento severo sarebbe il codice della sua condanna.

Così fu veramente dopo lo spazio di poche settimane. Vale il pregio che qui riferiamo intiera quella norma del suo futuro giudizio. Porta la data di Venezia 25 agosto 1820, con il titolo di:

---

(1) Nelle *Addizioni* alle *Mie Prigioni* dell'edizione citata (Parigi, Baudry, 1833), capo... XVII, così racconta questo episodio per nulla indifferente:

« Un momento prima che montassero in vettura a Milano, ci trovammo tutti in casa Porro, ed io (*Maroncelli*) dissi a Monti: *Questi signori vanno alla conquista del vello d'oro. Essi, Argonauti: voi, Orfeo*. Montani aggiunse: *Chi sa che un giorno non cantiate quest'evento*. Monti rispose: *Molto volentieri*. — Sono certo che il povero poeta non capì affatto di qual *vello d'oro* intendevamo parlare Montani ed io ».

NOTIFICAZIONE.

« La Società dei così detti Carbonari, che si è dilatata in diversi stati circonvicini, ha tentato di fare dei proseliti anche ne' cesarei regii stati. Dalle inquisizioni, che sono state fatte a quest'oggetto, si sono scoperte le mire, quanto pericolose per lo Stato, altrettanto ree, di questa società, le quali per altro non ad ogni membro di esso vengono palesate dai superiori della medesima. Per espresso comandamento de' S. M. l'Imperatore e Re si *deducono queste mire a pubblica universale notizia, per avvertimento di ciascheduno de' suoi sudditi.*

« Lo scopo preciso, a cui mira l'unione dei Carbonari, è lo sconvolgimento e la distruzione dei governi.

« Siccome ne viene da per sè che chiunque ha avuto già cognizione di questo scopo, e non ostante si è associato ai Carbonari, a tenore del § 52 della prima parte del *Codice dei delitti*, si è fatto reo di alto tradimento, ovvero qualora, conforme ai §§ 54 e 55 della prima parte del *Codice dei delitti*, non ha impedito i progressi di questa Società od ha tralasciato di denunziarne i membri, è divenuto correo del medesimo delitto ed è incorso nelle pene dalla legge stabilite: così, a cominciare dal giorno della pubblicazione della presente notificazione, *nessuno potrà scusarsi di non aver avuta cognizione del summentovato preciso scopo della Società dei Carbonari*, e per conseguenza chiunque entrerà nella detta società, ed anche, a tenore di quanto è prescritto nei §§ 54 e 55, avrà tralasciato di impedirne i progressi e di denunziarne i membri, sarà giudicato a norma di quello che è stabilito nei §§ 52, 53, 54 e 55 della prima parte del *Codice dei delitti*. - Il Governatore Carlo Conte d'Inzaghi, ecc. »

Ora gli articoli del Codice penale dei 3 settembre 1803, a cui questa notificazione si riferiva, erano i seguenti:

§ 52. Commette un delitto di alto tradimento:

a) Chi offende la personale sicurezza del capo supremo dello Stato.

b) Chi intraprende qualche cosa tendente a far una violenta rivoluzione del sistema dello Stato o ad attirare contro lo Stato un pericolo, ecc...

§ 53. Questo delitto è punito colla pena di morte ancorchè sia rimasto senza alcun effetto e tra i limiti d'un mero attentato.

§ 54. Chi deliberatamente ammette di frapporre ostacoli ad un'impresa diretta all'alto tradimento, potendo facilmente e senza suo pericolo impedirne il progresso, si fa correo di questo delitto ed è punito col carcere durissimo in vita.

§ 55. Anche colui, che consideratamente tralascia di denunziare alla magistratura un reo d'alto tradimento a lui noto, si fa correo di questo delitto, a meno che, ecc. (1).

---

(1) *Carte segrete*... vol. I, p. 418 e segg.

***

Tornato in Milano verso i primi di ottobre Silvio Pellico così scriveva alla Gegia (Teresa Marchionni):... « Aggiungi il dolore che ho provato nell'intendere (appena arrivato in Milano) che il nostro povero Maroncelli era stato arrestato. Il mio arrivo fu domenica, e Maroncelli era stato arrestato venerdì (*7 di ottobre di quell'anno 1820*). Sapendo che questo *giovane è incapace di male azioni,* ho subito cercato di sapere se mai fosse stato in qualche rissa...; ma nulla ho potuto rilevare, *se non che egli avea scritto a Bologna una lettera, la quale fu letta dalla Polizia,* e che perciò era posto in prigione. *Sono persuaso che sarà innocente...* (1) »

Così era infatti: Maroncelli stando sulle mosse per Genova era stato arrestato e condotto nelle prigioni di Santa Margherita. Quella lettera fatale fu la scintilla cui secondò un grande incendio; in essa e in quella che Silvio Pellico gli aveva consegnato come commendatizia al fratello Luigi in Genova (2), Silvio e molti altri erano denominati in maniera compromettente per la stessa vita di tutti. Or quella lettera era stata sequestrata dalla polizia al suo portatore, il sarto Perotti, al quale Maroncelli l'aveva confidata. Appena avutala in mano, il Governatore

---

(1) **C. Cantù**, *Conciliat. e Carb.*, p. 87.
(2) Vedi questa lettera che abbiamo riferita a p. 396 del primo volume. Cf. **Cusani**, l. c. VIII, p. 358.

Strassoldo di Milano ne mandava copia al Cardinale Spina governatore di Bologna, informandolo dell'accaduto con varie lettere. Cinque giorni prima dell'arresto di Silvio Pellico, egli scriveva la lettera seguente:

*Il conte di Strassoldo, Governatore di Milano,
al Card. Spina, Legato di Bologna.*

Milano, 8 ottobre 1820.

Con mia nota di ieri ebbi l'onore di comunicare a V. E. che era stato dalla polizia perquisito il sarto Perotti, e trovato detentore, fra le molte, di una lettera diretta a codesto sig. dott. Maroncelli *(fratello di Pietro).*

Ora facendo seguito alla comunicazione stessa, mi affretto di soggiungere che Piero Maroncelli, qui dimorante, si dichiarò, alle opportune interrogazioni, l'estensore appunto della lettera suenunciata, non solo, *ma diede anche alla stessa quella spiegazione che valse ad accreditare i sospetti già concepiti.* In seguito di tale spiegazione si ha che il Piero Maroncelli appartiene già alla sètta dei carbonari, alla quale fu aggregato nel 1815 in Napoli; che era suo divisamento di aprire qui una *vendita* o *baracca*, alla quale proponevasi da poi di affigliare molti individui già conosciuti per principii liberali che professano; che a questo intento scrisse la lettera in discorso a codesto di lui fratello, onde gli spedisse i materiali necessari per istituire tale *vendita*, richiamandosi appunto ai maggiori schiarimenti che potevangli esser dati dal comico Canova, addetto alla compagnia Marchionni.

Depose inoltre il Maroncelli di essere già stato arrestato come carbonaro a Forlì, *ove fu dimesso dopo un anno, per non essersi raggiunte le prove legali a di lui carico* (1).

. . . .

Come si scorge da questa lettera, il Maroncelli nei pochi interrogatorii che subì nel suo primo mese di carcerazione, confessò solamente quello che forse non poteva negare altrimenti, cioè lo *stretto* contenuto della lettera *carbonaresca*, da lui scritta al fratello dottore e carbonaro in Bologna, della quale il conte Strassoldo qui ragiona.

Ora ecco la famosa lettera:

Pietro Maroncelli, da Milano, al Sig. Dr. Francesco Maroncelli per ispecial favore premurosa. - Bologna.

Mio carissimo,

Ho ricevuto solo ben tardi la tua degli 8 settembre. Rispetto ai miei bisogni - pressanti che fossero - io dubiterei di non essere indiscretissimo, richiedendoti, non che altro, quel solo che mi debbe il Penna; imperocchè,

---

(1) Qui Piero Maroncelli mentiva; nel processo che abbiamo riferito egli è *reo confesso!*

essendo tu con poco più, poco meno, la somma che mi hai descritto, sono sfidato ad ogni cosa. Tuttavia ove tu vegga che, senza alcun tuo incomodo, potessi anticiparmi quanto codesto Penna mi deve, allora ti prego di farlo sollecitamente. - Andremo poi in seguito intesi, quando tu abbia riscosso il tuo, per vedere se potrai presentarmi qualche cosa che valga a rimettermi in filo; e parleremo pure del modo come ti piaccia io regoli la restituzione. - Laderchi sa l'assedio che di questi dì mi è stato posto attorno da questo ispettore di pubblica istruzione, onde richiamassi al governo per essere fatto maestro di belle arti a certe nuove scuole che verran tra poco istituite. - Anzi avendo io seguito per qualche dì una famiglia di miei scolari al Lago di Como, nel mio ritorno ho trovato che il buonissimo Stella aveva fatto per me petizione, allegato documenti e richiesto esami; sicchè io non sono potuto tornare più indietro. - La qual cosa confesso che avrei fatto volentieri; imperocchè se mai si chiegga a Forlì di me, temo che i cattivi non esiteranno dipingere gli affari di Roma siccome esecrandi, e per tal modo io non mi sarei più sicuro qui, nè con la maestranza, nè senza.

All'abbandono pure di queste scuole mi confortava la *stretta amicizia che ho legata col conte Porro al ritorno di Venezia, del quale ho non poche buone ragioni di credere che da lui o per lui mi trarrò ad ogni modo un buon pane.* Non sarebbe anche difficile che con mezzi del Porro io mi rendessi un tratto a codesta Bologna per pochi dì, ed allora intenderesti il senso vero della lettera che il Canova doveva recare di persona e che ha poi mandato a te per lo Zubboli. - Però ti accludo la nota delle commissioni che teneva il Canova dai suoi *cugini Pellico, Confalonieri e Porro*, onde tu non manchi di tenerle pronte: e tosto che lo siano, mi avvisa ch'io vengo tosto a prendere costà ogni cosa. - Anche Camillo (*Laderchi*) *avvertì suo padre di speculazioni commerciali che io avevo intrapreso con sì buon principio; imperocchè dee notarsi per buono anzi ottimo principio veramente quello di avere l'assistenza di così studenti e facoltosi signori*.

Ti raccomando dopo ciò le mie cose. Camillo ti bacia e ti abbraccia.

30 settembre 1820.

E stai sano. - Il tuo PIERO.

Per *opera mia* qui sono buoni, potenti e di mezzi, e di credito, forti, robustissimi, prudenti, sapienti di ottimo consiglio in tutte le cose che vanno *perduti* (?) *di vendere con massimo profitto le manifatture di queste industrie nazionali*, portate che siano innanzi tutto al miglior grado di perfezione. - Perchè siate persuaso dell'autorità che impone questo consesso, mi limiterò a nominarvi il prof. ROMAGNOSI, il GIOJA, il RESSI, il PORRO, il Confalonieri, il Visconti d'Aragona, il Pellico, il generale Lecchi, il generale Galimberti, il colonnello Omodei, il Rasori, ecc.

Essi vorrebbero una regolare stanza di scientifico consiglio, la quale ond'essere innalzata, abbisogna di condizioni che per avventura si potrebbero trarre dai libri, cronache, che aveva commissione il Canova di provvedere costì, se più poteva fermarsi che non ha fatto. Però fate voi che questi libri o cronache siano comperate o copiate secondo il bisogno (e ne troverete qui congiunta nota), e poscia e tosto avvertitemene, chè, senza darvi l'incomodo di spedirmele, io stesso, cogliendo occasione di venirvi ad abbracciare, le prenderò, senza la prolissità. *Occorre tutto ciò che è necessario alla istituzione buona, regolare, ottima, di una società di commercio:* imperò, se la nota supera o manca, tu col tuo giudizio scema od accresci, e tutto sarà per lo meglio.

Ad ogni modo rispondi tosto e chiaramente su tutto; mandami pure quel denaro che ti dico nella prima parte di questa lettera; e tieni *che qui si è col fuoco,* e non ne saran tratti che quando tu risponda con lieta nuova di *largo acconsentimento.*

Provvederà dal libraio Penna il sig Canova (1):

---

(1) La significazione di queste figure è data in una nota dello Strassoldo a' giudici di Verona, che citeremo tra breve.

Nuovo elenco di tutti i libri necessari alla *formazione di una buona libreria romantica:*

Dizionario della favola avvicinato alla storia;

Costituzione di Romagnosi stampata a Lugano;

Quaderno 1° e 2° di travagli di alcuni ingegnosi carcerati delle case matte;

Istruzioni parziali dell'istituzione di S. Ignazio;

Dottrina del Bellarmino per la confessione, ed altro esemplare per la comunione, dello stesso autore.

Se il Sig. Penna non ha in pronto questi libri, non manchi però di commetterli subito, chè saranno poi presi dal Maroncelli alla sua venuta costì che sarà tra breve.

Di queste lettere ricevute dal conte Strassoldo il Cardinale Spina dava conto al Card. Consalvi, Segretario di Stato, con sua dell'11 ottobre 1820, nella quale inviava copia delle note ricevute da Milano. Ivi il Governatore tedesco gli annunzia questa pericolosa lettera, e gli dice come Pietro Maroncelli « fosse sulla medesima interrogato... che confessò riferirsi a' settarij intrighi tendenti ad ottenere dal fratello i necessarij materiali per istituire in Milano stesso una Vendita o Baracca di Carbonari, ecc. »... Il Cardinale continua scrivendo che si può scorgere da quella come « l'ex-vice Prefetto Laderchi di Faenza è sospettato per relazioni del figlio (Camillo) con Maroncelli ». Egli quindi per compiacere al Governatore di Milano e per comune interesse, dice di aver fatto perquisire il dottore Francesco Maroncelli; ma questi, già fatto accorto per antichi sospetti sulla sua persona e pel recente caso del fratello, aver sottratto ogni cosa pericolosa; e nulla essergli stato trovato in casa. Ha poi risposto al conte Strassoldo, che si adopererà con premura per secondarlo in ogni cosa, ma che per ora, oltre Francesco Maroncelli, non ha giudicato prudente arrestare gli altri capi agitatori; però lo farà quanto prima (1).

In un'altra, scritta nel medesimo giorno, il Cardinale Spina dice al Consalvi che per ora non vede materia sufficiente ad imbastire un processo a Francesco Maroncelli. Ma ad istanza dello Strassoldo vi si accinse più tardi, come vedremo. Questo processo si trova ora nell'Archivio di Stato in Roma nel medesimo fascio che quello di Pietro Maroncelli (2).

Come si scorge chiaramente dalla famosa lettera *Galeotta*, testè citata, Silvio Pellico insieme cogli altri in essa nominati erano *cugini*, ossia già iniziati in *Carboneria*. La conseguenza tremenda di quell'appartenenza alla Carboneria non potea sfuggire a nessuno, e molto meno a essi cugini quali che si fossero, conscii com'erano delle recentissime leggi che colpivano i Carbonari. Per tanto fa

---

(1) *Archivio di Stato* in Roma. *Processo Pietro Maroncelli.*
(2) *Ibid.*

sbalordire la studiata tranquillità di Silvio Pellico imprima e poscia di Federico Confalonieri, i quali nella coscienza della loro sorte futura simularono aria e presero atteggiamento di persone innocenti! Senonchè forse Silvio Pellico contava sulle ragioni sacre dell'amicizia, che lo stringeva a Pietro Maroncelli, e fidava sulla costui forza di animo nel guardare un secreto giurato su i pugnali e sulla tazza rosseggiante del sangue de' tiranni. Ma non ne fu nulla: dinanzi alle prime minacce di que' tiranni, Pietro Maroncelli venne meno, e recitò subito i nomi tutti della congiura e dei congiurati!

Tornato a Milano dalla sua spedizione in Venezia, verso i primi di ottobre, Silvio Pellico aveva passato alcuni giorni a Balbianino, villa del conte Porro sul lago di Como.

Dopo l'arresto del Maroncelli, la polizia cercava pure di lui. Ed egli non volle fuggire, ma ritornossene tranquillo a Milano. E quivi venne preso e incarcerato il 13 di ottobre; vedine i ragguagli raccontati da lui medesimo nell'autobiografia, di cui il P. Bresciani ci ha conservato qualche reliquia che riferiamo intiera in altra pagina di questo secondo volume.

Ed ora veramente incominciano le dolenti note! Tradotto nelle carceri di Santa Margherita e sottomesso alle prime disamine, Silvio Pellico non si mostrò nè pusillanime nè arrogante. Nel silenzio della sua cella soffriva fremendo dolori di morte; ma al cospetto de' giudici, abilissimi, ma non inumani nè feroci, egli parlò pacato e nobile, come si conveniva al suo carattere dolce ed altero nel medesimo tempo; e negò con tremendo sforzo, negò per più mesi di essere reo di alto tradimento!

Quella disinvoltura prudente e forte di Silvio Pellico fece impressione ne' giudici. Lo stesso Salvotti così ne parla in una relazione, della quale si sono potute stralciare le seguenti linee... « Spiegò (Pellico) una franchezza che senza degenerare in tracotanza, attestava però in lui una particolare energia di carattere e di sentimenti, energia che mancava affatto a Maroncelli... (1). »

E quindi nacquero nello stesso prigioniero e in altri molti fondate speranze di una prossima liberazione, non trovando sino allora la legge altra reità in Silvio Pellico all'infuori di una certa imprudenza giovanile, scontata già a caro prezzo con varii mesi di prigionia e di tormento morale. Di quelle speranze fanno testimonianza numerose lettere scritte dal conte Porro al padre di Silvio, che abbiamo sott'occhi, ma tralasciamo di pubblicare perchè assai brevi e di nessuna importanza. In quella vece riferiamo due lettere di Silvio Pellico appartenenti a questo periodo, in parte già edite scorrettamente; e una inedita di Pietro Borsieri a Luigi Pellico: entrambe trascriviamo dagli originali autografi:

---

(1) **C. Cantù.** *Il Concil. e i Carbon.*, p. 109. Vedi la lettera di Pietro Borsieri a Luigi Pellico, che citiamo qui subito.

(Al Padre).

Da S. Margherita, 1 novembre 1820.

Caro Padre,

M'è permesso di scriverle per darle notizie della mia salute, che sono ottime. Il mio animo è tranquillo, e così voglio che sia quello de' miei cari genitori. Il sig. conte Porro mi dice che le ha scritto e che ha buone nuove di lei e di tutta la famiglia: ciò mi consola. Nulla mi manca; ho una stanza sanissima, cibo a mia scelta, il conte Porro mi fa avere tutto ciò che può occorrermi, e spero che ben presto questo momentaneo disturbo cesserà.

Frattanto abbraccio teneramente Lei, Maman, i fratelli, e le sorelle. Stiano sani, al pari di me, che non ho mai goduto miglior salute.

Scrivendo al conte Porro, includa qualche riga per me, ch'egli me la farà pervenire.

Suo aff.mo Silvio.

Dalla mia cella, 25 gennaio 1821.

Carissimo Papà,

Siccome la privazione raddoppia i piaceri, essendo io stato così lungo tempo senza scriverle, il mio cuore gode ora infinitamente per la grazia che ho ottenuto di darle le mie notizie. In questo momento sono felice; per un figlio che ha così buoni parenti non v'è dolcezza maggiore che il trattenersi con loro. Sia dunque ringraziato il cielo, che mescola le consolazioni ai patimenti che versa sulla terra.

Dopo avere tante volte sperato di toccare agli ultimi giorni del mio arresto, posso ora finalmente lusingarmi che non m'ingannano più, prevedendo vicino questo sospirato termine. Lo desidero molto per me, ma più ancora per i miei cari genitori, giacchè temo ch'essi soffrano assai più ch'io non soffro. Se badassi a me solo, io non avrei grande impazienza di sortire di qua, godendovi ottima salute, e trovando che in fondo, quando si ha una stanza passabile e tutto il necessario per vivere, non v'è più molta differenza dal proseguire questa breve carriera mortale piuttosto in un luogo che in un altro. Scacci dunque, caro Papà, ogni malinconico pensiero a mio riguardo, e persuada la cara Maman, le sorelle e i fratelli, a non affliggersi menomamente per me: s'ingannano assai se s'immaginano ch'io sia davvero infelice. Voglio che stiano tranquilli ed allegri, ed allora non mi manca quasi più nulla per essere uno degli uomini più soddisfatti che esistano. Ho veduto abbastanza e paesi e tempi e vicende per apprezzare il mondo nè più nè meno di quel che vale, e per essere a un di presso contento di tutto, quando so che le persone che amo stanno bene.

Il primo giorno dell'anno ho avuta la somma consolazione di poter abbracciare il conte Porro (1). Aggiunga un tal piacere a quello indicibile che ho provato quelle quattro volte in cui ho abbracciato lei, caro Papà, nel mese scorso (2), e poi v'aggiunga ancora la dolcezza che provo scrivendole questa lettera, ed Ella sentirà che in totale ciò che perdo nel numero dei piaceri, lo guadagno in intensità. Dopo la sua partenza, si ha anche avuto la bontà di darmi una stanza assai migliore (3), esposta al più delizioso sole di mezzogiorno, con di più una buona stufa di terra: mi si è inoltre conceduto un quinterno di carta, dove posso passare il tempo scrivacchiando: insomma non ho che da lodarmi della gentilezza, con cui mi si tempra ciò che la mia situazione può avere di rincrescevole. Ho buoni libri, e traduco un poema inglese. È giusto ch'io retribuisca agl'inglesi la cortesia che hanno per me, giacchè hanno fatto conoscere con molta lode la mia *Francesca da Rimini* al loro paese: si legge su questa tragedia un articolo lusinghiero nel *Quarterly Review* di dicembre, con degli squarci della traduzione che ne ha fatta Lord Byron. Se il mio Papà vuol soddisfare la sua debolezza paterna, si faccia imprestare quel volume dalla Biblioteca, e si faccia leggere il mentovato articolo da François.

---

(1) « Al primo dell'anno (1821), il conte Luigi Porro ottenne di venirmi a vedere... » *Le Mie Prigioni*, capo XVII.

(2) Queste visite sono narrate e descritte a colori vivissimi nelle stesse *Mie Prigioni*, ne' capi XIV, XV.

(3) Vedi ibid., capo XVIII.

Dopo un lungo silenzio si corre pericolo di diventar chiacchierone, tante sono le cose che si vorrebbero dire. Non finirei più. E poi come mai non si hanno molte cose da dire, quando il cuore è pieno di sentimenti di gratitudine verso genitori così amorevoli come sono i miei? Fra i benefizi di cui ringrazio sempre Dio, il più grande si è quello d'avermi dato un padre e una madre così ottimi: la mia tenerezza per loro è immensa, e trovo in questo affetto una sorgente continua di dolcissima consolazione. In siffatta tenerezza hanno gran parte i miei cari fratelli e le mie care sorelle: eccellenti creature!

Stia bene, carissimo Papà; abbia cura della sua preziosa salute. Lo stesso dico alla carissima Maman. Li abbraccio entrambi con tutto il cuore, unitamente al mio caro Abatone e alle care sorelle; mandino una parte dei miei saluti al caro Luigi. — Tante cose al cavaliere Filiberto e a tutti gli amici.

Nello scrivere questa lettera, l'anima mia che aveva bisogno d'effondersi, si è veramente sollevata.

Il suo aff.mo Silvio.

(Lettera di Pietro Borsieri a Luigi Pellico).

Milano, 19 novembre 1820.

Caro Luigi,

Per istraordinaria combinazione di circostanze, la mia assenza da Milano è stata assai più lunga di quello ch'io aveva divisato. Puoi immaginarti se, avendo sentito da lontano l'infausto rumore della disgrazia di Silvio, io ne sia stato conturbato; e sebbene io conoscessi abbastanza il buon giudizio ed il carattere di lui, non poteva però a meno di palpitare sul dubbio che le esagerazioni che si spandevano avessero qualche cosa di vero. Appena giunto, il 18 corrente al dopo pranzo, trovai la tua lettera e per soddisfare così a me come a te, corsi in traccia di quanti supponeva essere in grado di darmi qualche esatta notizia. Lode al cielo, le cose non sono come la fantasia e l'amore me le aveva dipinte. Tuo fratello ha avuto la mala ventura di conoscere davvicino certo Maroncelli, che era persona sospetta al Governo. Costui doveva recarsi a Genova e cercò da tuo fratello, ed ottenne, una commendatizia per sè. Arrestato prima della sua partenza, o ha menzionato Silvio negli esami, o veramente non ha chiarito le sue relazioni con lui. Il rinvenimento della commendatizia, qualche soverchia libertà usata in altri carteggi, e più che tutto l'avidità con cui lo spirito inquisitorio coglie ogni menomo filo che si presenti, colla speranza di avverare qualche sospetto e di scoprire un'intera orditura, sono a mio credere le cagioni che hanno prodotto l'arresto di Silvio. Ieri mio Padre ha parlato di lui con un Magistrato, nelle cui mani passano queste specie di affari. Egli si è sul conto di tuo fratello espresso in questi precisi termini: « Non si tratta che d'imprudenze, ma però temo forte che dopo la sua liberazione il signor

Pellico non potrà più rimanere negli Stati Austriaci. Peccato! perchè è veramente un bravo soggetto, e in questo incontro si è avuto occasione di conoscerlo ancor meglio che prima. » Io me lo era già immaginato. Silvio ha un animo così alto, così nobile, una mente così bella, un tratto ed una fisonomia così degni di quell'animo, che anche i Minossi debbono imparare ad amarlo, e ad onorare in lui tutta la dignità della virtù, nell'istante medesimo in cui ricercano il delitto.

Ti ringrazio di avermi fatto far conoscenza con d'Avalos. Egli ti risaluta cordialissimamente e mi commette di dirti, che la Marchesa non ha mancato di fare a pro di tuo fratello tutti i passi possibili, e che non mancherà di farli in avvenire. Se la di lui liberazione va per le lunghe, se ne deve imputare il motivo alla trasmissione della Procedura a Vienna. Questa trasmissione non sarebbe stata necessaria, se si fosse trattato unicamente di Silvio; ma il trovarsi implicato nella procedura di Maroncelli rende in questo supposto indivisa la di lui condizione da quella di quest'ultimo. Questa però è una congettura, ed io te la do come tale per ispiegare in qualche modo la continuata detenzione del povero Silvio e l'assoluta certezza in cui siamo ch'egli non può pericolare.

Addio, amami e credimi il tuo affezionatissimo

Borsieri.

PS. — Per essere certo che questa lettera ti arrivi, mi prevalgo dell'amicizia di Briche (1) il quale parte sabbato per il Piemonte. Pensava di ricorrere a Bonamico (2), ma mi si è detto che sia meglio non prevalersene.

---

(1) Era il padre di Odoardo, molto amico e obbligato a Silvio Pellico. Vedi vol. I, pp. 41, 298-303.

(2) Il cavaliere Bonamico era incaricato di affari della Corte di Sardegna in Milano.

II.

Confessioni.

Come sappiamo dalle *Mie prigioni*, capo XXII, e dalla lettera a suo padre, del 20 febbraio 1821, che citiamo qui sotto, Silvio Pellico fu trasportato dalle carceri di Milano in quelle di Venezia, dove giunse, condotto in vettura chiusa in compagnia del solo conte Bolza, ai 20 di febbraio di quello stesso anno. In Venezia era stata *eretta la Commissione speciale contro la setta dei Carbonari*. Ivi si ventilarono gli atti e si continuarono a scrivere i costituti de' cinque carcerati, de' quali veggonsi i nomi nella sentenza finale del 21 febbraio 1822, che riferiremo a suo luogo.

Sottomesso a nuovi interrogatorii, Silvio Pellico si tenne ancora sulle negative per alcuni mesi. Ma la lenta e studiata scaltrezza de' giudici, l'opera del tempo e del tetro carcere, le visite e le lagrime di suo padre con le memorie di quei cari volti della sua famiglia, che ribollivano tanto vive nel sangue di Silvio Pellico, e sopratutto le rivelazioni di Pietro Maroncelli e gli sdegni che gli scuotevano il petto a non confessare il vero... l'obbligarono a cambiar sistema e a congiungere egli pure la sua voce al coro degli altri confessi!

Ciò accadde il giorno dopo la memoranda sessione del 16 aprile, nella quale si sentì piovere sul capo una vera *gragnuola* di nomi, di fatti, di circostanze uscite dalla bocca di quelli stessi cui egli difendeva tuttavia: ed egli pur tuttavia negò, ma fu lo sforzo supremo: *poscia più il che dolor potè la fame!* (1).

Alla dimane egli rivolgeva a' giudici la manifestazione che segue, colla data del 17 aprile 1821:

Rispettabilissimi miei giudici,

« La mia fermezza sarebbe forse stata invincibile *se la voce dell'amicizia e dell'onore* non si sollevasse potentemente nel mio cuore contro il sistema ch'io aveva preso di negar tutto. *Accusare due uomini onesti d'aver detto il falso sarebbe un vero delitto,* che la mia coscienza non mi perdonerebbe mai, quand'anche colla mia ostinazione io avessi trionfato. Vi è *qualche piccola* (2) *inc-*

---

(1) Al capo XXIV delle *Mie Prigioni* sono ripercosse le angoscie provate dall'infelice giovane, là dove così le racconta: « Ho fermato di non parare di politica, e bisogna quindi ch'io sopprima ogni relazione concernente il processo. *Solo dirò, che spesso dopo essere stato lunghe ore al costituto, io tornava nella mia stanza, così esacerbato, così fremente, che mi sarei ucciso se la voce della religione e la memoria de' cari parenti non m'avessero contenuto... Furono (quelli) giorni d'inferno.* »

(2) Questa *piccola inesattezza* si riferiva, da quanto ci è dato di conoscere, all'aggregazione di Silvio nella carboneria per opera di Maroncelli, che era Maestro. Maroncelli lo denunziava senz'altro come affiliato di fatto e di diritto, e Silvio Pellico sosteneva di aver dato solamente *promessa* di aggregarsi alla setta, e quindi propriamente non essere carbonaro se non di fatto e di diritto... *futuri* erano gli *sponsali* non lo *sponsalizio*, l'aggregazione di Silvio Pellico essendo stata fatta in forma privata.

sattezza nella deposizione di Maroncelli, nè vi sarà su ciò contestazione, perchè egli ne converrà.

« Sono sette mesi che gemo dolorosamente sul mio fallo, ma niun giorno è mai stato così orribile per me come quello di ieri. Resistere insieme e alla coscienza e alle generose esortazioni che, con tanta pazienza, si aveva la bontà di farmi: compiere il terribile sforzo di mostrarmi imperterrito negando così a lungo il vero, fu un tal travaglio di mente e di fibre, che ho creduto di restarne convulso per tutta la vita.

« M'abbandono ai miei giudici. Ho sentito che *niun castigo può eguagliarsi a ciò che soffre l'uomo d'onore che s'avvilisce mentendo.*

« *Loro umilissimo servitore* Silvio Pellico. »

Hanno schiamazzato contro Silvio Pellico i Vannucci e i Guerrini-Stecchetti-Sbolenfi e altra gente del costoro pelo, frugati com'erano negli sdegni della loro coscienza da qualche cosa, la cui perdita gli rende ostili e oltraggiosi alla memoria di quel generoso. Per questi tali l'onore e la nobiltà d'animo di Silvio Pellico, e la professione di fede ch'egli quinci innanzi esprimerà colla franchezza che s'illumina dell'aureola del prigioniero, sono un perpetuo rimprovero e un oggetto d'invidia mal dissimulata dalle invettive e dal fiele settario. Senza erigerci ad apologisti di un uomo come Silvio Pellico, che sarebbe opera superflua, noi non esitiamo per altro a proclamare a sua gloria e *co' documenti* che abbiamo alla mano, che nessuno de' processati del 1821 e 22 ha dato al pari di Silvio Pellico prove di animo forte e schivo di codardie! Quelle parole: *Ho sentito che niun castigo può eguagliarsi a ciò che soffre l'uomo d'onore che s'avvilisce mentendo*, sono tali da onorarsene la memoria di qualsiasi uomo forte!

**

Perchè si vegga come Silvio Pellico fosse costretto da una vera necessità morale a mettersi nella via opposta a quella ch'egli aveva seguito sino allora, *sotto pena di dare addirittura nel goffo e nel ridicolo*, bisognerebbe avere sott'occhio le deposizioni fatte da Pietro Maroncelli, come si *conservano tuttavia* negli atti del processo.

Fu una vera *gragnuola*, abbiamo detto, pigliando a prestanza l'espressione da Paride Zaiotti, scritta da lui ne' *Cenni preliminari* della *Semplice Verità*, p. 17. Della scrupolosa verità delle attestazioni, fatte in questo libro dal tremendo fustigatore di Enrico Misley (1), possiamo, alla testimonianza de *visu* fattane dallo *Storico* Cusani (uno de' pochi che meritino questo nome), possiamo aggiungere la nostra.

---

(1) Ivi lo Zaiotti confuta il libello di quest'altro famoso cospiratore, stampato in Parigi col titolo: *L'Italie sous la domination Autrichienne*. Era stato scritto si può dire colle penne di Pietro Maroncelli e di Melchior Gioja, come asserisce e prova lo Zaiotti a p. 22. Giudizio veridico sul libro dello Zaiotti vedi nel *Cusani*, VII, 363.

Sono 64 anni che il libro dello Zaiotti è stato scritto. Pochi libri, a nostro parere, gli entrano innanzi per concisione di linguaggio, logica stringata, ragioni taglienti e sicurezza di fonti (1). Eppure la maggior parte degli storici contemporanei, numerosi come le cavallette, sono andati anfanando tra le ipotesi, gli eroismi, i pregiudizii e le *tendenze!* Laddove era pur facile e spianata la via, quella cioè di stare alla *Semplice Verità* o metterla in confronto co' *documenti*.

« Ciò feci, dice il Cusani, quanto all'accusa di delatore data al Maroncelli; nè l'avrei accolta se da altri documenti, come dissi, non mi fosse emersa veritiera... Se noi adempiamo all'increscioso dovere di registrare quest'accusa, non è che dopo averla scrupolosamente contestata veritiera (2). »

Ora ecco le parole della *Semplice Verità;* il lettore, se la verità ha in pregio, le accolga pure come un sunto degli atti registrati e scritti a mano a mano che Maroncelli parlava:

« Qui l'istoria.., diventa ben vile. A sentire il Misley,

---

(1) « Immense furono le fatiche, che noi abbiamo durate per procurarci i dati positivi, che a ciò bisognavano, somma fu la difficoltà che ci toccò di superare per giungere ad una certezza assoluta, ma questo risultato così arduo noi l'abbiamo finalmente ottenuto, ed è in faccia agli uomini e a Dio, che noi possiamo garantire la verità interissima delle nostre parole. » *Semplice Verità*, p. 114.

(2) L. c., VII, 363. Su ciò stesso e sul valore delle *Memorie* dell'Andryane, cf. vol. VIII, p. 113. Sulle *Addizioni* di Maroncelli, e le apologie di Confalonieri e Pallavicini, ved. VII, 360 e segg.

questo giovane (Pietro Maroncelli) avrebbe allora spiegata una fermezza così invincibile, che dopo diciotto mesi di rigorosa istruzione si dovette ricorrere ad un'ipotesi (1) per avere materia di condannarlo. A sentire invece quelli che furono processati con lui *(Maroncelli), quelli che dopo esserne stati sedotti dovettero riconoscere in esso il loro denunciatore,* egli non fu appena avanti i suoi giudici, che incominciò non a difendersi, ma ad accusare. Egli *accusava, accusava, accusava,* e le sue risposte erano sempre più ampie, più gravi delle domande. Libero, egli aveva voluto formarsi ad ogni costo la sua fortuna, prigioniero, egli volle ad ogni costo meritar la sua grazia. Per essere più sicuro del fatto suo ei cercò dapprincipio di far credere, che la carboneria mirasse ad unire tutti i piccoli Stati d'Italia sotto lo scettro dell'Austria: ma la menzogna era troppo grossolana, e ben presto tutti i suoi sforzi si concentrarono ad offrire altre persone, che potessero pagare anche per lui. *Fu una gragnuola di fatti e di nomi.* La carboneria fu svelata in tutta la schifosa sua nudità: tutte le trame già compiute per la Romagna, appena incominciate per la Lombardia si fecer palesi. *Rezia, Pellico, Porro,* furono i primi da lui denunciati: era

---

(1) L'ipotesi è riferita così dal Misley: Il giudice a Maroncelli: « Se l'Italia invece di dipendere da tanti piccoli governi assoluti, *fosse riunita sotto un governo solo libero, indipendente, rappresentativo,* lo preferireste voi ai governi attuali?... Il prigioniero nel candore del suo nobile carattere... replicò che un uomo d'onore non aveva che una risposta da dare... » **Misley**, l. c., paragr. 35, 81, nella *Semplice Verità,* pp. 10, 11.

giusto che incominciasse da' suoi amici, da' suoi benefattori: gli altri vennero in seguito. Non più, bisogna finirla, perchè il cuore ne soffre... *Egli raggiunse il suo scopo: ei voleva aver salva la cara sua vita, e l'ebbe salva* (1). »

Un'eco fedele di questa sincerità Maroncelliana si ripercoteva in Bologna per informazioni inviatevi dal conte Strassoldo, che era informato minutamente dai giudici tratto tratto che si registravano nuove rivelazioni de' processati. Egli scriveva al Cardinale Spina, per far cercare ed ottenere un riscontro nelle deposizioni di Francesco Maroncelli, arrestato e perquisito per suggerimento di lui, e sul quale già si stava procedendo giuridicamente. Laonde nell'*Estratto di fatti e risultanze del Processo Politico costrutto contro il detenuto Dottor Francesco Maroncelli*, si legge:

« La Pontificia polizia informa *(per triplice relazione avuta da Strassoldo)* (2): Quanto facile e proclive è stato nel rendersi confesso ne' suoi esami Pietro Maroncelli, *il quale è giunto sino al segno d'indicar non meno per Carbonaro il proprio fratello* (verità taciuta dallo stesso Zaiotti!) e i suoi più intimi amici, a spiegare l'uso della

---

(1) *Semplice Verità opposta alle menzogne di Enrico Misley*, Parigi (Milano) 1834. Cf. **Crétineau-Joly**, *Histoire de Louis-Philippe d'Orléans et de l'Orléanisme*. Tome II, chap. I, pp. 43-44. Paris, 1867. Quest'autore udì le prodezze di Maroncelli e di altri dalla bocca stessa del principe di Metternich.

(2) Si trovano nello stesso processo.

carta bianca simmetricamente tagliata (1), ch'era inclusa nella lettera che dirigeva al fratello, e i libri ed i materiali sottointesi in quella tale nota (2)... e che erano cioè:

« La costituzione della carboneria, i quaderni del travaglio del 1° e 2° grado, ed i catechismi relativi:

« Altrettanto è stato riservato e restio, il qui arrestato Francesco...

« Non ha negato la circostanza di essere massone col grado di maestro... »

(Legazione di Bologna. - Direzione polizia).

Per cosifatta maniera Silvio Pellico confessò se stesso reo del delitto di Stato, come allora giudicavasi l'essere ascritto alla carboneria, cioè dire, colpevole di leso governo austriaco nelle terre italiane.

« Infelice! soggiunge Cesare Cantù, da quel giorno cominciava il calvario, di cui egli narrò le stazioni, e che dovea renderlo famoso in tutto il mondo (3). »

*

Silvio Pellico era dunque carbonaro? Qui ci troviamo di fronte a un difficile e increscioso argomento. Pure,

---

(1) Si trova pure nel processo. Sono croci tagliate nella carta, *a uso massonico.*

(2) Vedila nella lettera *famosa* soprariferita.

(3) *Il Conciliatore e i Carbonari*, p. 111. All'autorità di Cesare Cantù contraoppone la sua Olindo Guerrini ne' suoi *Brandelli*, ne' quali si lacera quanto v'ha di vero, di bello e di casto. Ivi stride all'Italia due capitoli intesi a lacerare la fama di Silvio Pellico, cui dà il nome di oca!

lasciando da parte i mezzi termini delle paure e delle inutili dissimulazioni, esporremo francamente la verità, come trasparisce e risulta da' fatti registrati ne' documenti del processo e nelle molte informazioni, che si trovano negli archivii di Milano, di Roma e di Vienna.

Scopo di Pietro Maroncelli, non tanto per incarico politico di *alta Vendita* come per ragione di procacciarsi qualche vantaggio di fortuna personale, si era di stabilire nello Stato lombardo la carboneria della Romagna. « Questo infelice pensiero, dice il Zaiotti *informatissimo*, fu ben tosto messo ad effetto: approfittando de' suoi rapporti colla Romagna, egli si procurò immediatamente tutto ciò che era necessario per fondare a Milano una *Vendita*, e le sue reti furono tese col più fino artifizio...

« *La prima vittima, che gli venne alle mani, fu l'incauto Silvio Pellico...* Ed era nella casa (del conte Porro) conosciuta pel suo liberalismo, che il missionario della carboneria voleva collocare il centro de' suoi intrighi.

« ...All'*aggregazione di Pellico* succedette ben tosto quella del conte Porro, poi d'altri, e d'altri ancora, che non importa il nominare, e la *Vendita fu istituita* (1). »

Dal processo generale de' Federati si ricava questa medesima verità quasi colle medesime espressioni del Zaiotti, vale a dire che il Maroncelli ricevette dai suoi ro-

---

(1) *Semplice Verità*, pp. 13, 14. I nomi taciuti qui dal Zaiotti sono svelati nella *famosa* lettera già citata.

magnoli i mezzi occorrenti, per innalzare qualche *baracca*, e che afflìglìò Silvio Pellico, il conte Luigi Porro, il Ressi, professore nell'università di Pavia, l'ex-colonnello Napoleonico Moretti (prete apostata) (1).

Le informazioni *ufficiali* del conte Strassoldo al Tribunale di Verona confermano l'*appartenenza* di Silvio Pellico alla setta carbonaresca. Una di queste, copiata e inviata a Roma per stimolare il Secretario di Stato all'arresto di Camillo Laderchi, contiene i seguenti ragguagli assai gravi sul conto di Silvio Pellico:

Verona, 12 maggio 1821.

« Il detenuto Pellicolo (sic) incolpa Camillo Laderchi di Faenza, giovane di anni venti all'incirca, di *complicità nella sua recezione alla carboneria*. Altro inquisito il Maroncelli ci fa conoscere che erasi Laderchi assunto l'impegno di estendere la carboneria detta in Pavia, e che lo *stesso aggregato* (intendi *Laderchi* e non *Pellico*, come fraintese Cesare Cantù; al quale questo documento fu sconosciuto), *già essendo in qualità di Maestro, avea seco portato a Pavia il Catechismo ed il quadro carbonico*, in cui si riscontrano gli emblemi della Rivoluzione. »

Poscia raccomanda caldamente che si proceda all'arresto del Laderchi, essendo ciò di grande utile per convincere altri e per ottenere da lui « informazioni dei

---

(1) Cf. **Cusani**, l. c., VII, 355.

piani delittuosi di cui appar informato. » Quindi insiste perchè si faccia premura e si adoperi ogni mezzo per far arrestare li Laderchi e tradurlo nelle carceri di Venezia.

∗

Eppure Silvio Pellico, tanto nelle conversazioni come nelle sue lettere negò sempre, o almeno evitò con destrezza il confessare di essere mai stato carbonaro:

« Mi accertò, scrive Don Ponte il quale convisse con lui vari anni in casa della Marchesa Barolo, *che non fu carbonaro*, ed era impossibile che Silvio non dicesse la verità; però soggiungeva che si fè di tutto per aggregarlo alla carboneria (1). »

A un amico, che su di ciò lo richiedeva, il padre Francesco Pellico, fratello di Silvio, così rispondeva: « Interrogato Silvio da me, se veramente fosse stato « carbonaro, mi rispose: *Nella scomunica non ci sono* « *incorso!* facendo però vedere che non amava parlarne; « nè io toccai più questo tasto (2). »

Non meno esplicitamente Silvio Pellico dice di sè stesso nell'avanzo di Autobiografia conservataci dal Padre Bresciani, ch'egli non fu altrimenti carbonaro; la riferiamo più sotto.

---

(1) UNITÀ CATTOLICA. *Il vero patriotta Italiano, o la commemorazione di Silvio Pellico*, 31 gennaio 1884, N. 27.
Per le lettere vedi sopratutto quella diretta alla contessa Ottavia Masino di Mombello, 6 novembre 1836. La citeremo or ora.
(2) Da una lettera scrittaci dal Professore D. Mathis.

Ces. Cantù nell'Archivio storico italiano 1876, vol. 23 p. 470, parlando dello storico viaggio fatto sul Po fino a Venezia, scrive queste strane parole in nota, riposte poi nel testo dell'opera *Il Conciliatore e i Carbonari*, p. 108: « Da *posteriori confessioni* risulta che in quel viaggio Silvio Pellico *portava seco il catechismo ed il quadro carbonico*, nell'intenzione di trovarvi proseliti. »

Uno studioso delle opere e della vita di Silvio Pellico non potendo accordare queste parole con ciò che l'autore delle *Mie Prigioni* ebbe sempre affermato, chiese informazioni all'illustre storico lombardo. « N'ebbi, così ci scriveva egli stesso, questa laconica risposta, di cui le trascrivo fedelmente anche l'ortografia:

« Signore, Ella ha veduto che io volli tutt'altro che aggravare Pellico.

« Ma diedi quel che i processi mi davano. *Non badi alle insulsagini* (sic) *dell'Arrivabene* (1); *ma trovo diversi aggregati da Silvio*, e fu lui che tentò Romagnosi. A conciliarlo con altre asserzioni non tocca a me. Forse è vero che non prestò il giuramento e le altre cerimonie massoniche. *Sul resto* abbiamo le confessioni sue e le altrui » (cioè di Pietro Maroncelli, Canova, e Laderchi più tardi) (2).

---

(1) *Memorie della mia vita*, Firenze, Barbera, 1880, I. 45-48. Ne tratteremo tra breve.
(2) Lettera di Cesare Cantù al Professore Mathis, 5 agosto 1883.

Noi crediamo, salvo autorità migliore, che Cesare Cantù attribuisce a Silvio Pellico ciò che il conte Strassoldo affermava di Camillo Laderchi nell'informazione al tribunale di Verona, usando le identiche parole: che (Laderchi) avea seco portato a Pavia *il catechismo ed il quadro carbonico*. Se poi il Cantù voleva essere creduto nell'affermare che Silvio Pellico *aggregò diversi* alla carboneria, avrebbe dovuto provare con *documenti* che Silvio Pellico *era maestro in primo o in secondo grado*. Il che non essendo *certamente*, le asserzioni pubbliche e private di uno che afferma cose gravissime e non le prova, fosse pure un Cesare Cantù, cadono da sè stesse e non meritano credenza.

Ma nelle ultime parole della lettera citata del grande storico si trova la spiegazione dell'enigma carbonaresco di Silvio Pellico. La cosa sembra che andasse in questa maniera. Silvio Pellico confessò di avere, stimolato anche da Camillo Laderchi, dato a Pietro Maroncelli il nome ad essere inscritto ne' ruoli della Carboneria, nella casa di Nicolò Bettoni tipografo, dove quegli dimorava. Ciò accadde nell'agosto del 1820, poco prima dell'impresa navigazione sul Po. Subito dopo e *al ritorno di Venezia* diedero pure il loro nome il conte Porro e alcuni altri. L'aggregazione fu formale ma in *forma privata*, fidandosi Silvio alle parole di Maroncelli, senz'aver letto gli statuti carbonareschi, e fu per parte del Pellico una promessa anzi che un'iscrizione perfetta secondo le regole;

ma Pietro Maroncelli aveva pieni poteri, e per parte di Silvio Pellico gl'impegni furono presi. Laonde in verità e Pellico e Porro e Confalonieri e gli altri poterono essere e furono detti *cugini* di Pietro Maroncelli e di G. B. Canova il commediante. Ed in questo senso si legge nelle deposizioni del Maroncelli e di altri che la « *Vendita fu istituita.* »

Quello che mancava tuttavia e da tutti si desiderava e per la cui istituzione nella stessa casa del conte Porro fu data incombenza al Maroncelli, si era l'inalzamento di una *Baracca carbonaresca*, che operasse regolarmente. Perciò questi avea chiesto dal fratello in Bologna prima per mezzo del Canova e poi per lettera, gli arredi occorrenti. La qual cosa fu dal Maroncelli espressa nella sua lettera con questo gergo: *Essi vorrebbero una regolare stanza di scentifico consiglio, la quale ond'essere innalzata, abbisogna di condizioni che per avventura si potrebbero trarre dai libri, cronache, che aveva commissione il Canova di provvedere costì*, ecc.

In quella baracca si dovea *vendere*, ossia doveano i *cugini* celebrare delle congreghe regolari quanto prima e operare la loro incorporazione nella *Vendita* colle dovute forme solenni di rito e di giuramento. Ma in quel mezzo di tempo accaddero appunto gli arresti, e per sifatta maniera ogni consesso fu impedito. Ecco perchè potè quindi Silvio Pellico dire e scrivere in un senso, che avea del vero, non essere egli mai stato carbonaro, s'intende di *pratica*.

Basti questo solo brano della lettera ch'egli scriveva alla Masino a' 6 di novembre 1836: « Vous avez dit, à ce qu'il parait, que je n'ai pas été coupable. Eh, mon Dieu, n'y a-t-il qu'un degré de culpabilité ? N'est-on qu'une de ces deux choses: innocent, ou digne d'être condanné à mort et trainé par grâce dans les chaines du Spielberg... Je croyais que l'on pouvait ouvertement professer l'opposition, et j'avais la folie de voir dans un aspect avantageux les sociétés secrètes qui pullulaient en Italie. *Jamais je n'ai été à aucune de leurs assemblées, jamais je n'ai eu sous les yeux les statuts de la Carbonerie. Cette société devait s'implanter à Milan, mais les statuts n'y étaient pas encore...* »

CAPITOLO V.

LA SENTENZA - I DOLORI DELLA SUA FAMIGLIA

Carteggio di S. Pellico dalle Carceri di Venezia.

> Ahi dura terra, perchè non t'apristi!
> (*Infern.* XXXIII, 66).

Come abbiamo veduto nel capitolo precedente, Silvio Pellico confessò con nobile franchezza di aver dato il suo nome alla carboneria. Di ciò la conseguenza era formidabile, ed egli non si fece più illusione: si aspettava ad essere condannato! La sentenza però, che era condanna di morte, doveva tardare ancora lungo tempo. E fu questo un tempo quanto lungo altrettanto angoscioso, come quello che costituiva i prigionieri in uno stato di mezzo tra la vita e la morte. Come Silvio Pellico occupasse que' giorni affannosi, che passò nei Piombi e nelle altre carceri; come una fanciulla, la Zanze da lui resa immortale, ne allietasse i dolori col suo tratto ingenuo e co' suoi casi pietosi; come alcune bestioline, formiche e ragnateli, gli giovassero con la loro compagnia a dare in qualche maniera uno sfogo all'esuberante affetto del cuore che se gli spezzava in quella deserta solitudine... egli stesso racconta nelle sue *Prigioni*.

Dieci mesi ancora passarono tra la sua confessione e l'atto finale della sentenza. In questo mezzo egli dovette subire nuovi interrogatorii, per dare ai giudici ragguagli intorno a cose e persone. In queste prove tormentosissime svelò egli nomi, accusò amici, commise debolezze, come abbiamo veduto essere stato fatto dal Maroncelli? La vera risposta a un tal quesito non può essere data se non dai costituti del suo processo, che si custodiscono gelosamente negli archivii di Milano. Tuttavia il non concederne la pubblicazione, ora che son già trapassati da quel tempo quasi ottant'anni, ci fa sospettare se non temere di qualche debolezza. Per ora quel che sappiamo si riduce a questa insinuazione, scritta dal Foresti e riferita dal Vannucci in questi termini: « Certamente Maroncelli fece del male al Pellico con le sue deposizioni... Ma Pellico dal suo lato comprometteva l'innocente professore Romagnosi (1). »

Se crediamo a Cesare Cantù, che ebbe in mano i processi e pubblicò la vita del Romagnosi, questi non fu *accusato* dal Pellico. Silvio disse che l'aveva invitato a farsi carbonaro, ma soggiunse esplicitamente che il Ro-

---

(1) *I Martiri* (Firenze, 1860), p. 276, nota. Vedi sopra p. 146.

magnosi non vi consentì. Tuttavia fu un'imprudenza, che fruttò l'arresto al vecchio professore e un'inquisizione delle sue carte. Tra queste si rinvennero varie patenti di framassone, ma non fu trovato nulla che lo compromettesse cogli ultimi cospiratori. Laonde con *suprema decisione* del Tribunale di Venezia, 10 dicembre 1821, *i detenuti Gian Domenico Romagnosi e conte Giovanni Arrivabene... vennero assolti dal delitto di correità all'alto tradimento, di cui erano imputati, e dichiarati innocenti: epperò furono messi in libertà.* GARDANI (Presidente) (1).

*_{*}

Ma l'ora trepidamente aspettata della suprema sentenza, che doveva giudicare della sua vita, suonò anche per Silvio Pellico. Così la racconta egli stesso nel capo LI delle *Prigioni:* « Il dì, 21 febbraio 1822, il custode viene a prendermi, erano le dieci antimeridiane. Mi conduce nella sala della Commissione, e si ritira. Stavano seduti, e si alzarono, il presidente, l'inquisitore e i due giudici assistenti.

---

(1) **Cesare Cantù**, *Il Conciliatore e i Carbonari*, p. 129. Il Maroncelli tesse sulla carcerazione del Romagnosi la storiella di un *giovanetto* recatosi *da lui per cose di studio*. Si parlò di carboneria. Il giovanetto essendo arrestato svelò i nomi de' suoi professori *Romagnosi e Rossi! Addizioni*, ediz. cit., p. 94.

« Il presidente, con atto di nobile commiserazione, mi disse che la sentenza era venuta, e che il giudizio era stato terribile, ma già l'imperatore l'aveva mitigato.

« L'inquisitore mi lesse la sentenza: - *Condannato a morte.* - Poi lesse il rescritto imperiale: - *La pena è commutata in quindici anni di carcere duro, da scontarsi nella fortezza di Spielberg.*

« Risposi: - Sia fatta la volontà di Dio. »

Questa risposta veramente sublime lascerebbe supporre che nell'anima del condannato albergasse la calma e la rassegnazione cristiana. Ma non erano queste se non apparenti; uno de' giudici sembra che manifestasse un qualche dispiacere della pena di morte commutata. Laonde si accese nel cuore di Silvio Pellico come una vampa repentina di odio, ch'egli per un pezzo non valse a comprimere. Invano gli si presentò l'immagine cara della famiglia, cui la notizia della sua vita avrebbe allietata di vita novella, invano gli rifulse allo spirito l'idea cristiana del perdono. La memoria « del riso di gioia e d'insulto di quel giudice » lo agitava fieramente. « La voluttà dell'odio, dice egli stesso, mi piacque più del perdono: passai una notte d'inferno » (cap. LII) (1).

---

(1) Nelle *Addizioni*, al capo LI, il Maroncelli ci dà il nome e ci specifica lo scherno di questo giudice: « Salvotti, il giorno della sentenza, disse e *il dì appresso* lo ripeté in mia presenza, cioè: *Io credeva ch'ella* (Silvio Pellico) *fosse condannato a più, e Maroncelli a meno.* » Ma chi può credere a Pietro Maroncelli?

Il giorno seguente i prigionieri condannati furono costretti a recarsi dalle carceri di S. Michele al Palazzo ducale, e di là nella piazzetta vicina dove era stato inalzato un palco. Montati su quello in mezzo a due ale di soldati, « il capitano tedesco gridò che ci volgessimo verso il Palazzo e guardassimo in alto. Obbedimmo, e vedemmo sulla loggia un curiale con una carta in mano: era la Sentenza. La lesse con voce elevata (cap. LIII). » Eccola:

Sentenza.

Visti ed esaminati gli atti d'inquisizione della Commissione speciale eretta in Venezia contro la setta dei Carbonari, costrutti contro

    1. Pietro Maroncelli nativo di Forlì;

    2. Silvio Pellico di Saluzzo;

    3. Angelo del fu Giovanni Canova di Torino;

    4. Adeodato Ressi di Cervia;

    5. Giacomo Alfredo Rezia di Bellagio.

Imputati i tre primi del delitto di alto tradimento, i due ultimi di correità nel delitto medesimo;

Vista la consultiva sentenza della detta Commissione speciale di prima istanza del dì 10 agosto 1821;

Vista la consultiva sentenza della Commissione di seconda istanza, egualmente istituita contro la setta dei Carbonari, del giorno 9 settembre 1821;

Il cesareo regio Senato Lombardo-Veneto del supremo Tribunale di giustizia sedente in Verona, con sua decisione 6 dicembre 1821 ha dichiarato:

Il MARONCELLI, il PELLICO, il CANOVA, rei del delitto di alto tradimento, e *gli ha condannati alla pena di morte.*

Ha pure dichiarato: essere il *Ressi* e Giacomo Alfredo *Rezia* correi del delitto di alto tradimento, e perciò condannati i medesimi alla pena del carcere duro in vita, e tutti insieme al pagamento delle pene processuali ed alimentarie, colle riserve del § 537 del Codice penale.

Subordinati gli atti colle relative sentenze a sua Sacra Cesarea R. M. A., l'altefata M. S. con veneratissima sovrana risoluzione, 6 febbraio 1822, si è clementissimamente degnata di condonare, in via di grazia, al MARONCELLI, al PELLICO, al CANOVA la meritata pena di morte, ed al *Ressi* ed a Giacomo Alfredo *Rezia* quella del carcere duro in vita; ed ha invece ordinato, che debbano subire la *pena del duro carcere* il MARONCELLI *per venti anni*, il PELLICO *per quindici*, il *Canova* e *Ressi* per cinque, il *Rezia* per tre, tutti in una fortezza, quelli condannati ad un carcere più lungo, cioè MARONCELLI e PELLICO *sullo Spielberg*, e quelli condannati ad un tempo minore, cioè *Canova*, *Ressi* e *Rezia* nel castello di Lubiana, *cessando ora in quanto ad Adeodato Ressi la disposizione, attesa la di lui morte naturale avvenuta* (1).

---

(1) Era morto in carcere a Venezia. Silvio Pellico ne discorre al capo LI delle *Prigioni*.

Scontata la pena, quelli fra i delinquenti che sono sudditi esteri, verranno banditi.

Tale suprema decisione, e tale clementissima sovrana risoluzione vengono portate a pubblica notizia in esecuzione del venerato aulico decreto del Senato Lombardo-Veneto del supremo tribunale di giustizia, 13 corrente, n. 409-A, partecipata col rispettato dispaccio dell'I. R. Commissione speciale di seconda istanza, 16 detto mese, n. 34.

Dall'I. R. Commissione speciale di prima istanza in Venezia, il 21 febbraio 1822.

Conte GIROLAMO GARDANI, *presidente*.
DE ROSMINI, *segretario* (1).

Un mormorio di compassione accolse quella lettura, quando furono pronunciate le pene di *morte* e di *carcere duro* per venti e per quindici anni. Silvio Pellico ci fa sapere che il commissario di polizia, che li doveva condurre allo Spielberg, annunziò loro una diminuzione di pena, acconsentita dall'imperatore. Che cioè i giorni della prigione sarebbero contati di sole dodici ore, la quale cosa ne riduceva la durata alla metà. Ma soggiunge mestamente:

« Io non seppi neppur rallegrarmene. Nella mia

---

(1) Dagli atti del processo, n. 80-81, citat. da **C. Cantù** nel *Conciliatore e i Carbonari*, p. 287.

mente erano poco meno orribili sett'anni e mezzo di ferri, che quindici anni. Mi pareva impossibile di vivere sì lungamente (cap. LV). »

*_**

Ma la pena più crudele, onde sanguinava il cuore a Silvio Pellico, era l'ambascia di cui sapeva essere travagliata la sua famiglia a cagione dell'incertezza della sorte di lui. Quindi non appena ebbe conosciuta la sentenza che gli conservava la vita, che subito ne comunicava la notizia al suo padre. Ma fosse negligenza dell'inquisitore a cui la consegnò con premura, o altro motivo che non sappiamo, la lettera indugiò soverchiamente; per guisa che Onorato Pellico seppe la notizia della condanna del suo Silvio dalla Gazzetta di Milano. « Avrei voluto, esclama Silvio Pellico, poter versare un mare di sangue per punire questa sognata inumanità (cap. LIV). »

Di che dolore fosse colpita quella povera famiglia all'annunzio ferale di quella sentenza è cosa facile a intendere. Ma la Giuseppina Pellico avendone conservato memoria nella sua *Autobiografia*, credo far cosa grata il presentare al lettore il quadro fosco di quell'afflizione in cui gemevano tante persone innocenti, che lamentavano la perdita di un giovane fratello e figliuolo, rapito al loro affetto e alle loro speranze nel più rigoglioso fiore della vita. Così essa descrive:

« Dopo due lunghissimi anni di pene temperate talvolta da qualche raggio di speranza, Silvio fu condannato...!!! L'eccessivo dolore di ciaschedun di noi, dei poveri genitori specialmente, ed il coraggio e la forza che ognuno procurava di farsi per non essere di maggior tormento agli altri sono cose che capisci e che sai rappresentarti al vivo, meglio che non farei colla penna; tu vedi quale poteva essere la pena crudele della più amorosa tra le madri, del più amante tra i padri; ma ciò ch'è impossibile ad immaginarsi si è, l'eroica forza, l'eroica virtù della nostra impareggiabile madre, la religione solo la sosteneva. Essa ci diceva: « Chi ci colpisce è Dio, egli solo può rendere sopportabile una tale angoscia (e piangeva povera madre) e lo farà se ci sottomettiamo con umiltà... egli ci ama, gettiamoci nelle sue braccia... quando si fa un'offerta, più non si ritoglie l'offerta fatta, offeriamo a Dio la nostra disavventura, il nostro cordoglio, quindi non più desolazione, questa spiace a Dio, mentre che egli ci premierà di nostra sommessione. »

« Il fratello Luigi, il quale da un anno era in famiglia come segretario privato del governatore di Torino, non resse al colpo, cadde malato; la malattia non era grave, ma egli era talmente di continuo cupo, e taciturno, e iroso che faceva temere un trasporto al cervello. Egli non voleva più vedere nessuno fuorchè maman; i medici la consigliarono a non più secondarlo in ciò, ma anzi a scuoterlo, a sgridarlo, a rivolgere insomma altrove la sua immaginazione; essa approvò quel suggerimento, e non aspettò guari a porsi alla difficile opera. Era un giorno di festa, io era andata a casa accompagnata dalla mia maestra; maman ci disse: « Oh le benvenute! non potevate giungere in momento più opportuno. » In poche parole ci diede notizie del malato e della prova ch'essa doveva tentare; recitammo con lei, Papà, Francesco, Marietta, e la fantesca, un *Pater* allo Spirito Santo perchè l'illuminasse, ed una *Salve* alla Vergine Addolorata, perchè assistesse il malato e lei fece il segno della croce e senza più titubare entrò nella sua camera.

« Vi si trattenne circa un'ora; ne uscì rubiconda per aver pianto, ma con aria soddisfatta. Ci narrò che egli secondo il solito era rivolto verso il muro, che sentendo entrare disse: « È Maman? » - Sì, rispose essa, ma invece di portarsi al letto, sedette lontano e silenziosa. Egli la guardò inquieto, temendo forse cattive notizie relativamente a Silvio; onde Maman per distornarlo - « Perchè non vi alzaste? » gli disse - L'aria disgustata di essa, e quel *voi* insolito, segnale di malcontento, lo scossero alquanto; la guardava maravigliato e con tono carezzevole la pregava ad avvicinarsegli. Egli l'amava tanto; egli l'adorava, era a lei rispettoso e docile come un fanciullo e non avrebbe potuto reggere un'ora in disgrazia di lei. « Da tre giorni non avete più ombra di febbre, vi raccomando di alzarvi, di nutrirvi, di rompere quell'ostinata taciturnità, e che cosa fate? » - « Non posso. » - « Non potete; la disgrazia di vostro fratello vi ha costernato: ammalaste, la qual cosa fu un colpo di più per vostra madre che superando sè stessa compianse voi, vi servì con tutta la sollecitudine di una madre che darebbe la vita pei figli. Sono ben contenta di aver fatto per il mio Luigi tutto ciò che ho saputo e potuto fare; ma la vostra ostinazione a volervi danneggiare la salute, la vostra indifferenza a mio riguardo, anzi il vostro disamore per me, sono cose che mi offendono, mi feriscono, ed a cui non posso reggere. » - « Ohi Maman, che cosa dice mai? io disamarla? » - « Voi credete adunque ch'io sia di bronzo? non pensate che soccomberò, e che avrete poi l'inutile rammarico di aver voi stesso contribuito... » « Ah! Maman! » e finalmente pianse. Allora essa lo abbracciò piangendo anch'essa, ed ottenne che prendesse una minestra, che si alzasse, che vedesse Papà e si facesse coraggio.

« Maman sapeva misurare le sue forze, non violentarlo intempestivamente, ma secondarlo anche talvolta per ottenere da lui uno sforzo maggiore. Oh quanto è ingegnoso l'amor di una madre! La domenica dopo lo vedemmo anche noi. Per non stancarlo, la M. Delfina non si trattenne che un istante e mi lasciò con lui. Era inteso tra noi, che per farlo parlare io lo consultassi riguardo un affare; egli prese vivamente parte a ciò che m'interessava, mi diede il suo parere, ne parlava quindi colla famiglia; e non era poco: chè le sue parole erano divenute preziosissime.

« Maman rispondeva quanto meglio poteva all'amorevolezza di ognuno; Maman, noi lo scorgevamo, godeva che noi fossimo ricreati; ma il suo cuore piangeva, la sua mente si portava ad ogni istante in una oscura prigione...! poi l'avrà inalzata a Dio ed offerto il doloroso sacrifizio a sollievo dello sventurato prigioniero. »

* * *

Intanto Silvio Pellico, coll'animo fremente e addolorato, s'incamminava alla volta della Moravia, nella cui terre lontane s'inalzava il castello dello Spielberg. La partenza da Venezia accadde « nella notte tra il 25 ed il 26 marzo. » I prigionieri viaggiavano sotto custodia e con una catena che legava loro la mano destra e il piede sinistro, perchè non potessero fuggire! Lasciamo che l'infelice prigioniero prosegua il lungo viaggio per paesi stranieri, e giunga alla famosa fortezza in cui tra breve lo rivedremo; e in quella vece rivolgiamo lo sguardo alle carceri di Venezia, d'onde dissimulando i proprii dolori procurava di consolar quelli de' suoi parenti.

Ne' varii mesi che vi passò, Silvio Pellico scrisse non poche lettere, che qui ora giudichiamo di pubblicare; sono quasi tutte inedite, o diverse notabilmente dalle pubblicate finora, ricavandole come facciamo dagli originali. Queste lettere acquistano sopra tutte le altre un'importanza singolare, tra per il luogo in cui furono scritte e per quella rigorosa, quasi crudele vigilanza, con cui ne erano vagliate o falciate addirittura intiere proposizioni e qualche volta pagine intiere.

Quasi tutte sono segnate di una cifra, o meglio scritta, che non valgo a deciferare: altre sono smozzicate per qualche taglio, altre bruttate con inchiostro che copre una o più linee in maniera del tutto inintelligibile. Le do nell'ordine cronologico, in cui furono scritte.

Venezia, 20 febbraio 1821.

Carissimo Padre,

Le do notizia che sono venuto a Venezia, accompagnato dal Sig. conte Bolza, che ha avuto tutte le bontà possibili per me in viaggio. Siamo giunti felicissimamente. Spero che qui tutto terminerà presto. Frattanto sono alloggiato in una stanza sanissima, e sto benone. Tante cose a Maman, ai fratelli e alle sorelle. Stieno tutti di buon animo come sto io.

Suo aff.mo figlio
Silvio.

Venezia, 29 marzo 1821.

Carissimo Papà,

Ho sentito dalla sua lettera che stanno tutti bene a casa, e questo mi rende tutta l'allegria. L'assicuro che sto benissimo e che non ho la minima inquietudine. Mi sarebbe di grande rammarico se pensassi che i miei cari genitori stessero in una soverchia afflizione, ma conosco la loro costanza nei piccoli mali di questa vita. Spero che tutto questo finirà presto. Sono ottimamente alloggiato. Nulla nel mio stato posso desiderare.

L'abbraccio con tutta l'anima, come pure la cara Maman, i fratelli e le sorelle.

Stiano sani e allegri.

Il loro aff.mo
Silvio.

Venezia, 16 aprile 1821.

Carissimo Padre,

Non potendo dirle molte parole, interpreti tutto quello che vi è di più tenero nel mio cuore, e ne faccia parte alla carissima Maman, ai cari fratelli e alle care sorelle. Auguro loro buona Pasqua, non si affliggano per me: Dio che è dappertutto è pure qui a consolarmi, e siccome anche mandando i dispiaceri, egli ama di dar qualche prova della sua infinita Bontà, così mi concede una perfetta salute.... *(seguono due linee e mezzo cancellate con una stesa fitta d'inchiostro, alta un centimetro!)* (1).

Li abbraccio tutti con tutto il cuore. Mi amino, e la maggior prova d'amore sia quella di non punto affliggersi: persuaso che non ho da predicare la pazienza ad anime così cristiane come le loro, mi restringo a dichiararmi suo sempre aff.mo figlio Silvio..... (2).

---

(1) Veggo dal foglio, che trascrivo, che altri s'è provato con qualche reagente chimico a cancellare lo sgorbio qui supplito con puntini, ma non c'è riuscito.

(2) Questa lettera, con quella lugubre spalmatura d'inchiostro, dovett'essere nunzio che per Silvio non c'era più speranza; la carta è bigia, grossolana, i caratteri pazientemente calcati, le parole quasi misurate... Quante lagrime dovettero versare que' poveri vecchi genitori! Confesso che trascrivendo mi sento l'anima commossa!

Venezia, 18 maggio 1821.

Caro Padre,

Benchè io sia sempre privo delle sue care nuove, non voglio mancare di porgerle l'unico tributo di tenerezza figliale, che per ora io possa; cioè dandole le buone nuove della mia salute, onde non stia inquieto. Consoli anche la cara Maman, i miei buoni fratelli e le mie buone sorelle. Quanto più vivo nella solitudine, tanto più sento la giustezza dei principj che i miei religiosissimi genitori professano intorno alle vanità del mondo. L'assicuro, caro Papà, che sono ben disingannato di tutte le illusioni; e questo completo disinganno è quello che mi fa sopportare con pace l'attuale privazione della libertà. - Inoltre bisogna ch'io le dica che in mezzo alla mia disgrazia, non potrei essere trattato con maggiore umanità e generosità: nulla mi manca; neppure i libri, che sono il gran conforto dei solitarj. - Temendo sempre che le mie passate lettere non le siano pervenute, le ripeto di dirigermi le sue semplicemente al mio nome, Venezia, ferme in posta.

L'abbraccio come pure l'ottima Maman, e tutta la carissima famiglia. Per essere pienamente rassegnato non ho d'uopo d'altro che d'avere talvolta le loro notizie. Il suo affezionatissimo eremita

Silvio.

LETTERA DI SILVIO PELLICO AL PADRE
MUTILATA DALLA POLIZIA AUSTRIACA
(V. Pag. 167).

Dal... *(segue spazio orribilmente macchiato)* 8 giugno 1821.

Amatissimo Padre,

Anche nulla avendo di nuovo da dire, stante l'uniformità perfetta della mia vita, pure so che farei male a non scrivere a' miei carissimi genitori, ch'io vedo sempre da qui, teneramente solleciti d'avere le mie notizie. Continuino a star rassegnati e tranquilli: la mia salute è ottima: l'anno passato, quando mi videro in questa stagione a Torino, io era assai malandato di petto: quest'anno invece, pare che il caldo mi faccia bene: non ho nè tosse nè affanno, e le mie stesse emicranie sono meno frequenti. Ringraziamo dunque in ciò la bontà di Dio che, ove sparge afflizioni, sparge anche il conforto. *(Due linee coperte d'inchiostro).* Ella forse tardava a scrivermi non sapendo come farmi pervenire le lettere: ma spero che le saranno giunte quelle mie, in cui le dissi che può scrivere al nome mio, *ferma in posta;* chè in tal modo mi giungeranno.

L'abbraccio con tutto il cuore, insieme alla carissima Maman, ai cari fratelli e alle care sorelle. Stieno sani e senza inquietudine: pensino ch'io sto bene, e che un giorno sarò pienamente felice, quando potrò colla mia tenerezza risarcire i miei cari parenti di ciò che ora soffrono per me. Il suo affezionat.mo figlio

Silvio.

La seguente lettera ha ricevuto un taglio; nella metà della seconda facciata che vi rimane, si legge:

In aspettativa di qualche cara sua lettera, che mi confermi le loro buone nuove, l'abbraccio tenerissimamente colla ottima Maman, e i carissimi Luigi, Francesco, Giuseppina e Marietta. Mi vogliano bene e stiano sani.

Il suo aff.mo figlio Silvio.

Venezia, 2 luglio 1821.

Carissimo Papà,

Ricevo la sua carissima del 2 corrente. Sono grato del consiglio che mi dà di leggere *Des souffrances de Jésus Christ;* non avendo io questo libro, ella m'obbligherebbe assai caro Papà, se potesse per qualche occasione farmelo avere. — Sto bene, godo che stiano bene e li abbraccio.

Non si affliggano. Se a Dio piace ch'io stia ancora qui ciò deve piacere anche a noi...

(Orribile sgorbio d'inchiostro).

Venezia, li 22 luglio 1821.

Amatissimo Padre,

(In questa lettera la scrittura è di un altro; di mano di Silvio è la sola firma con due parole).

Ricevo la sua carissima del 19 corrente e godo sentendo che stieno tutti bene.

La ringrazio delle offerte che mi fa; però non abbisogno di nulla.

Ogni lettera che ricevo è per me un piacere indicibile.

Ho qui composte due tragedie, le quali (nel mio giorno natalizio) ho dedicate una a Lei, e l'altra alla cara Maman.

Frattanto vivo tutto agli studj e alla più tranquilla rassegnazione al voler di Dio.

L'abbraccio teneramente colla carissima Maman e fratelli e sorelle.

(Segue di mano propria).

Sto benone.

Il suo affezionatissimo figlio
Silvio.

8 agosto 1821.

Mio amatissimo Padre!

Ricevo la sua carissima lettera del 1° corrente colle due affettuosissime righe aggiuntevi dal mio caro Luigi. Ringrazio sì lei che il mio ottimo fratello della tenerezza che hanno per me: tutte le mie pene svaniscono quando sento che sono amato da cuori così eccellenti, come sono tutti quelli della mia cara famiglia. Non ho ancora bisogno di denaro, ma quando avrò terminato quello che ho, profitterò delle gentili loro offerte.

Tante grazie anche per l'opera *Des souffrances de Jésus Christ* ch'ella m'annunzia d'avermi spedito. Potrei passarmi di libri divoti, giacchè ho con me il massimo, la mia indivisibile Bibbia, ma mi sarà sempre caro un dono che mi fa il mio buon Padre.

Sto benissimo di salute, auguro lo stesso a lei, a Maman, e a tutta la famiglia, che abbraccio di cuore.

Suo affezionatissimo
Silvio.

Venezia, 20 agosto 1821.

Carissimo Padre,

Fa l'inventario delle sue cose lasciate in Milano, del quale stralciamo quanto ci pare di qualche importanza.

...Debiti, non ne ho alcuno.

Ma passiamo ad articolo che importa sommamente, perchè trattasi di roba non mia, e della quale io era depositario. Intendo d'una piccola libreria che trovasi nella sala, sotto alla mia stanza. Tanto i libri, quanto il mobile di noce che li contiene, sono di proprietà della Signorina Quirina Magiotti, nata Mocenni, di Firenze, alla quale scriverò, affinchè li faccia ritirare. Ai detti libri appartenenti alla Sig.ra Magiotti che si trovano chiusi in esso mobile o sovr'esso, bisogna aggiungere il Dizionario inglese di Baretti che sarà nella mia stanza, o nell'altro appartamento.

Unitamente alle mie carte si conservano pure quelle che si troveranno segnate nella sopracoperta *Ugo Foscolo;*

egli me le aveva consegnate in parecchi involti, sigillati da lui.

La mia salute è sempre ottima. L'abbraccio tener...

       Il loro affezionatissimo
         Silvio.

P. S. Raccomandi ancora che si badi a non perdermi i capelli del mio povero Edoardo: sono (credo) nel mio *secrétaire*, o nel cassettino dello specchio.

      Venezia, 12 settembre 1821.

Amatissimo Padre,

Rispondo alla sua carissima del 2 corrente e alle due righe di Luigi, pregandoli a non stare in pena come vedo che stanno. Hanno torto di esagerarsi la mia posizione, e di credere che da loro o da me si abbia da fare dei passi per lo scioglimento di questo affare. Tutto procedendo colla più perfetta regolarità, null'altro dobbiamo noi, fuorchè aspettare in pace il giorno, in cui io possa essere reso alla cara famiglia. Sia a loro di consolazione la mia calma, e la bontà colla quale sono qui trattato.

Nelle sciagure (e tanto più quando le sciagure non sono somme) l'avvilirsi non è da uomo nè da Cristiano. — Chè se questo avvenimento m'ha danneggiato nell'interesse, pensino che sono giovane, e che mi sarà tutt'ora facile di guadagnarmi onestamente da vivere.

Sofferenza dunque, miei cari Parenti, coraggio, e bando alle idee malinconiche. Siccome essi devono conservarsi per me, così bisogna che non si alterino la salute con vane e importune inquietudini.

Se mancherà qualche cosa a miei effetti che erano in casa Porro, la prego di rendermene avvertito onde io possa reclamare. Avendo qui per ora sufficiente biancheria, Ella può ritirar tutto a Torino *(linea accecata d'inchiostro)*.

Non si dia alcun disturbo pei libri ch'io aveva in deposito della Signora Magiotti: essa mi scrive che li fa ritirare.

L'abbraccio tenerissimamente colla cara Maman, fratelli e sorelle; e voglio che sieno tutti superiori alle anime deboli che non sanno vivere in calma nelle tempeste passaggiere.

Il suo affezionatissimo
Silvio.

(Della lettera che segue non ci sono se non quattro linee, delle quali la prima è bruttata d'inchiostraccio. Il resto del foglio manca per taglio: nel seguente foglio leggo notato dal signor Onorato, Padre di Silvio): « pare che sia stata scritta verso li 3 o 5 settembre — Ricevuta il 17 settembre, 21. Risposto il 19 ». — *Ecco le reliquie salve:*

Comincio da Lei e da Maman che abbraccio teneramente. Godo che la loro salute sia buona e fo sempre voti perchè si conservi tale. Le ho spedito una nota a un dipresso di ciò che tengo a Milano. La prego di raccomandare che nulla si perda. Sono con tutto cuore il suo affezionatissimo

Silvio.

Venezia, 29 settembre 1821.

Amatissimo Padre,

La sua carissima del 19 col biglietto aggiuntovi mi ha tolto dalla grande pena in cui era, vedendo che stavano in tanta inquietudine sul conto mio. Per carità non ascoltino le varie dicerie, e vivano tranquilli. Io sto bene, e son ben lontano dall'aver motivo di dolermi dei Signori da cui dipendo, la cui bontà arriva persino a prestarmi continuamente dei libri. — Le ho scritto che i volumetti *Des souffrances de Jésus* non mi sono ancor giunti. Ne ringrazio però di nuovo la mia cara Joséphine di cui il saluto m'è stato carissimo.

L'abbraccio, ecc... Il suo...

Venezia, 5 novembre 1821.

Amatissimo Padre,

Ricevo la sua carissima lettera del 29 scorso, da cui sento con gran piacere che stanno tutti bene: questo è il voto continuo del mio cuore, e Iddio nell'esaudirlo mi compensa abbondantemente d'ogni altra privazione.

La prego, caro Padre, come pure la carissima Maman

e tutta la famiglia ad aversi sempre cura pel bene di questa, e particolarmente per mia consolazione. Io sto benissimo, e sempre in perfetta calma, in aspettativa del giorno in cui piaccia al cielo di rendermi a' miei amatissimi Genitori. Li abbraccio, ecc.

Venezia, 20 novembre 1821.

Carissimo Padre,

Vedendo passata la quindicina senza ricever lettere, non ritardo maggiormente a scriverle, affinchè non stieno inquieti. Spero che il tardarmi delle care notizie, non provenga da cattiva salute, e prego il Cielo ch'ella, e la cara Maman, e tutta la famiglia godano una salute pari alla mia ch'è sempre eccellente.

Li abbraccio ad uno ad uno con tutta la tenerezza, e li prego di cacciar sempre la malinconia, e conservarsi lieti e sani per me. Suo ecc.

Venezia, 8 dicembre 1821.

Mio amatissimo Padre,

Le accuso la ricevuta della sua carissima del 25 scorso. Nello stesso giorno 25 io ricevea la sua precedente del 14, e le rispondeva circa i miei effetti speditile da Milano: ma non aveva osservato che manca, com'ella ora m'avverte, l'orologio d'oro regalatomi da Maman. Spero che non sarà andato perduto. Preghi il gentilissimo signor Chinetti di volersi ancora dar l'incomodo di reclamare quest'orologio.

Sono infinitamente obbligato a lei, caro Papà, e al mio caro Luigi, d'avere scritto a questo nostro signor Console, onde al mio sortire di qui (che sempre spero non lontano) mi favorisca ciò che possa occorrermi per la spesa di viaggio. Gradiscano i miei vivi ringraziamenti e stieno tutti di buon animo.

Li abbraccio e sono...

Venezia, 21 dicembre 1821.

Mio amatissimo Padre,

Gli augurj affettuosissimi ch'ella m'esprime colla sua del 15 m'inteneriscono di consolazione. Egli è pur dolce l'esser così teneramente amato da Parenti così adorabili! Ringrazio il Cielo che me li ha dati tali, e null'altro gli domando fuorchè di conservarmeli e di darmi il mezzo di renderli felici colle mie tenere e rispettose cure. Queste sono, o caro Padre, i voti ch'io formo, non in questa sola occorrenza delle Feste e del passaggio al nuovo anno, ma ogni giorno. La ricordanza delle virtù del mio ottimo Padre e della mia ottima Madre, mi ha sempre sollevato nella sventura; questa ricordanza è il tesoro da cui ho attinta tutta la forza e la rassegnazione che mi era necessaria. Senza impazientarmi contro il tempo che la Provvidenza può aver prescritto alla mia attuale disgrazia, spero nondimeno anch'io che presto finirà. Ringrazio

Lei, Maman, e tutta la famiglia delle continue preghiere che fanno per me. Ho ferma fiducia che saranno esaudite e che il venturo anno sorgerà propizio al nostro comune desiderio di abbracciarci.

Stia dunque allegro, carissimo Papà, e così pure la carissima Maman, il mio Luigi, il mio François, la mia Josèphine e la mia Mariette. Teniamoci a S. Paolo, che anche in mezzo alle tribolazioni ripeteva ai suoi amici: *Gaudete, iterum dico gaudete: Dominus prope* ecc. La volontà del Cielo ci deve sempre esser cara.

Suo affezionatissimo.

(A Luigi, segretario di S. E. il sig. Conte di Revel).

Venezia, 16 gennaio 1822.

Mio carissimo fratello,

Bench'io non fossi in bisogno di denaro, giacchè ancora teneva più di 100 fr., ecco che la tua affettuosa premura mi arricchisce mandandomene 188,52. Non so s'io debba sgridarti del sacrifizio che fai per me, o ringraziarti; ma mi atterrò a quest'ultimo. Nel mio star qui, non ho altra rabbia che quella di non poter tutti i giorni dimostrare a te e a tutta la nostra cara famiglia la mia gratitudine e la mia tenerezza. Tolta la vostra presenza, nulla desidero. In questi giorni di freddo, mi si è anche migliorata la stanza; e se tu mi vedessi, non avresti più compassione di me, ma m'invidieresti. Mi vedresti non solo bene alloggiato, ma anche ben provveduto dei mobili a me più cari, che sono i libri; e questo in grazia della bontà veramente nobile e commovente dei Signori da cui dipendo: strana cosa! ch'io debba in tutta la vita essere circondato d'animi egregi, anco quando parrebbe ch'essi mi dovessero esser nemici!

A proposito di libri, amico mio, ho il permesso di avere anche quelli mandatimi da Joséphine *Des souffrances de Jésus*, i quali ho finora creduto che non mi si volessero consegnare; ma questa Commissione deve non averli ricevuti. Guarda un po' se v'è maniera di sapere dove sieno rimasti, o se codesto libraio abbia dimenticato di spedirli; questo però non ti disturbi. — Non contentarti di amarmi in silenzio, ma qualche volta scrivimelo, e fa che nostro fratello e le nostre sorelle v'aggiungano anche loro un piccolo saluto: ora queste consolazioni si ha la bontà di permettermele. — Forse il mio cangiamento di stanza è stato causa ch'io non ho più avuto lettere di Papà dal 20 dicembre in poi, ma ora che ho vostre nuove dalla lettera del sig. Chinetti, non sono più in pena. — Dì a Papà e Maman ch'io voglio che stieno allegri, e che aspettino in pace lo scioglimento di questo affare, che veramente non può più essere lontano. Dì loro sopratutto ch'io non sono infelice. Abbracciali teneramente per me, come pure il caro Abate e le care sorelle. Sta bene, mio Luigi, mio amico dell'infanzia e di tutta la vita: ho sempre apprezzata la gentilezza dell'anima tua, tu lo sai, e forse nessuno ha mai conosciuto quanto me quanto valesse quella bell'anima — nemmeno tu stesso. — Addio, fratello. Tuo aff.mo

Silvio.

Venezia, 18 febbr. 1822.

Carissimo Padre,

Essendo passati 16 giorni dacchè ho ricevuta l'ultima sua e le ho risposto, obbedisco al suo comando di scriverle almeno due volte al mese, e le do le mie notizie quantunque io sia senza sue lettere. Così, se mai per disgrazia la mia ultima si fosse, come altre, smarrita, ricevendo questa, Ella, caro Padre, e tutta la famiglia usciranno d'inquietudine.

Io sto al solito bene, e vivo nella speranza che presto questo Limbo si rischiari. Non attribuisco l'essere io senza lettere ad alcun inconveniente in famiglia, e spero di riceverne quanto prima, che mi confermino ciò che nell'altra, Ella, i cari fratelli e le care sorelle mi hanno espresso, cioè, che stanno tutti bene e che mi amano.

L'abbraccio con tutto il cuore insieme alla carissima Maman, al mio Luigi, al mio François e alle carissime Joséphine et Mariette.

Suo aff.mo
Silvio.

Venezia, 19 febbr. 1822.

Mio amatissimo Padre,

Già le avevo scritto ieri, quantunque io fossi senza lettere, affinchè Ella, caro Papà, e tutta la famiglia non fossero inquieti, come avviene sempre quando stanno lungamente senza mie notizie, quand'ecco oggi la sua carissima ultima che mi consola, confermandomi che stanno tutti bene. Le duecento lire ital. (sulle quali non mi sarò spiegato a dovere nell'altra mia, e di cui ella mi chiede conto) le ho ricevute, e rinnoverei i miei ringraziamenti al mio ottimo Luigi, se non temessi la di lui collera. Mi contenterò d'abbracciarlo con tutto il cuore, dopo aver con pari tenerezza abbracciato il mio angelico Papà e la mia adorabile Maman. Per ultimi, ma pur con sommo affetto, abbraccio il mio buon François e le mie buone sorelle. Stieno bene, io fo lo stesso. Abbiano pazienza: io fo lo stesso. Sperino, in breve, giorni più lieti: io fo lo stesso.

Suo riconoscent.mo e aff.mo figlio

Silvio.

Dal mio romitaggio, 19 febbr. 1822.

Lettera consolatoria: esprime il suo ravvedimento e la sua rassegnazione; è ben trattato, scusa il Governo. Conforta i Parenti; confessa essere stato imprudente.

Venezia, 23 febbraio 1822.

Carissimo mio Padre,

Tutti i mali mi sono diventati leggieri, dacchè ho acquistato qui il massimo de' beni, la religione che il turbine del mondo mi aveva quasi rapito. Benchè privo ancora della consolazione di poter risarcire i miei cari Genitori di ciò che hanno sofferto per me, pure anche nel momento che intendo di dovermi maggiormente allontanare da loro, io non sono infelice: - e non lo sono, perchè la Religione mi assicura che i miei amorosissimi Parenti preferiscono di sapermi lontano ma *Cristiano*, all'avermi in mezzo alle apparenti prosperità sociali, ma *disgraziato*, cioè col cuore affascinato dagli affetti terreni.

La clemenza Sovrana che ha temperato la legge a mio riguardo non solo m'ispira gratitudine per ciò, ma mi consola per l'avvenire: io ho un vivo presentimento di conseguire dopo qualche tempo una mitigazione, che mi renda nel seno de' miei cari Parenti, prima, dello spazio ora stabilito. La solitudine (inapprezzabile benefizio che ho sempre amato e sospirato nei nojosi tumulti del mondo!) la solitudine e la riflessione mi hanno insegnato a capire quanto sieno pericolose per la società umana le esaltate idee di patriottismo, alle quali io presi parte con purezza di cuore, ma da cui la prudenza mi avrebbe dovuto tener lontano - e rispetto il potere che mi fa sentire il mio trascorso. La bontà con cui sono sempre stato trattato nella mia passata detenzione, e che vedo essere effetto di due eguali cause - della gentilezza d'animo dei Personaggi dai quali ebbi a dipendere - e del sistema di generosità con cui questo Governo tempera la sorte di chi egli giudicava degni di punizione, mi lascia la consolante sicurezza che nel castello di Spielberg dove sono trasportato, il soggiorno non mi sarà fatto grave da alcuna durezza: e ne ho già una prova nel poter da qui portar meco dei libri per proseguire i miei studj, ed applicare utilmente il tempo del mio nuovo romitaggio. Basta aprire le storie per confrontare i secoli, e benedir Dio d'essere nati in questo, in cui le legislazioni, anche quando credono di dovere usare misure severe di precauzione, non si dipartono dall'umanità.

Vorrei aggiungere molte cose a' miei cari Genitori, affinchè vedessero questa vicenda nel suo vero aspetto, cioè senza turbare la religiosa pace del loro spirito, e discernendo tutta la possibilità che la mia lontananza da loro sia per essere molto minore di quel che pare; ma questo loro spirito è troppo veggente, perchè egli abbia bisogno ch'io suggerisca loro riflessioni opportune a tranquillarlo *(seguono quattro linee, coperte di una spalmatura d'inchiostro)*.

È espresso nella sentenza che il tempo della mia detenzione a Spielberg sia di quindici anni: insisto ancora una volta onde si abbandonino a qualche lusinga.

Per dar loro un saggio delle bontà che mi si usa

e del giovamento che ne risulta al mio intelletto, le indirizzo le due mie tragedie qui composte, già altra volta annunziatele, e che si vorrà avere la degnazione di mandare, rimettendole qui al nostro sig. Console: unisco ad esse un altro mio lavoro le *Cantiche del Trobadore*. Il poco merito di queste composizioni non toglie sicuramente che alla mia tenera ed indulgente famiglia sieno per essere grate: esse attestano ad ogni modo che la mia mente non è depressa e che si solleva ne' suoi studj favoriti; il che, piacendo a Dio, continuerò a fare.

Avvezzatomi a distinguere in ogni avvenimento un tratto benigno della Provvidenza, amo di vedere nell'avvenire non solo qualche guadagno morale per l'anima mia, ma anche quel progresso di coltura letteraria a cui ho sempre aspirato, e che le faccende m'impedivano di conseguire. Forse, se la mia vocazione allo studio deve essere un giorno di qualche onore al nostro paese e al nome mio, era necessario che mi accadesse questa disgrazia, onde io fossi rapito per qualche tempo alle distrazioni. Non vorrei che la vita meditativa mi fosse stata procacciata da una disgrazia che affligge i miei cari Parenti, ma giacchè questo dolore m'è toccato, li prego di voler considerare non solo i lati del male ma anche i lati del bene che la mia sorte trae con sè. Certo è stato un gran provvedimento della bontà divina l'avermi data un'indole portata alla vita interna, più che all'esterna, e sospirosa fin dall'infanzia per la solitudine: è visibile che il cielo mi dotava per tempo della disposizione necessaria, onde tollerare con cristiana filosofia l'attuale circostanza. - Ciò che ho detto basti, ecc.....

Legga e rilegga a Maman (ma con animo tranquillo) questa lettera, e le dica tutto ciò che può ajutare a sollevarla. Se non sono totalmente indifferente considerando questo evento, non è che per la mia famiglia, e pel timore che si esagerino il male che mi colpisce: siano ben certi che ho cagionato loro questo dispiacere, perchè mi trovai ravvolto in circostanze che non ho saputo evitare, ma che per ogni altra mia azione e pel fondo dell'anima mia io non sono indegno della loro stima, e che mi renderanno giustizia perdonandomi e conservandomi la loro tenerezza.

L'abbraccio con tutto il cuore insieme alla cara Maman, ai fratelli, e alle sorelle... Che non vorrei dirti, mio Luigi, mio Francesco, mia Josèphine, mia Mariette! Non fo che abbracciarvi e pregarvi tutti d'essere superiori ai colpi della fortuna: pajono gravi a chi non ha elevatezza d'animo: a noi sono decreti di Dio, a cui bisogna inchinarsi ricevendoli come benefiche, paterne ammonizioni.

Sono, caro Padre, cara Maman coi tutti (sic)
   il loro aff.mo
   Silvio.

Udine, 28 marzo 1822.

Carissimo Padre,

Le scrivo due righe per confermarle l'assicurazione che ho la fortuna di essere sotto un Superiore di animo egregio, grazie alla cui bontà, il mio viaggio nulla ha di dispiacevole. Avrà ricevuto, caro Padre, la mia ultima della settimana scorsa, nella quale le diedi parte del nuovo tratto di clemenza di S. M., la quale ha pronunciato che i giorni di pena saranno di sole ore 12, il che vuol dire che essa pena è ridotta alla metà.

Non ho tempo che d'abbracciarla in fretta, e ripregarla di tranquillarsi sul mio destino, benedicendo questo sovrano e gl'illustri personaggi che a nome di esso mi comandano. Il nostro viaggio è fatto con ottime carrozze, si alloggia alle locande; nessuna durezza ci viene usata e tutte le più commoventi cure si hanno, onde temprare la nostra sciagura.

Coraggio, amatissimo Padre, amatissima Madre, cari fratelli, care sorelle. Iddio ci ridonerà giorni più felici. Li stringo tutti sei strettamente sul mio cuore.

Suo aff.mo
Silvio.

Adelsberg, 30 marzo 1822.

Carissimo Padre,

Il permesso che ebbi dall'eccellente mio sig. Commissario Superiore, di scriverle l'altro ieri da Udine, mi

ha veramente rasserenato, e sono certo che Ella, caro
Papà, e tutta la famiglia, al ricevere quella lettera, si saranno consolati sentendo in qual generosa maniera il prelodato sig. Commissario Superiore ci faccia viaggiare e non
solo ci risparmj ogni mortificazione, ma ci colmi d'atti di
degnazione e d'umanità. Ora egli ha la bontà di permettermi nuovamente di scriverle, affinchè la mia cara famiglia si tranquilli maggiormente coll'intendere che il mio
viaggio progredisca in egual modo, godendo io inoltre
buona salute, e perfetta rassegnazione al volere dell'Altissimo. Siamo in una terra di Carintia, a poche miglia
da Lubiana. Domani giungeremo in quest'ultima, donde
poscia partiremo per Spielberg. Ivi ho già la consolazione
di sapere che avremo per alloggio un locale sanissimo
e bello. Spero che colà non tarderò a ricevere lettere
da Lei, caro Papà. Mi scriva al nome mio, a *Brünn in
Moravia, ferma in posta*. Allorchè avrò nuove di Lei,
della carissima Maman, e di tutta la famiglia, e che sentirò che stanno bene e senza più inquietudine a mio riguardo, io sarò pienamente tranquillo. La prevengo, caro
Papà, che essendomi stato permesso di portare dei libri
con me da Venezia, ed avendo bisogno d'alcune opere
pe' miei studj, ho pregato il sig. Vice-Console Sardo
di Venezia di comprarmi qualche volume che mi mancava;
la spesa dev'essere di poche lire, ricevendone Ella il
conto dal detto sig. Vice-Console, la prego di farnelo
rimborsare.

Abbraccio con tutto il cuore lei, l'ottima Maman, il mio Luigi, il mio Francesco, la mia Joséphine e la mia Mariette, e sono

Il suo aff.mo figlio
Silvio.

Pezzi che hanno la loro eloquenza:

(Dalle carceri di Milano).

Carissimo sig. Conte (Porro),

La prego di mandarmi i sottonotati oggetti. Oh quanto è dolorosamente lunga questa separazione! Mi struggo dal desiderio e dalla speranza di vederla terminare. La ringrazio della compiacenza che ha di far rimettere, come ne l'ho pregata, le L. 300 ital. a mio padre. L'afflizione che suppongo ne' miei buoni genitori mi affligge moltissimo *(il resto è tagliato).*

A suo Padre.
(Dalle carceri di Venezia).

......*(Manca la parte superiore, tagliata: non rimangono che le ultime linee. Chi fu l'autore del taglio?)*

L'abbraccio teneramente, insieme alla carissima Maman, e ai carissimi fratelli e sorelle. Mi amino, e stieno in buona salute pari alla mia.

Suo aff.mo figlio
Silvio.

Venezia, cinque giorni prima di compire i miei 32 anni.

Ricevo la sua carissima in data del giorno di S. Antonio, e godo che stieno bene. La ringrazio delle espressioni tenerissime che leggo. L'abbraccio di nuovo con Maman, i fratelli e le sorelle.

Il mio cuore è sempre con loro.

(Dietro una letterina del Padre, 21 maggio 1821, scrive quanto segue:)

Ricevuta il 23 maggio, alle 8 della sera. Oh giorno e ora di consolazione!

CAPITOLO VI.

LO SPIELBERG

> Ed io sentii chiavar l'uscio di sotto
> all'orribile torre...
> la qual per me ha 'l titol della fame.
> (*Inferno*, XXXIII, 46, 23).

Il 10 aprile 1822 Silvio Pellico entrava nell'antico castello dei Signori di Moravia, lo Spielberg, situato nell'alto di un piccolo monte a cavaliere di Brünn, città capitale. « Era cittadella assai forte, ma i francesi la bombardarono e presero a' tempi della famosa battaglia d'Austerlitz (il villaggio di Austerlitz è a poca distanza)... Si rifece una parte della cinta che era diroccata. Circa trecento condannati, per lo più ladri ed assassini, sono ivi custoditi (1). »

Ivi dovea scontare la sua pena nel *Carcere duro*, che significa: « essere obbligati al lavoro, portare la catena a' piedi, dormire su nudi tavolacci, e mangiare il più povero cibo immaginabile (2). » De' condannati a quella

---

(1) Le *Mie Prigioni*, c. LVII.
(2) *Ibid.*

vita la foggia uniforme del vestito « consisteva in un paio di pantaloni di ruvido panno, a destra color grigio, e a sinistra color cappuccino; un giustacuore di due colori egualmente collocati, ed un giubbettino di simili due colori, ma collocati oppostamente, cioè il cappuccino a destra ed il grigio a sinistra. Le calze erano di grossa lana; la camicia di tela di stoppa piena di pungenti stecchi, - un vero cilicio: al collo una pezzuola di tela pari a quella della camicia. Gli stivaletti erano di cuoio non tinto, allacciati. Il cappello era bianco. Compivano questa divisa i ferri a' piedi, cioè una catena da una gamba all'altra, i ceppi della quale furono fermati con chiodi che si ribadirono sopra un incudine (1). »

In quella prigione, in quella compagnia, in quell'abito, Silvio Pellico scontò una tortura di otto anni: fu dolorosa prova pel cantore di *Francesca da Rimini!*

Lasciando da parte i dolori morali di un prigioniero di quella fatta, noi crediamo veridico il racconto delle privazioni (certamente non *ingiuste,* a tenore del codice austriaco, e del resto mitigate a mano a mano), ch'egli descrisse un anno dopo recuperata la libertà, in quel libretto immortale: *Le Mie Prigioni!*

In principio fu messo in un « corridoio sotterraneo... dalle stanze tenebrose » (cap. LVII). Narra le visite e le perquisizioni, che si facevano nelle camere de' prigionieri

---

(1) Ibid. cap. LXII.

inesorabilmente tre volte al giorno (cap. 60). Giacendo in'ermo e arso di febbre, descrive le terribili formalità usate per ottenere un pagliariccio; a lui spossato e rotto in sudore non fu possibile al povero Schiller di ammannire un poco della biancheria rimasta nei bauli (cap. 61).

« Per più d'un anno conobbi quanto sia il tormento della fame. E questo tormento lo patirono con veemenza anche maggiore alcuni dei miei compagni, che essendo più robusti di me, erano avvezzi a nutrirsi più abbondantemente (cap. 64) »; e al cap. 85 narra del Villa, morto di estenuazione in conseguenza del poco alimento.

Fino al 1823 fu loro concesso d'usare i loro libri, due per volta (cap. 71). Nel decorso degli altri anni questa licenza fu tolta; ebbero in dono dall'imperatore alcuni libri di pietà, ma la lettura di libri letterarii fu loro impedita (cap. 80) (1). Fu loro proibito eziandio di procacciarsi a proprie spese « libri e carta e calamaio. » In questo « non fummo esauditi mai (cap. 75). »

Due cose massimamente lamentava come dolorose sopramaniera; la prima, di non poter scrivere a' genitori; Silvio Pellico potè farlo una volta sola:... « ma io da loro

---

(1) Il **Pallavicino**, che s'intendeva in ascetica come in letteratura, dà questa prova della sua spiritosaggine, mentre annovera tra i libri ascetici la « Manna dell'anima del padre Segneri, un vero sonnifero! », cioè uno de' libri meglio scritti della letteratura italiana: « Se voglio dormire, leggo un capitolo della Manna dell'anima; e ne leggo due, se voglio sudare!... » Non sembra egli il caso dell'*asinus ad lyram?*

non ebbi mai alcuna lettera! (cap. 75). » L'altra furono le visite nelle camere e nelle persone: « Ci spogliavano nudi.., il che mi mettea la febbre (cap. 80). »

*_**

Tali privazioni, come lo riconosce lo stesso Autore delle *Prigioni*, erano alleggerite in diverse maniere: col passeggio all'aria libera tutti i giorni, eccetto le feste, per qualche ora (cap. 65); col concedere camere arieggiate e cibo migliore in caso d'infermità o di stato malescente (cap. 57, 61); e sopratutto col permettere la compagnia e la convivenza a quelli ch'erano legati in amicizia come Silvio Pellico e Maroncelli (cap. 74).

Ma il conforto maggiore che si usò ai prigionieri fu quello della religione, che per mezzo di savi e degni sacerdoti l'imperatore ebbe cura di provvedere a quegli smarriti. Piero Maroncelli e Giorgio Pallavicino e l'Andryane (e il Confalonieri nelle Memorie postume) hanno scritto su qualcheduno di essi delle relazioni, dalle quali, se fossero vere, apparirebbe che il ministero sacerdotale fu tracambiato in ufficio d'inquisitore politico della pessima specie. Alle costoro affermazioni non tutti aggiungeranno piena credenza a cagione della gravità del fatto (1). Silvio

---

(1) Per queste due ragioni: 1). Un tale procedimento non è *probabile*! E d'altra parte è assai ripugnante, tanto alla maestà dell'imperatore come alla prudenza più elementare dell'ufficio sacerdotale; a crederlo si richieggono autorità incontrastabili - 2). e principalmente: Il Maroncelli e il Pallavicino e gli altri, tutti *aveano rivelato ogni cosa, come consta da' processi*

Pellico, la cui autorità è maggiore di tutte le altre così ne scrive:

« Di que' parecchi sacerdoti *tedeschi* (1) che ci furono destinati, non capitarne uno cattivo! non uno che scoprissimo volersi fare strumento della politica (e questo è si facile a scoprirsi)! non uno, anzi, che non avesse riuniti meriti di molta dottrina, di dichiaratissima fede cattolica e di filosofia profonda! Oh quanto ministri della Chiesa siffatti sono rispettabili! »

Ma gli altri prigionieri non scrissero come Silvio. Mettendo gli altri da parte, Federico Confalonieri nelle sue *Memorie* (destinate a sua moglie!) narra per disteso come il prete Paulovvich nel confessarlo affacciava « obblighi di rivelazione. » Egli vi si rifiuta: e il Paulovvich

---

Dunque bisognerebbe supporre nel Sovrano tedesco e nel suo Ministro, Metternich! una buona dose di stoltezza, nel consiglio che loro si attribuisce d'inviare un sacerdote a fine di ricercar con mezzi illegittimi quello che già sapevano *legittimamente*: Ora *nemo stultus gratis*! Eppure su questo argomento ha corso gran carriera il d'Ancona, mostrando *Roma* e *Vienna* collegate insieme nell'*inutile* intenzione di estorcere il *gran secreto* al conte Confalonieri! *Nuova Antologia*. Luglio-Agosto 1890 pp. 64-65.

(1) Altri potrebbe pigliare questa *parola* nel senso esclusivo di chi non era prete *tedesco*, ma dalmata, come il Paulovvich, che poi divenne vescovo di Cattaro (in ricompensa de' servizi polizieschi, se crediamo al *Cor-mentalista* Maroncelli, *Addizioni*, n. 27 del cap. 76). Non possiamo supporre tant'accortezza subdola in Silvio Pellico! In questa enumerazione *complessiva* sono compresi del pari tutti i sacerdoti che esercitarono il loro ministero co' prigionieri dello Spielberg.

Il Maroncelli nelle *Addizioni* p. 134 (Ediz. di Parigi, 1834) parlando dell'adoperarsi che fece il Paulovvich per liberare della scomunica i Carbonari, difende il suo Carbonarismo come *buono e onesto*, e dice « *Cristo essere stato libero-muratore e carbonaro per eccellenza,* » per aver distrutto il paganesimo!

gli lascia in mano, perchè la esamini a suo agio, « la bolla di Leone XII emanata poco indi il suo avvenimento al Pontificato » (p. 193). Si era nel mese di agosto (p. 192) dell'anno 1824 (p. 183): Ora la bolla di Leone XII è del 13 marzo 1825! Che il Confalonieri, scrivendo in carcere, abbia commesso un fallo di memoria? Checchè ne sia, noi non possiamo credere a nessuno incarico di quella fatta, commesso a sacerdoti da parte dell'Imperatore.

***

Tale si era la vita e tale il trattamento usato a' detenuti dello Spielberg, secondo la testimonianza che ne fa Silvio Pellico.

Ha egli mentito, ha egli mischiato il falso col vero? Lo hanno affermato Paride Zaiotti e il principe di Metternich.

Il primo nella *Semplice Verità* accusa l'Autore delle *Prigioni* di aver « macchiato di tante falsità... » il suo libro cui denomina « romanzo piuttosto che storia.., snaturando i fatti e le cose contro la verità » (pag. 14, nota). Egli ne asserisce il racconto « come pienamente smentito » col confutare le falsità evidentemente calunniose del Misley e del Maroncelli, siccome crede di dimostrare in una maniera irrefragabile nel cap. II.

Noi delle cose tutte riferite di sopra non crediamo che ci sia luogo a dubitare, tra perchè sono proprio sottosopra di ogni prigionia severa, e perchè asserite da Silvio Pellico con tutte le note di credibilità che *una critica prudente possa richiedere.*

Intorno a una cosa sola, per verità gravissima, ci rimane non poca incertezza, vogliamo dire l'amputazione a cui dovette sottomettersi il Maroncelli. Secondo il racconto delle *Prigioni*, l'operatore fu dei due « chirurghi.., quello ordinario di casa, cioè *il nostro barbiere*, ed egli quando occorrevano operazioni, aveva il diritto di farle di sua mano e non volea cederne l'onore ad altri. L'altro era un giovane chirurgo, allievo della scuola di Vienna, e già godente fama di molta abilità. Questi... avrebbe voluto farla egli stesso, ma gli convenne contentarsi di vegliare all'esecuzione (cap. 87). »

Commettere l'esecuzione di cosa tanto arrischiata a un *barbiere*, che era chirurgo, ci ha dell'incredibile. Silvio Pellico avrebbe forse dovuto togliere questo *vocabolo aggettivo* dal suo racconto.

Ora ecco la rettificazione de' fatti, come si leggono nella *Semplice Verità*.

« La malattia di Maroncelli gli era già abituale prima del suo arresto, ed egli, che ne conosceva l'origine (noi la tacciamo) aveva inutilmente cercato di sradicarla... In principio del 1828 la qualità maligna del morbo cominciò a farsi sentire più vivamente. Nessuna cura, nessun rimedio fu risparmiato al prigioniero, e lungi che si aspettasse per visitarlo fino agli estremi, le attenzioni più amorevoli gli furono prodigate fino dai primi momenti.... i medici e i chirurghi prestarono un'incessante assistenza all'infermo. I consulti succedettero ai consulti e tutta la lunga cura di oltre a quattro mesi fu diretta personalmente dal *Consigliere di Governo, Protomedico della Moravia*. Ogni rimedio però dovette cedere alla malignità del veleno, e in un ultimo consulto si dovette riconoscere la necessità dell'amputazione...

« L'amputazione fu quindi eseguita ai venti di quel mese (giugno), e fu eseguita colla più rara felicità dal *chirurgo primario dello stabilimento*, coll'assistenza d'altri medici e chirurghi all'uopo sopracchiamati. Ecco chi fosse il *goffo barbiere*... (1). »

L'operazione, difficile e delicata, riuscì benissimo. E noi mal ci possiamo acconciare all'asserzione che quell'operatore fosse un *barbiere*.

Del Principe di Metternich è celebre il motto *anti-pellicano*, relativamente alla verità delle cose raccontate nelle *Mie Prigioni:* «... *Pas un mot de vrai dans tout cela!* » Le prove di questa terribilissima critica sono così riferite dal celebre Luigi Veuillot, che le ascoltò dalla stessa bocca del Metternich nella città di Bruxelles, verso la fine del 1849:

« Mais ce terrible *carcere duro* fut loin d'être ag-

---

(1) *Semplice Verità* p. 146-47. L'espressione del *goffo*... appartiene al Misley.

gravè pour eux. Il y a un uniforme pour les prisonniers, *ils ne le portèrent point.* Il y a une chaîne; mais cette chaîne est une *breloque* (un ciondolino) *qui ne fatiguerait point un enfant.* Il y a un régime alimentaire un peu plus dur que le règime ordinaire des prisons, supportable pourtant; mais réduire à la nourriture des vulgaires criminels ces patriotes si purs, ces estomacs si faibles, *on n'y songea point.* Un restaurateur était établi au Spielberg; il était toujours permis de lui comander plusieurs plats pour diner, et *l'on usa généralement de la permission. Le cachot était une chambre parfaitement claire et aérée;* la solitude du cachot était animée par un compagnon, non pas imposé, mais choisi. Enfin, le régime n'admet point que l'on donne aux prisonniers de quoi lire et écrire; mais à des poêtes, à des penseurs, pouvait-on refuser de tels adoucissements? *Ils eurent toujours livres, plumes, encre et papier* (1). »

Qui l'esagerazione ci sembra manifesta; a ogni modo, trattandosi di asserzioni di persone gravi, contrarie e in qualche parte tra loro contradditorie, la critica giusta deve rendere a ciascheduno il suo. Per agevolare il giudizio al lettore, ci piace di far conoscere l'impressione di un testimonio di veduta, il quale nell'aprile del 1846 (quindi una ventina di anni dopo l'uscita di Silvio Pellico) recatosi a Vienna, dopo visitato il Metternich nella sua villa

---

(1) **Louis Veuillot,** *Mélanges,* II. Serie, vol. VI., in principio.

di Renevveg, volle e potè esaminare la famosa prigione dello Spielberg. Ecco le parole di Crétineau-Joly:

« Ma visite au Spielberg n'était ni annoncée, ni préparée; je pus donc tout voir dans la réalité des choses. Les prisonniers politiques que j'interrogeai ne se plaignirent que de *l'assujettissement au costume de la maison*. La liberté leur manquait; mais c'était l'enjeu qu'ils avaient risqué...

« Je pénétrai dans ces cachots. Certes, moins qu'aucune prison, celle-ci ne peut être prise pour un lieu de délices. *Ces voûtes sombres, ce climat* glacé, cette vie uniforme, tout cela, du premier jour, et surtout à la longue, doit peser douloureusement sur le corps et sur l'âme. Mais que de tempéraments aux souffrances physiques et morales, ménagés avec un soin vraiment paternel (1). »

---

(1) **Jacques Crétineau Joly**. *Sa vie politique*, ecc... par l'Abbé Maynard p. 355. A questo storico il principe di Metternich fece vedere una copia legata riccamente delle *Mie Prigioni*, con questa dedica di mano di Silvio Pellico: « *A Son Altesse le prince di Metternich, chancelier de l'Empire, hommage de la respectueuse reconnaissance de l'auteur* SILVIO PELLICO. »

E soggiunge : « A côté de cette *étrange expression d'une gratitude plus étrange encore*, se trouvaient les *Mémoires d'Andryane*, une infinité de lettres autographes, toutes adressées du Spielberg ou des Plombs de Venise à M. de Metternich par les plus notables prisonniers d'État, toutes débordant en son honneur d'hymnes de reconnaissance et d'amour!

« Maroncelli, le martyr, l'appelait *père adoré*; Silvio Pellico, *un second Titus*; Confalonieri lui prodiguait toutes les flatteries de son répertoire italien, et le menu fretin du carbonarisme se prosternait en idée devant son image. » L. c., p. 354. Di queste lettere parla pure Luigi Veuillot, *Mélanges*, II série, Tome sixième, p. 21. Il Metternich gli disse : « Ils ont tous déposé dans mes mains des *témoignages contre ce qu'ils ont écrit*. » Era da desiderare che questi documenti fossero stati pubblicati dagli editori delle Memorie del Metternich.

Ora il lettore assennato può dare da sè un giudizio imparziale. A noi non sembra di trovare nessuna falsità di *sostanza* nelle cose descritte da Silvio Pellico, e trascorsivamente accennate nel principio di questo capo. Le asserzioni del principe di Metternich palesano un gran desiderio e una forte immaginazione: alcune di esse sono in contraddizione colle osservazioni fatte *de visu* dal Crétineau Joly, il quale non era per nulla favorevole a que' condannati per causa di carbonarismo. In quanto alla *Semplice Verità*, ci pare manifesta la sua impotenza dopo tanta enfasi di promesse, di provare essere *romanzo* e non storia il libro delle *Mie Prigioni*. Quell'apologia, che è una sfolgorante requisitoria contro Misley e Maroncelli, riesce inefficace contro Silvio Pellico.

Di leggieri però ammettiamo nel pietoso e abilissimo racconto del Saluzzese una certa carica di tinte e qualche orlatura poetica, sparsa e aggiustata dalla mano poetica che scrisse que' lamentabili casi. Così ci sembra di questa circostanza, per citar solamente un tratto del capo 87, dove ha descritto l'amputazione già eseguita, alla quale aveva assistito di presenza:

« V'era in un bicchiere sopra la finestra una rosa. — Ti prego di portarmi quella rosa, — mi disse.

« Gliela portai. Ed ei l'offerse al vecchio chirurgo, dicendogli: — Non ho altro a presentarle in testimonianza della mia gratitudine.

« Quegli prese la rosa e *pianse* ».

Forse il chirurgo tedesco non pianse altrimenti!

**

Intanto però che Silvio Pellico gemeva nella solitudine e nei ceppi del *duro carcere*, la sua famiglia, gemendo d'altra parte si adoperava per ottenergli la liberazione o almeno qualche poco di sollievo.

A una prima lettera dal fratello Luigi, diretta per questo fine all'Ambasciatore Sardo in Vienna, questi così rispondeva di sua mano.

Il conte di Pralormo a Luigi Pellico.

Vienna, li 3 ottobre 1823.

Le gentilissime lettere, di cui V. S. mi ha favorito in data dei 5 luglio e 13 settembre, mi furono esattamente ricapitate. Appena ricevuta la prima, fui dal Ministro di Polizia Conte Sedlenitzki, e dopo avergliela letta mi dolsi non poco, che la sola persona a cui preso aveva un vivo interessamento, fosse precisamente quel tale, di cui non veniva fatto ai parenti d'averne notizia: « *Mr. Pellico se porte bien*, mi rispose il Ministro, je lui ai fait dire, qu'il lui était permis d'écrire à ses parents; à présent je vais engager le Magistrat de Moravie à le sommer d'écrire à sa famille; car en vérité je ne sais pas pourquoi il ne le fait pas. » Ecco le precise parole del Ministro alle quali, quantunque non pienamente soddisfatto, non trovai risposta..... in quanto al quesito che V. S. mi fa riguardo al viaggio dell'Imperatore, subito che questo viaggio sarà irrevocabilmente deciso, ne darò notizia. Mi restringo per ora ad assicurare sia V. S. che l'onorevolissimo di lei Padre, che ove si presentasse un'occasione favorevole per migliorare lo stato del sig. Silvio, non mancherò, anche non interrogato, di renderne informato l'uno o l'altro colla massima sollecitudine.

—

E all'Imperatore che nel 1825 si disponeva a visitare la Lombardia, il povero padre di Silvio inviava questa supplica, che anche adesso leggendola desta un vero sentimento di pietà verso quell'afflitto.

Sacra Cesarea Maestà Regia Apostolica,

L'augusta presenza di Vostra Sacra Cesarea Maestà Regia Apostolica, se riempie di giubilo gl'Itali suoi popoli, me colma ad un tempo di gioja, e di speranza.

Sono ormai cinque anni, o Sire, che io vivo immerso nel più straziante dolore, e meco in egual duolo un'intera famiglia.

Io sono il padre di Silvio Pellico che, detenuto sino dall'anno 1820, sta ora espiando nel castello dello Spielberg la pena dei suoi trascorsi. Vengo da Torino a prostrarmi umilissimamente ai piedi di V. M. I. e R., onde implorare la Sovrana Clemenza a favore di lui, e di me!

Mio figlio errò pur troppo! ma giovane, poco esperto nelle cose del mondo, lontano, per ragioni d'impiego, dai consigli paterni, egli cadde più per debolezza, per non aver saputo resistere alle circostanze, che per fanatismo, o per altra mala inclinazione.

Deh! voglia degnarsi la M. V. I. e R. di prendere in benigna considerazione le non equivoche prove del suo sincero ravvedimento: la sua premura di riconciliarsi con Dio; la Cristiana sua rassegnazione; la sua calma.

In febbraio dell'anno 1822 egli scriveva a me dalle carceri di Venezia questa sua dichiarazione: « *La solitudine e la riflessione mi hanno insegnato a capire quanto sieno pericolose per la società umana le esaltate idee di patriottismo, alle quali io presi parte con purezza di cuore: ma da cui la prudenza avrebbe dovuto tenermi lontano!* »

Ed al momento della sua partenza per lo Spielberg mi trasmise ancora le seguenti sue espressioni, piene di gratitudine verso la Clemenza di V. M.: « *Si uniscano a me, Carissimi Parenti, nel ringraziare Dio e benedire quel magnanimo Sovrano, a cui tanto costa il punire, e ch'io benedico e benedirò sempre ad ogni ora della mia vita.* »

D'allora in poi io non ebbi più notizie da lui: ma mi lusingo ch'esso sarà sempre più riconosciuto non immeritevole della Sovrana commiserazione.

Supplico perciò con rispettosissima fiducia V. M. I.

e R. d'accogliere le umili preghiere d'un povero padre con quella benignità che in questo fausto suo viaggio sorride più che mai pietosa.

Deh! per la sospirata venuta di V. M. in Italia; per l'adorata presenza di S. M. l'Imperatrice e Regina di lei Augusta Consorte; per quella di tanti eccelsi Principi e Principesse, che fanno alla M. V. festiva corona; deh! voglia degnarsi V. M. I. e R. di condonare al mio figlio in via di Clementissima grazia il resto del carcere da subire, e di rimandarlo presso di me.

Io lo riterrò sotto la mia vigilanza: io mi rendo mallevadore della futura sua savia e cautissima condotta.

L'annesso certificato (1) della Città di Torino comproverà, spero, come per ogni politico riflesso il detto mio figlio sarebbe al sicuro nella casa paterna.

Questo tratto di Singolare Magnanimità della M. V. porrà fine al duolo d'un'intera famiglia, la quale non cesserà mai d'impetrare dal Cielo le più copiose benedizioni sulla *Sacra Persona* di *Vostra Maestà Imperiale e Regia*, e su tutta l'Augustissima *Austriaca Stirpe*.

Che della grazia

Umil.mo, Oss.mo, Devot.mo Supplicante
Onorato Pellico.

Due anni dopo, Luigi che tanto amava il prigioniero fratello, così scriveva al conte di Pralormo:

---

(1) L'abbiamo riportato a pag. XV del I vol.

Eccellenza,

Mio padre ebbe l'onore di scrivere a V. E. una lettera che da Pralormo, ove giunse nel giorno stesso della di lei partenza, dee esserle stata spedita costì. Colla medesima egli le significava di aver finalmente avuto notizie di mio fratello Silvio e gliene rendeva le debite grazie ripetendo dell'E. V. sì segnalato favore.

Ora, sul consiglio spontaneamente datogli da persona in ufficio, a cui sembra esser questo il tempo opportuno, mio padre ha fatto una nuova supplica, onde impetrare dalla magnanimità di S. M. I. R. A. la liberazione di Silvio, in vista della lunga infermità da lui sofferta e del presente suo debolissimo stato di salute.

Sette anni son compiuti, 13 ottobre 1820, dacchè gli fu tolta la libertà; e la sua condanna essendo stata ridotta a 7 anni e mezzo (nè su tal riduzione vi può cader dubbio, poichè la lettera del 21 marzo 1822, con cui Silvio ce l'annunziò fu vidimata dall'Autorità superiore, dalla quale egli dipendeva a Venezia), se per tratto di special Clemenza piacesse alla M. S. I. di computargli a scarico della pena la prigionia anteriore alla sentenza, la diminuzione del castigo si ridurrebbe a pochi mesi.

Fu detta supplica rimessa all'Ill.mo sig. Primo Segretario degli affari Interni. S. M. essendosi degnata di abilitarlo a darle corso, ei la passò alla Segreteria degli affari Esteri, di dove fu jeri, per quanto ci venne assicurato, trasmessa alla Legazione Austriaca. Così il positivo assenso del nostro Sovrano l'accompagna ai piè del trono Imperiale.

Quest'ultima circostanza benchè non dia a V. E. facoltà d'interporre uffizialmente l'opera sua a pro di Silvio, ne sembra che possa nondimeno porgerle maggior agio a secondare gli impulsi del benefico suo cuore, nel quale sono riposte le nostre speranze.

Noi tutti rivolgiamo adunque le più calde preghiere all'E. V. V'ha pur troppo a temere, qualora l'implorata Grazia non vada a sollevare l'infelice dall'abbattimento in cui è caduto, ch'ei soccomba prima del termine dell'impostagli pena.

Degnisi perdonare le frequenti importunità che siam costretti di recarle, e accolga cogli attestati della somma nostra gratitudine gli omaggi di mio padre, e quelli con cui ho l'onore di essere rispettosissimamente,

Torino, 31 ottobre 1827.

Di Vostra Eccellenza

Umil.mo Devot.mo Obbed.mo Servitore,

Luigi Pellico.

E nell'anno seguente Onorato Pellico ricorreva allo stesso Ambasciatore colla seguente:

Eccellenza,

Conforme ebbi l'onore di accennare a V. E. nella mia del 9 corr.; nello inviarle che feci la consaputa Supplica, ho oggi la soddisfazione d'informarla, che il sig. Conte della Torre, sulla richiesta per me fattagli dal sig. Governatore, ebbe la bontà di promettergli che avrebbe scritto quanto prima a V. E. affinchè s'adoprasse pure costà pel mio povero Silvio. Spero perciò che le avrà scritto in proposito lunedì scorso, o in quest'oggi. – S. E. il sig. Ministro d'Austria ha fatto riconoscere la cosa dal suo signor Cancelliere, e mi assicurò jeri, che la mia Supplica stata a lui trasmessa dalla Regia Segreteria di Stato per gli affari esteri, fu da esso spedita a Vienna con nota del 10 novembre p. p. e che arrivò il giorno 19 del detto mese. – Convien ch'essa sia rimasta compresa fra mezzo ad altre carte nella cancelleria Imperiale. Ma confido nel grazioso interessamento che V. E. si degna prendere per noi, e spero che l'inconveniente d'un siffatto ritardo renderà più efficaci i di Lei buoni officj, e che riuscirà a fare partecipare a pro di Silvio degli atti di Clemenza che in questi giorni del gloriosissimo suo compleanno S. M. l'Imperatore e Re accorderà a sollievo de' miseri. – Ho l'onore di riconfermarmi co' sensi della più viva gratitudine e profondo rispetto.

Di V. E. Umil.mo Devot.mo e Obb.mo Servitore.

Onorato Pellico.

Torino, 13 febbraio 1828.

CAPITOLO VII.

LA LIBERAZIONE, LE MIE PRIGIONI, MEMORIE PERDUTE

> E come quei, che con lena affannata,
> uscito fuor del pelago alla riva,
> si volge all'acqua perigliosa, e guata:
> Così l'animo mio, ch'ancor fuggiva,
> si volse indietro a rimirar lo passo...
> (*Inferno*, I, 22-26).

Il 30 luglio del 1830, l'addolorato padre del prigioniero scriveva alla sua

Amabilissima Giuseppina,

Avendo potuto resistere alla pena, che ho sentito in leggere ciò che riguarda il nostro caro Silvio, ti mando l'unica copia corretta subito da Luigi, affinchè tu la conservi presso di te. Quando Silvio sarà restituito a casa, tu gliela farai poi vedere: ma quando sarà questo *quando* io non so presupporlo. Non ho mai più avuti riscontri da Vienna sull'esito della mia supplica, che un anno fa come oggi, ho spedito, acciò Silvio fosse rimesso in libertà al compimento della sua pena, che doveva scadere del 21 agosto 1829, giusta quanto egli stesso ci aveva scritto. Dal che vedi che non ci resta che la rassegnazione alla volontà di Dio nel sopportare con calma, e pregar intanto il Signore acciò muova il cuore di Chi solo può renderci contenti.

Il tuo affezionatissimo padre
Onorato Pellico.

La pena provata dal vecchio Pellico si riferisce a una poesia composta in quel tempo, per la creduta morte di Silvio. Essendo bella, e oramai scordata, e facendoci conoscere in che conto gl'Italiani di allora avevano la memoria dell'autore di *Francesca da Rimini,* la pubblichiamo insieme con le postille dello stesso Onorato Pellico (1):

Sulla vociferata morte di Silvio Pellico.

Ode.

Luna romita aerea,
Tranquillo astro d'argento,
Come una vela candida
Navighi il firmamento,
Come una dolce amica
In sua carriera antica
Segui la terra in ciel.

---

(1) Maroncelli la pubblicò nelle *Addizioni,* ediz. cit., p. 145, con differenze *notabili.*

La terra, a cui se il limpido
Tuo disco s'avvicina,
Ti sente, e con un palpito
Gonfia la sua marina:
Forse è gentile affetto
Qual desta in uman petto
La vista d'un fedel.

—

Simile al fior di Clizia,
Fisso del sol nel raggio
L'occhio, il pensier del misero
Ti segue in un viaggio,
Chè la tua luce pura
Sembra sulla sventura
Un raggio di pietà.

Ahi! misero - fra i miseri,
Tolto al gioir nel mondo,
Geme il tradito Silvio
Dello Spilbergo in fondo:
Speme non ha d'alta,
Vive, ma della vita
Di chi doman morrà.

—

Batti il tuo raggio tremulo
Sul rio castello, o Luna,
E scintillando penetra
Sotto la volta bruna:
Cerca nel viso bianco
Del giovinetto stanco
La faccia del dolor.

Sol quella faccia pallida
In campo nero appare,
Come un languente cereo
Sul mortuario altare,
O qual da mano cara
Sul panno della bara
Deposto un bianco fior.

—

Raro è il cangiar dell'aere,
Che in petto gli sospira;
Intorno ai fianchi un duplice
Cerchio di ferro il gira,
In ceppi è la sua mano,
Nessun colloquio umano
Lenisce il suo destin.

Fra le catene libero,
Nell'agonia cresciuto
Giù per la fronte squallida
Discende, e va perduto
Sull'affannoso petto,
Sul doloroso letto,
In mezzo all'ombre il crin.

—

Ma questa notte è l'ultima
Notte per lui di duolo;
Il travagliato spirito
Sta per alzarsi a volo.
Presso al fatal momento,
In torvo avvolgimento
Nuotano i suoi pensier.

Fatto guancial dell'omero
Alla smarrita fronte,
Parla, e somiglia il murmure
Di sotterraneo fonte.
Fra i suoi più cari il giorno
Sogna del suo ritorno
Morendo il prigionier:

—

« Quando l'inesorabile
Parola udii: *vent'anni!* (1)
Non io credea sorvivere
A tanta ora d'affanni;
Ma il duol non m'ha consunto,
E il termine raggiunto
Del mio patir è già.

Al mio solingo carcere
Pietoso Iddio mi toglie,
Cade a' miei piè la ferrea
Catena e si discioglie.
Sento dal cor profondo
Levarsi un mortal pondo,
Sento la libertà.

—

Ecco, redento ai palpiti
Del sen materno io sono.
Le nostre piaghe il balsamo
Asterga del perdono.
Madre, la man pietosa
Soavemente posa
Qui del tuo figlio al cor.

---

(1) Il poeta ha preso sbaglio nel numero degli anni; doveva dire: *quindici*

Tu mel dicevi, o trepida
Del mio bollente ingegno:
Di chi è potente, o Silvio,
Non provocar lo sdegno!
Ma bella, e splendid'era,
Come le nubi a sera,
La mia speranza allor.

—

Credetti un brando a Italia
Ridar, novello Bruto,
Tornar alla sua gloria
Sperai l'augel caduto,
Destar la neghittosa,
Che il capo all'alpi posa
E stende all'Etna il piè.

Or tu chi sei, che barbaro
Insulti al mio dolore,
Ed osi al sogno irridire
Che mi mentìa nel core?
Coprimi, o madre, il viso,
Che quel superbo riso
Non veggasi per me. »

—

Pace, o morente: agl'Itali
La tua memoria è pianto.
Caggia quel dì dai secoli,
Quel dì che Italia al santo
Tuo cenere non plori,
Nè la memoria onori
Di chi per lei morì.

Ma qui la luna in candido
Mattin lene si solve,
E leve di quel misero
In morte si dissolve
Il languido sospiro.
Bella del suo martiro
L'alma del giusto uscì.

—

Vennero allor, disciolsero
L'esanimata spoglia,
Del carcer la deposero
Sotto l'ignuda soglia.
Nefando monumento,
Delle catene il lento
Nodo vi posa sù.

E alcun non seppe? E Silvio
È d'ogni giorno, e d'ogni
Ora il pensiero; Silvio
Son d'ogni notte i sogni;
E ancor s'attende il canto
Che piacque a Italia tanto:
E Silvio non è più!

La presente Ode è uscita nel 1827, ed era attribuita al signor Giunio Bazzoni Milanese, quindi nel 1830 si è divulgata sotto il nome del Dottore Giustiniani, poeta improvvisatore.

°

La grazia della liberazione, l'uscita a più respirabil aere, i sentimenti di una prima libertà dopo nove anni di dura prigionia... sono cose descritte dallo stesso Silvio Pellico nelle sue *Prigioni*. Quali accoglienze incontrasse nel suo ritorno, e quali memorie gli giocondassero l'anima le amate terre e il respirar le aure dell'amata Italia sappiamo da questa scena, *verosimile*, ch'egli descrive come accaduta in una locanda di Brescia. Non sappiamo resistere all'idea di ripresentarla al lettore, almeno come saggio:

« Benchè angosciatissimo, così egli al capo 95, qual io m'era, per tante cagioni, il seguente caso mi fece alquanto ridere.

« Sopra una tavola della locanda v'era un annuncio teatrale. Prendo, e leggo: - *Francesca da Rimini - opera per musica*, ecc.

« — Di chi è quest'opera? — dico al cameriere.

« — Chi l'abbia messa in versi e chi in musica, nol so, - risponde. - Ma insomma è sempre quella *Francesca da Rimini*, che tutti conoscono.

« — Tutti? V'ingannate. Io che vengo di Germania, che cosa ho da sapere delle vostre Francesche?

« Il cameriere (era un giovinotto di faccia sdegnosetta veramente bresciana) mi guardò con disprezzante pietà.

« — Che cosa ha da sapere? Signore, non si tratta di Francesche. Si tratta d'una *Francesca da Rimini* unica. Voglio dire la tragedia del signor Silvio Pellico. Qui l'hanno messa in opera, guastandola un pochino, ma tutt'uno è sempre quella.

« — Ah! Silvio Pellico? Mi pare d'aver inteso a nominarlo. Non è quel cattivo mobile che fu condannato a morte e poi a carcere duro, otto o nove anni sono?

« Non avessi mai detto questo scherzo! Si guardò intorno, poi guardò me, digrignò trentadue bellissimi denti, e se non avesse udito rumore, credo che m'accoppava.

« Se n'andò borbottando: — Cattivo mobile? — Ma prima ch'io partissi, scoperse chi mi fossi. Ei non sapeva più nè interrogare, nè rispondere, nè servire, nè camminare. Non sapea più altro, che pormi gli occhi addosso, fregarsi le mani, e dire a tutti, senza proposito: — Sior sì, sior sì! — che parea che sternutasse (1). »

« Chi mai, racconta pure egli stesso, chi mai potrebbe descrivere la consolazione del mio cuore e de' cuori a me diletti, quando rividi e riabbracciai padre, madre, fratelli?... Non v'era la mia cara sorella Giuseppina, che il dover suo teneva a Chieri, ma udita la mia felicità, s'affrettò a venire... (2). »

E questa così ci descrive que' fervidi momenti:

« Il 17 settembre Silvio giunse a casa in cattivissimo stato, sì, cioè senza forze e senza fiato, ma c'era finalmente. Vari affari m'impedirono di volare immediatamente ad abbracciarlo, io mi rodeva d'impazienza, egli mi

---

(1) Dalle *Mie Prigioni*, c. 95.
(2) Le *Mie Prigioni*, cap. ultimo.

scrisse (1): ma dopo quattro lunghissimi giorni fui consolata anch'io, consolata di rivederlo, accorata del suo compassionevole stato. Oh! come era smunto ed esausto! Ci gittammo nelle braccia uno dell'altro piangendo e ridendo ad un tempo; mille e mille cose avevamo a dirci, ma come sospendere i teneri baci! Nè tu puoi immaginare, nè io descriverti quei primi momenti di dolcezza dopo tanti anni di dolore. Egli avrebbe avuto necessità di quiete e di riposo dopo sì lungo viaggio, dopo tanto patire; quelle emozioni lo affievolivano, lo stancavano, eppure gli era impossibile star quieto, o stare a letto « Oh! lasciate, diceva egli, ch'io vi dica e vi ripeta quanto vi ho sempre amato tutti; lasciate ch'io contempli i vostri cari volti, non ne sono mai sazio. »

« In ottobre feci un'altra scappata a casa; Silvio, mediante la cura di Maman, era già alquanto meglio. Nei pochi giorni ch'io mi trattenni a casa, H. (cioè un Signore (2) Tedesco) venne (a) vedermi; era quella la prima volta, e piacque a tutti. Siccome discorrendo con

---

(1) Nell'Epistolario, 15 settembre 1830, così le scriveva: «Il tuo Silvio è qui e non vede l'ora di dirti quanto il suo povero cuore è stato inondato di gioia... Je *suis reparti* (de Verceil) *hier* de grand matin; - ecc. *vers le soir* je fus dans les bras de... oh quel père! quelle mère! quels frères! - Maintenant je suis aussi dans les tiens: serre-moi de toute ta force, et pleure et ris comme moi: - Adieu, ma mie: garde-toi bien de m'oublier, sais-tu? Adieu, Adieu. » - *Se la data di questa lettera non è errata*, Silvio sarebbe giunto a Torino nella sera del 14, e non del 17 settembre. E nella lettera al conte di Pralormo, cit. a p. 218: « Giunsi, dice, venerdì sera, 18, nel seno della mia famiglia. »

(2) Un luterano convertito, che sperava di sposare la Giuseppina Pellico. Questa ne parla a lungo nelle sue memorie.

Silvio, egli parlava nella sua lingua, la fantesca, la quale essendo avvezza a sentirci parlar francese tra noi, lo capiva un poco, udendo essi, li ascoltò colla bocca spalancata, poi corse da Luigi e dal Teologo (Padre Francesco Pellico), gridando: « Oh! come fanno i tedeschi a parlar francese! Non si capisce altro fuorchè *flic floc flic flac.* »

**

« Siccome Silvio in prigione, continua la Giuseppina quantunque non si potesse scrivere, non tralasciava di comporre a memoria; tosto che fu a casa, dopo la consolazione di essere cogli amati parenti, il suo più gran piacere era il mettere in carta i suoi componimenti. Si credevano al mattino che riposasse, ed egli invece si sbrigava a scrivere. Allo Spielberg egli *aveva imparato a vederci senza lume,* epperciò non ci avvedevamo in casa ch'egli scrivesse mentre lo credevamo a letto; altrimenti Maman avrebbe avuto la crudeltà, così si esprimeva, di non lasciargli carta in camera.

« In questa seconda mia gita, Silvio essendo più calmo, ed io pure, egli potè leggermi nell'animo, e non fu malcontento. Egli mi scrisse:

«... Le peu de jours que tu as passé ici m'ont laissé l'âme contente; car j'ai lu dans la tienne, et j'ai vu que tu es vraiment Rosine de tout ton cœur, sans vaines inquiétudes, sans désir d'améliorer, affectionnée à tes filles comme à tes devoirs... (1). »

« A misura che ricuperava le forze egli poteva ricevere qualche visita, ed uscire qualche poco; tutti lo volevano, ma gli era troppo necessaria per la sua sanità la moderazione in tutte le cose: il suo stomaco, i suoi nervi erano rovinati dai lunghi patimenti, i quali non poterono però abbattergli nè l'intelletto nè il cuore; il *perchè ognuno lo capisce*... (2). »

*_{*}

Uno de' primi doveri di Silvio restituito alla libera vita fu di esprimere il suo animo riconoscente verso chi s'era adoperato per la sua liberazione.

Diamo quindi le lettere seguenti:

Silvio Pellico al conte di Pralormo.

19 settembre 1830.

Eccellenza,

Uno dei primi doveri che sente l'animo mio, appena restituito alla famiglia, si è quello di esprimere a V. E. la più profonda gratitudine per tutto l'interesse ond'Ella

---

(1) Epistolario, francese (Torino, 1878), 20 ottobre 1830. La Giuseppina Pellico era allora Superiora nella casa delle Rosine in Chieri.

(2) **Giuseppina Pellico**, *Autobiografia*, quaderno 4.

procacciò d'abbreviare i lunghi anni della mia sventura, e con sì mirabile costanza, che alfine vi riuscì. La bontà che l'E V. ebbe di partecipare sollecitamente al mio infelice Padre la grazia fattami da S. M. l'Imperatore, accresce, se pur è possibile, la mia riconoscenza, giacchè ogni istante diminuito alle afflizioni de' miei cari parenti, era il miglior benefizio ch'io potessi bramare.

La grazia fu annunciata il 1° d'agosto. Partito, coi miei compagni, da Brünn il 6, giugnemmo il giorno 8 a Vienna, ove il mio desiderio sarebbe stato di venirle a porgere i miei ossequi e i miei ringraziamenti; ma la gelosia con cui eravamo custoditi, mi privò di questo anelatissimo onore.

Dopo essere stato ammalato alcuni giorni a Vienna, ebbi da S. E. il conte di Sedlnizky il permesso di girare alquanto per la città ed a Schönbrunn, sempre però accompagnato dal Commissario Imperiale sig. Carlo de Noe, e colla più grande precauzione, perchè io non avvicinassi alcuno. Del resto il Sig. de Noe, per ordine sovrano, e con tutta la gentilezza ch'è propria alle belle anime ci trattò co' più distinti riguardi, sino a Milano: ivi lasciatolo, venni ansiosamente alla sospirata terra di Piemonte. A Novara mi trattennero dal giorno 11 fino al 16 alla Caserma de' Carabinieri. Finalmente ebbi la libertà di partire e giunsi venerdì sera (18) nel seno della mia buona famiglia. Con essa, ho benedetto e benedico incessantemente l'E. V. che ha avuto la degnazione di tanto adoprarsi a favor mio. Gradisca il rispettoso omaggio che le fo de' miei sentimenti, e nutra certezza che corrisponderò con tale condotta, da non meritare mai più la disapprovazione de' Governi, e da comprovare ad altri, che V. E. non tolse a redimere un uomo indegno della sua protezione.

Ho l'onore di essere colla più reverente osservanza,
Di V. E.

Umil.mo Obbl.mo Devot.mo servitore
Silvio Pellico.

PS. I sentimenti di Silvio sono quelli de' genitori, e de' fratelli suoi. Essi non cessarono di pregare il cielo a rimunerare largamente V. E. e l'egregia di Lei famiglia colle maggiori contentezze e felicità. Cogli omaggi di noi tutti, aggradisca l'E. V. gli atti del più profondo rispetto dell'Umilissimo,

Devot.mo et Obb.mo servitore
Onorato Pellico.

Silvio Pellico al Conte di Pralormo.

24 luglio 1832.

Eccellenza,

Grato del gentile invito che l'E. V. si compiacque farmi, era mio proposito di venire, alla fine di questo mese, a riverirla ed a procurarmi l'onore di presentare i miei doveri all'Ecc.ma signora contessa. Qualche affare mi trasse ad accettare il mio ritorno da Camerano, e con mio rincrescimento prevedo, che forse dovrò fermarmi in città per tutto il resto della stagione. Mi prendo quindi la libertà di scrivere a V. E. per l'oggetto che segue:

Composi un libro di *Memorie* sui miei dieci anni di sventura, facendomi assoluto debito di non offendere nè compromettere alcuno, e d'esporre candidamente sensi di moderato e religioso animo, la manifestazione de' quali sembrommi poter non essere scevra di salutari effetti morali.

Portai dapprima il manoscritto al sig. Abate Botto, Revisore Arcivescovile, pregandolo di dirmi se gli paresse cosa pubblicabile. Lo lesse, e non solo non vi rinvenne alcuna mancanza a qualsiasi specie di riguardo, ma lo reputò un libro utile, qual era stata mia brama che fosse. Lo passai quindi al conte Provana, revisore politico, ed il suffragio suo fu ugualmente pienissimo. Per abbondare inoltre di prudenza, egli mostrò le mie *Memorie* a S. E. il sig. conte Barbaroux e questi fu dell'opinione medesima.

Il manoscritto venne dunque munito delle richieste approvazioni, ed ora mi accingo a stamparlo. In esso vorrei fare la dovuta menzione de' miei obblighi di gratitudine verso l'E. V.; ma sento quanto le convenienze d'un Ministro della nostra Corte presso S. M. Austriaca rendano delicato un simile tocco. Se mi fosse permesso di dire ne' più estesi termini la bontà che V. E. ebbe per me, sarebbe pel mio cuore la più grande soddisfazione. Ma, ove le sue convenienze ostassero a ciò, le chieggo se potrei almeno, parlando del mio passaggio a Vienna allorchè fui graziato, dire le seguenti parole:

Io anelava di presentarmi a S. E. il sig. conte di Pralormo Ambasciatore Piemontese alla corte Austriaca, alla bontà del quale io sapeva di quanto andassi debitore. Ma il divieto, ch'io non vedessi chi che si fosse, non ammise eccezione.

Pregandola in tanto di voler far gradire i miei umili ossequi a S. E. la signora contessa di Pralormo, ho l'onore di rinnovare all'E. V. l'attestato de' miei più distinti sentimenti di stima e di riconoscenza, che meco riverendola condividono i miei genitori e tutta la nostra famiglia.

Di Vostra Eccellenza

Umil.mo Obb.mo e Obblig.mo Servitore
Silvio Pellico.

Silvio Pellico al conte di Pralormo.

4 agosto 1832.

Eccellenza,

Se mia Madre la quale è malata, racquisterà, come spero, miglior salute, nulla potrà rattenermi dal venire a presentar costà all'E. V. i miei doveri, giacchè oltre ogni dire fortunato dovrò estimarmi di poter essere onorato d'ospitalità e di particolar conoscenza da uno degli uomini che più venero, e la cui nobiltà d'animo fu da me tanto sperimentata.

Valuto come nuova prova di grazia, ben lusinghevole per me, il consentire V. E. ch'io fregi del riveritissimo suo Nome una pagina delle mie Memorie. Sento tutta la gentilezza di questa concessione, e ne le sono obbligatissimo.

Nel pregarla di gradire la rispettosa servitù di mio padre e di mio fratello, ho l'onore di riprotestarmi a Lei vincolato d'ogni sentimento di gratitudine. E frattanto che io abbia la sorte d'inchinarmi in persona all'Ecc.ma Signora Contessa, supplico l'E. V. di volerle porgere i miei reverenti omaggi.

Di V. E.

Umil.mo Obbed.mo servitore
Silvio Pellico.

Silvio Pellico al Conte di Pralormo.

2 giugno 1834.

Eccellenza,

Il sig. conte di Bombelles, Ministro Austriaco, ha avuto la bontà di farmi avvertire, ch'erano stati trovati a Vienna alcuni oggetti a me appartenenti, invitandomi a farli ritirare. Siccome so per prova quanta sia la grazia che V. E. si degna d'avere a mio riguardo, ardisco pregare Lei di volere a nome mio far ricuperare quegli oggetti - dei quali qui le congiungo la nota, e che sono alla Direzione Generale di Polizia, od al Ministero.

Sarei infinitamente grato all'E. V. s'ella inoltre si compiacesse di tenerli presso di sè, per favorire poscia di recarmeli, allor quando avremo il bene d'una sua venuta a Torino. Se per altro questo riuscisse troppo incomodo e non fosse possibile, la pregherei di farmi spedire il tutto per la via la più economica.

Supplico V. E. di perdonarmi la libertà che mi prendo e di gradire ch'io le rinnovi l'attestato dell'indelebile gratitudine ch'io le professo, e che meco divide tutta la mia famiglia.

Mio padre e mio fratello Luigi m'incaricano particolarmente di presentarle i loro umili ossequi. Godiamo spesso insieme di mentovare V. E. come uno de' nostri più cari benefattori, e preghiamo il Cielo di rimunerarnela con ogni sorta di benedizioni per Lei e per tutta la sua Casa. Chieggo sempre nuove di Loro all'ottimo abate Gorresio.

Mi faccia l'onore di porgere i miei omaggi all'Ecc.ma sig. contessa, e mi protesto con tutto il rispetto,

Dell'E. V.

Umil.mo Obblig.mo e Obb.mo servitore
Silvio Pellico.

(*Nota degli oggetti accennati nella lettera*):

1 Un orologio d'oro con catena d'acciaio.
2 Opere di Machiavelli, 9 volumi.
3 Decamerone, 4 vol.
4 Della Letteratura italiana, 2 vol.
5 Dante, 2 vol.
6 Raccolta di prose e poesie, 2 vol.
7 Annibale Caro, 1 vol.
8 Sinonimi di Grassi, 1 vol.
9 Aminta, 1 vol.
10 Galateo, 1 vol.
11 Castiglione, 1 vol.
12 Sinonimi del Padre Rubbi, 1 vol.
13 Iliade di Monti, 2 vol.
14 Odissea di Pindemonte, 2 vol.
15 Adelchi di Manzoni, 1 vol.
16 Biblia Sacra vulgatæ editionis *Coloniæ Agrippinæ* 1682.
17 Parecchi miei manoscritti e lettere.

***

Come Silvio Pellico venisse nel proponimento di scrivere la storia delle sue prigioni, anzichè narrarlo con un poco di fantasticheria, come ha fatto Nicomede Bianchi (1), reputiamo miglior cosa e più sicura sentirlo dal medesimo Silvio. Questi espone così la cosa nel sesto dei *capitoli inediti* delle sue memorie, pubblicati in francese dal De Latour (2), e voltati in italiano nell'edizione del Pomba delle *Opere* di Silvio Pellico (1852), e nelle *Prose* di S. P., edizione di F. Le-Monnier (1858):

« Negli ultimi anni della mia prigionia, una delle mie più grandi consolazioni era stata l'avere per direttore di coscienza un sacerdote di molto merito. Desiderava ardentemente trovarne a Torino uno simile, e lo trovai. Fu questi un venerabile ottuagenario, l'abbate Giordano, curato della mia parrocchia, uomo di grande dottrina e santità. La scelta di un padre spirituale è per un cattolico di suprema importanza; e, quanto a me, non saprei dire tutto il bene che reca all'anima mia un amico vero di Dio, il quale di Dio mi parli con autorità, con amore, senza pedanteria.

« Quel santo vecchio, avendomi udito a mano a mano raccontare per minuto tutto quello ch'io aveva sofferto nelle prigioni di Milano, di Venezia e dello Spielberg, mi consigliò a scriverne la narrazione e a pubblicarla. Dapprima non fui del suo parere. Mi sembravano tuttora troppo ardenti in Italia e in tutta l'Europa le passioni politiche, tuttora troppo comune il furore di calunniarci

---

(1) *Curiosità e Ricerche*, puntata 11, pp. 374 e segg.
(2) *Mes prisons, suivies du Discours* ecc., *avec des Chapitres inédits*. Paris, Charpentier, 1843 - H. Lebrun, 1870.

a vicenda. - Le mie intenzioni saranno mal giudicate, - io diceva; - le cose che avrò raccontate con scrupolosa esattezza saranno rappresentate da' miei nemici come prette esagerazioni, e ogni riposo sarà perduto per me.

« - Due sorta di riposo vi sono, - rispondeami il degno sacerdote; - il riposo delle anime forti, e quello dei pusillanimi; quest'ultimo è indegno di voi, è indegno d'un cristiano. Nel libro che vi ho consigliato di scrivere, voi renderete alta testimonianza alla immensa carità del Signore verso gl'infelici che ricorrono alla sua grazia; mostrerete quanto il Deismo e la filosofia siano impotenti a fronte della religione cattolica. Molti giovani, letto il vostro libro, scuoteranno il giogo della incredulità, o almeno saranno più disposti a rispettare la religione e a studiarla. E che importa, se mentre voi farete un poco di bene sorgerà qualche nemico a calunniare le vostre intenzioni?

« L'ottimo Don Giordano aveva una maschia e generosa eloquenza, efficacissima sul mio spirito. - Il riposo dei pusillanimi non ha alcun valore! - ripetevami spesso. - Pensateci bene, se Dio vi concedè di acquistarvi nome in letteratura, fu per animarvi a scrivere qualche libro salutare pel prossimo.

« Queste ragioni non mi aveano indotto ancora a promettere formalmente di ubbidire, e chiesi tempo a riflettere; ma ogni volta ch'io incontrava il buon vecchio, ei stringevami la mano come per trasfondere in me la sua energia; poi alzava due dita ripetendo: - vi sono due sorta di riposo: scegliete.

« Parlai di quel progetto a mia madre. - Vi scorgo un pericolo, - ella dissemi, - e questo mi fa tremare. Che la preghiera c'illumini!

« Pochi giorni dopo, ella mi chiese, se io aveva pregato Dio con questa intenzione. - Sì, - le risposi, - credo che un tal libro possa essere utile, e ch'io debba scriverlo.

« - Alla prova dunque! - risposemi; - io pure ho pregato, e ora mi sento tranquilla.

« ..... Finito il lavoro, io, prosegue a narrare, era quasi determinato a lasciar dormire per dieci o quindici anni il mio manoscritto, e questo era secondo i più il partito migliore: mia madre non consentì ch'io persistessi in questa determinazione, la quale più che altro era il frutto del tedio e della incertezza. - Tutto dee farsi, - ella dissemi, - per obbedire alla propria coscienza, e nulla pei rispetti umani (1). »

Ai consigli di un prete ed alle esortazioni di una madre l'Italia va debitrice delle *Mie Prigioni* di Silvio Pellico!

Cominciatane la stampa verso la metà di agosto del 1832 (2), usciva alla luce a' primi di novembre (3).

---

(1) L. c., p. 180-81.
(2) Lettera al conte Balbo, 11 agosto 1832.
(3) Lettera al P. G. Gioseffo Bognino, 25 ottobre 1832.

Parlare del merito letterario di tal libro non è di questo luogo; dire poi dell'ansiosa accoglienza che gli fece il pubblico nostrale e forestiero, dell'immenso spaccio che ebbe in poco tempo, e delle traduzioni che se ne fecero in varie lingue, riputiamo opera gittata. Nella prima metà di questo secolo non sappiamo quale altro libro abbia incontrato tanto il favore dei dotti, e tanto penetrasse sino all'anima del popolo italiano, quanto le *Mie Prigioni* di Silvio Pellico. Il canto melanconico di Maddalena, quell' « incognita peccatrice », che nelle prigioni di Santa Margherita ripetea il mesto ritornello:

Chi rende alla meschina
la sua felicità;

la « pietosa Zanze » che ne' *Piombi* di Venezia, ingenua fanciulla, bacia i versetti della Bibbia che si fa spiegare dal prigioniero; quella burbera figura e il cuor tenero di Schiller, il suo strepitare e poi cogli occhi pieni di pianto mirar Silvio Pellico tra le braccia del morente Oroboni: sono tali scene che al leggerle non c'è Italiano che abbia potuto comprimere il fremito...

Silvio Pellico *intese* mai di fare scontar all'Austria il danno cagionato a tanta gioventù, a cui troncò le speranze e la salute co' famosi processi e col *carcere duro?* Non lo crediamo; a ogni modo l'effetto di quel libro fu tale, che secondo l'espressione del Metternich, riuscì al dominio Austriaco di maggior nocumento che la perdita di una battaglia campale (1).

Vero è che il Metternich negò al racconto de' pietosi casi di Silvio la *veracità*, dicendo esplicitamente che quelle pagine non contengono « Pas un mot de vrai! » - Cui Luigi Veuillot rispondeva:

— Je crois bien, observai-je, qu'il y a beaucoup d'exagération dans les récits d'Andryane; *cela se sent*. Mais Pellico?

— Oh! celui-là, dit le prince avec un sourire grave, il a vraiment abusé de la supériorité intellectuelle que Dieu lui a donnée, comme de la grâce que l'Empereur lui a faite; *et je lui en veux énormément d'avoir su faire d'un livre de calomnie un livre de prière*.

— Prince, lui dis-je, vous me consternez. Votre Altesse me permettra d'avouer que je ne puis encore accuser Silvio Pellico d'avoir menti.

— Qu'il ait *voulu mentir*, reprit le prince, *c'est ce que Dieu sait mieux que moi, mieux peut-être que Pellico*

---

(1) — « Prince (così Luigi Veuillot a Metternich)... les livres des prisonniers ont fait leur chemin, et le résultat a été plus terrible pour l'Autriche qu'une bataille perdue.

— (Metternich). Je ne prétends pas le contraire. Et quand même le gouvernement impérial aurait consenti à cette guerre de papier contre des adversaires qu'il venait de gracier, c'eût été un abaissement inutile; la bataille eût été tout de même perdue... » Louis Veuillot, *Mélanges religieux, historiques...*, 2.e serie, (Paris, 1860). vol. 6, pp. 17-18, in un colloquio che ebbe col famoso Cancelliere in Bruxelles verso la fine del 1849; e ci avverte a pag. 1: « Je suis assez sûr de ma mémoire pour affirmer que le prince de Metternich m'a bien dit tout ce que je rapporte, et je reproduis, la plupart du temps, jusqu'à ses expressions. »

lui-même. Mais il y a du mensonge et de la trahison dans ce beau livre. Du mensonge: les faits sont ou inventés ou exagérés mensongèrement. De la trahison: il avait promis, en recevant sa grâce, de respecter le gouvernement de l'Empereur et de ne lui point porter préjudice..... (1). »

Confessiamo che al leggere queste parole ci siamo sentiti vacillare la penna in mano. Tuttavia, dopo vagliato ogni cosa all'esame di una critica spregiudicata, reputiamo che il principe di Metternich, il quale così parlando incarnava l'Austria nella sua persona, sentì la ferita recata da quel libriccino giungergli nel vivo delle carni. Non osa dire che Silvio Pellico fosse mentitore, si limita a farne un *esageratore menzognero non per malizia voluta ma per inconscia esaltazione imaginaria*. Non reca a sindacato le cose narrate, non le confuta; parla solo dello spirito e della tendenza del libro (2); quindi non ne distrugge la veracità, e mostra attraverso il velame delle amare parole, che Silvio Pellico avea colpito giusto. Per tanto si deve perdonare al gran Cancelliere Austriaco

---

(1) L. c. Cf. l'Abbé U. Maynard, *Jacques Crétineau-Joly, d'après ses Mémoires, sa correspondance et autres documents inédits.* Paris, Didot, 1875, p. 358, dove riferisce tutto questo colloquio interessantissimo.

(2) Lo stesso Silvio n'era *conscio*, quando scriveva al P. Boglino (Giovedì, Torino 1831): « Al ministro (d'Austria) *irato e furibondo*,... avresti potuto rispondere che l'amico tuo tiene in serbo un volume secondo, quando egli sappia che il primo non sia per piacere alla M. I. R. Apostolica. » *Curiosità e Ricerche*, punt. 11, p. 381. Allude alle Memorie Autobiografiche, delle quali parleremo fra breve.

quell'espressione: *Voglio tutto il male del mondo a Silvio Pellico; perchè ha saputo convertire in libro di preghiera un libro calunnioso.* Anche noi siamo di parere che il poeta saluzzese abbia esagerato dando colorito e movenza alle scene con rara forza d'artista: reputiamo però la sostanza delle cose *non inventata* (1).

°°*

Eppure questo libro, *Le mie prigioni*, ebbe a costare a Silvio Pellico per parte non già dell'Austria, che ne aveva proibito la lettura e l'introduzione nella Lombardia, sibbene da alcuni Italiani *soli ipsi*, una tremenda persecuzione, e quasi la perdita di quella popolarità, che ne rese l'immagine così simpatica a' veri Italiani. Fu la guerra accanita che gli mosse quella genìa di uomini, i quali o settarii o ingiusti non perdonarono mai a Silvio

---

(1) Forse peccano di *esagerato* zelo apologetico le seguenti asserzioni di Paride Zaiotti nella *Semplice Verità*:... « È però assai dispiacevole, che *pel maligno e troppo manifesto intento di mostrare in un aspetto odioso il Governo Austriaco*, egli abbia voluto scrivere piuttosto un romanzo che una storia, ed abbia così macchiato di tante falsità un libro, che poteva altrimenti riuscire sì interessante... » p. 11, nota. Vedi quanto abbiamo detto al cap. VI. « Lo Spielberg. »
Anche Chateaubriand nelle sue memorie, « avait appelé la chambre de Silvio Pellico (sotto i *Piombi)* « une prison de poëte; » puis, par la pubblication du *Manuscrit de Zanze*, encadré dans un commentaire délicieux, quoique charmant, il *avait déploré* une des plus délicieuses pages de *Mie Prigioni*. » Maynard, l. c., pp. 360-61. Quelle pagine dilettevoli conservano tuttavia il loro fiore; Silvio Pellico ne rivendicò giustizia nella lettera a Ferrand Humbert, n. 250; e alla Contessa Masino di Mombello, 23 agosto 1836, n. 99. *Epistolario*. (Milano 1882).

Pellico la sua schietta professione di uomo religioso cattolico romano.

« Parecchi di loro, scriv'egli stesso, aveano la pretensione di regolare tutte le mie azioni... Altri cercarono di offendermi nell'onore rappresentandomi qual uomo avvilito dalla superstizione. I più stolidi mi diressero lettere anonime piene d'insulti (1). »

Non pochi lo ebbero, a cagione di quel libro, « come colpevole o di un delitto o di una grande scempiaggine; » erano gente dabbene, troppo timidi dell'onnipotenza austriaca. Altri dissero invece che il libro stesso era « da far vergogna in questo secolo di lumi »; che d'ora innanzi « ogni sua tragedia sarebbe fischiata senza pietà dai *veri seguaci della filosofia...* » e questi molti « volgevano il capo per non salutarlo (2). »

Intanto però i migliori, che onoravano in Silvio lo scrittore, il cittadino e il cattolico (3), gliene davano lode;

---

(1) Cap. 4 *degl'Inediti*, l. c., p. 178.
(2) *Ibid.*, p. 182.
(3) Ha dell'incredibile la stima e l'amicizia di cui godeva Silvio Pellico, tanto nel popolo come nell'aristocrazia piemontese, massime dopo pubblicate le sue *Prigioni*; egli riscosse l'ammirazione cordiale de' Barolo, Balbo, Pralormo, D'Azeglio, Cavour, Santarosa, Masino di Mombello, Benevello, Marenco, ecc., ecc. Da Settime, nella famiglia di questo nome, così scriveva al fratello Luigi, 8 ottobre 1833: « La sera vennero molti signori e signore dalle campagne vicine (Balbo, Peletta, Carcano, Pallavicini, Marchesa di S. Tommaso...) Invece del ballo, era un'altra sorpresa... Si dava una commedia, dicevasi. E poi all'alzarsi del sipario, ecco la mia *Gismonda*, rappresentata dalle damigelle Settime, dalla Contessa Carcano loro sorella maggiore, e dal marito di questa. Sapevano le loro parti a meraviglia, recitavano con intelligenza, e stupirono anche i giudici più difficili! » *Lettere famigliari*, Torino, 1876.

ed egli poteva scrivere al conte Balbo: « Sia quella specie di favore che il pubblico ebbe sinora per me, sia la curiosità che mettono le narrate vicende d'un così detto Carbonaro..., il libro in questi giorni si vende a furia » (19 novembre 1832).

Nè la memoria di Silvio Pellico fu rispettata dell'altro da' posteri scrittori, che di questi primi avversarii ereditarono lo spirito e le libertà intolleranti. « Gli Austriaci, scrive Atto Vannucci, circondarono Silvio Pellico di gesuiti e gesuitanti, i quali gli fecero scrivere sciocchezze. (Per esempio: *Le mie Prigioni!*) Ma l'inganno non riuscì. Tutti sanno che l'antico Silvio non era più, e che il nuovo a cui posero il suo nome era una manipolazione di una *gesuitessa* e di più gesuiti (1). » Queste cose non si *sanno* veramente se non dalla genìa che riconosce Giuda per esemplare; ma tutti devono sapere che Atto Vannucci col barattare la sottana da prete colla toga di Senatore *romano* non giunge a barattare il vero con ciò ch'è falso.

Le molte pagine nelle quali Vittorio Bersezio discorre di Silvio Pellico, si riducono insomma a dire che nell'autore delle *Prigioni* non si ha l'organismo di un tribuno, nè la taglia di un eroe moderno, come si sarebbe desiderato. Tuttavia riconosce che anche quando Silvio « subì quanto

---

(1) I *Martiri*, ediz. cit. p. 277. Dare il nome di *gesuitessa* alla marchesa di Barolo, a una donna di straordinario ingegno e di più straordinaria beneficenza e ad un'amica ammirata dallo stesso Camillo Cavour, è una preziosa confessione, e ne registriamo il significato sinonimo.

bastava dell'influsso loiolesco... non vi fu mai in tutta la sua vita un atto codardo (1). »

Il cantore di *Francesca da Rimini* era, secondo il Bersezio, « di piccolissima statura, di viso ammencito, di corpo esile, pallido pallido, con occhi grigi, vaghi, incerti... camminava lento, quasi rispettivo pur nel passo (2). »

Pure non ci peritiamo di asserire che s'egli avesse bruciato qualche grano d'incenso agl'idoli nuovi, e scagliato qualche moccolo verso la Sprea o il castello di Lojola, noi lo vedremmo torreggiare su piedestallo di granito in giornea da gigante!

Anche Nicomede Bianchi dissimula male la bizza del frustrato desiderio di non incontrare in Silvio Pellico l'antico settario. Tuttavia fa giustizia degli odii vannucciani e proclama come Silvio Pellico, sebbene « si mostra *troppo* mistico in religione, o *troppo* conservativo in politica, o *troppo* prono alla fede e diffidente della religione nella soluzione dei problemi dell'universo (3), egli ha sempre il coraggio della propria opinione, accompagnato da quella imperturbata dolcezza, che essendo virtù manifesta in lui

---

(1) Il *Regno di Vittorio Emanuele. Trent'anni di vita italiana*, vol. I, pp. 178-79. Torino, Roux e Favale, 1878.

(2) L. c., p. 180.

(3) Il ch. Scrittore arrischia il suo *poco* con tutti questi *troppo!* Il misticismo di Silvio Pellico e la sua arrendevolezza alla Fede e diffidenza della ragione nella *soluzione dei problemi dell'universo*, non riconoscono nel mondo cattolico e serio altro eccesso all'infuori del falso; il che certamente non fu il caso del Pellico. *Curiosità e Ricerche*, Puntata 11, pp. 378-79.

e non impotenza d'energico sentire o di farisaica mansuetudine, *sveglia spontaneo il rispetto in chiunque non appartenga a quei certi sciagurati, che hanno talmente naturate in sè la malignità e l'invidia che non possono star senza vibrare scherni e false accuse contro chi non è del loro volgo.* »

A tutti que' susurroni presenti e futuri Silvio Pellico oppose l'imperturbata dignità del silenzio, e la sicurezza arrecata all'anima da quella compagnia che francheggia l'uomo sotto l'usbergo del sentirsi senza paura e senza rimprovero. A nostro parere quel silenzio non sembra indizio di natura *femminea* (1), ma merito di animo vincitore di sè stesso; reputando noi essere più facile e più *femmineo* il garrire e l'offendere, che alle offese il non lasciar trascorrere l'animo risentito. Qualche rara volta protestò pubblicamente, e si fu per dare al Gioberti una mentita placida, ma solenne, come vedremo a suo luogo. Ma negli sfoghi privati cogli amici esalava candidamente, più che il suo dolore, la pietà che sentiva verso i suoi calunniatori. In uno di questi sfoghi col vecchio amico, conte Porro, faceva questa, che possiamo dire sua professione di fede:

« La mia credenza religiosa è... tal quale la manifesto; cioè, cristiano ed interamente cattolico, *il che è frutto di studii e meditazioni e confronti,* donde tutti i sistemi di irreligione filosofica, ed anche di così detto *deismo,*

---

(1) V. **Bersezio**, l. c., p. 178.

mi sono risultati sistemi senza base. Questo mio convincimento, non ho arrossito, e non arrossisco di professarlo, ma senz'alcun fine d'interesse umano. E non mi sono punto accorto d'essere diventato uno sciocco, perchè amo e prego Dio non con riti massonici, ma co' riti della Chiesa. In quanto al fingere sentimenti religiosi che io non avessi, ed insomma far l'ipocrita, coloro che primi l'hanno immaginato e vociferato sono vile genìa che non mi conosce. Giulio (1) m'ha detto che simili indegne voci voi le respingete con generosa sicurezza.

« Io naturalmente, per effetto delle cose avvenute e del mio modo di sentire, ho due specie di nemici, ma non li curo. Gli uni sono certi fanatici che mi vogliono dannato; e spero che malgrado loro andrò in paradiso; – gli altri sono quegl'imbroglioni, liberali da trivio, giovinastri esaltati da un giacobinismo ignorante ed irreligioso. Vorrebbero ch'io fossi come loro. E quando mai lo sono stato? Il mio patriottismo non fu mai giacobinesco. Abborro tutti i fanatismi plebei, come la più funesta e brutta e stolida delle pesti politiche; e se provai qualche esaltamento di amor patrio, *si limitò alla folle speranza di veder espulse dalla nostra Italia le dominazioni straniere. Sognai nel 1820 un sogno non effettuabile, ma bello, dignitoso, puro.* Questo e non altro era l'amor patrio!

« Al nostro infelice ma nobile delirio, vorrebbero dunque gli eroi mascalzoni ch'io sostituissi il loro abbietto

---

(1) Il figlio del conte Porro, e scolare di Silvio Pellico.

giacobinismo colla dottrina dell'odio e dell'irreligione e dei pugnali, di tutte le turpitudini? Non meritano risposta e non do risposta a nessuno. Bensì gemo che la canaglia s'usurpi titolo d'amante de' lumi. Io que' lumi non li ebbi mai. Ne ho ambito altri anche quando io era giovane; ed ora che sono ormai vecchio non mi trovo molto cangiato, amando io sempre la carità e la giustizia, ma amandole senza delirio, — amandole cristianamente... (1). »

*
* *

La fama popolare, mista di stima e di simpatia, che *Le mie Prigioni* procacciarono al Pellico in tutta Europa, mosse Pietro Maroncelli a fare delle *Aggiunte* a quel libro, coll'intento manifesto di far parlare di sè. Nel 1834 pubblicò in Parigi le *Addizioni*, che servirono di goffa cornice a una bella dipintura. La differenza di queste due scritture risponde all'indole diversa degli autori e ci presenta un contrasto notevole tanto nell'opera d'arte come nella riuscita. Maroncelli fece opera di poco giudizio: le sue note riuscirono di stridente disarmonia colla sobria varietà delle imagini e la pura religione del testo. L'azione e i personaggi e la scena parlante erano già condotte da Silvio all'ultimo confine; l'oltrepassarle di una sola linea era peccato d'arte, e dovea generare fastidio. Poi quelle sclamazioni manierate, la maldicenza e l'animo irre-

---

(1) Lettera al conte Luigi Porro a Marsiglia, d'incerta data, n. 332, Epistolario cit.

ligioso, e le falsità morali e storiche, e la stucchevole pedanteria di quel suo *cor-mentalismo..*, gittarono molt'ombra sull'opera di Silvio Pellico. Con ragione questi se ne offese. « Diverse cose, dic'egli stesso, concorsero a recarmi dispiacere, e furono tra queste le *Addizioni*... Egli (Maroncelli) certamente non può avere avuto l'intenzione di nuocermi e d'offendermi pur lievemente, chè n'era incapace: pure nelle sue *Addizioni* gli fuggirono alcune sentenze che provocarono contro il suo libro la censura ecclesiastica, e questo libro fu posto all'indice. I miei nemici ne trassero un grande argomento per infierire contro di me... (1). »

Quindi Silvio Pellico rivolse l'animo a comporre la *Storia della propria vita*, cui diede il nome di *Memorie*. Condotte a termine dopo pochi mesi, le presentò al Marchese di Barolo: dicono che Carlo Alberto, nelle cui mani pervennero per mezzo del De Sonnaz amico della famiglia Barolo, le leggesse e ne pigliasse degli appunti.

Checchè ne sia stato, quelle memorie sono perdute. Pare che Silvio Pellico, per consiglio della Marchesa di Barolo, a fine di non dar occasione ad altre dicerie, le desse alle fiamme! (2)

Il P. Bresciani, che le lesse, ne ha lasciato questo cenno, che siamo lieti di riferire *intiero* in questo luogo con le sue stesse parole.

---

(1) Capit. IX degli *Inediti*, l. c., p. 183.
(2) Cf. *Civiltà Cattolica*, ser. 2, vol. 11, p. 12, Cf. Sac. **D. Ponte**. nell'*Unità Cattolica*, 31 gennaio 1884.

CAPITOLO VIII.

DI UN'AUTOBIOGRAFIA DI SILVIO PELLICO

Relazione del P. Bresciani
scritta dal Bresciani medesimo.

Silvio Pellico, dopo aver composto il suo celebre racconto delle *Mie Prigioni*, scrisse estesamente tutta la sua vita sino al momento che fu messo in carcere a Milano; e poscia terminata la sua pena a Spielberg descrive il suo viaggio sino a Torino, e il suo presente soggiorno presso la Marchesa di Barolo.

Silvio diede a leggere il manoscritto secretamente al suo confessore, il quale, desiderando eziandio il mio giudizio, diedeme(lo) per pochi giorni a rivedere sotto il sigillo del più severo secreto, il che io attenni gelosamente. Posso dire con ogni sincerità ch'io non so di aver letto in vita mia più cara cosa e piena di pietà, de' più nobili e teneri affetti di quella. Ivi parla con un candore di stile ineffabile della sua prima puerizia; delle orazioni che gli facea recitare la mamma; delle sue divozioncelle specialmente all'Angelo suo Custode; de' suoi primi sentimenti religiosi e domestici; delle prime passioncelle che sbocciavano nel suo pargolo petto e mettean l'ale; delle sue fantasie dorate, dell'amore ai fratelli, dei primi sensi d'amicizia con certi scelti giovanetti che frequentavano la casa Pellico.

Siccome la madre sua era Lionese, così pervenuto alla prima adolescenza fu mandato a Lione in casa d'un suo zio, e descrive il primo svolgimento de' pensieri ed affetti giovanili, de' suoi studii, de' rapimenti al bello, al tenero, al nobile, al retto con un foco accesissimo di fantasia che gli scaldava il petto giovanile e spronavalo alla lettura de' più grandi poeti antichi e moderni. Quei lunghi capitoli sono una scuola pratica di morale, che beati i giovani italiani se avesser potuto giovarsene.

Silvio però ci fa conoscere in quanti pericoli versi un giovane, che non ha guida e si lasci condurre alla prima foga dei suoi gagliardi affetti eziandio nelle cose per sè stesse innocenti e buone: perocchè discorre ingenuamente della sua smania di leggere senza scelta. Quest'anima così candida e schietta, ma che aveva mente acuta e severa, cadde per isventura sopra autori miscredenti, i quali svolgeano le loro dottrine sopra principii fallaci, nè Silvio era giovane da accogliere nell'intelletto un principio senza trarne tutte le conseguenze che derivan da quello. Indi cominciò in lui quel dubbio spaventoso che a mano a mano il condusse a uno scetticismo profondo sopra gli augusti misteri della santa nostra Religione.

In Pellico si vide più che mai qual dono celeste si è l'aver sortito indole buona, e cuor dolce e affettuoso: imperocchè tuttavia lottando co' suoi dubbi religiosi non si abbandonò mai all'impeto delle ree e turpi passioni. Egli ci dipinge a colori vivissimi il vuoto crudele che sentia regnare nell'anima sua, ch'egli si contendea continuamente di riempire coi più gentili e soavi affetti dell'amicizia terrena, dell'amor fratellevole e figliale, de' suoi cari ed eletti studii; ma quell'anima non solo non si riempiva, chè anzi rimanea più vuota di prima. Pativa, sospirava, gemeva; ma non cercava Iddio; Iddio che unico e solo può riempir l'anima umana, la quale di sua natura tende a un bene infinito: il povero Silvio ci dipinge le sue illusioni di giovinezza, i suoi casti e ferventi amori, le lunghe ore passate fra le più vaghe fantasie, che il sollevavano piacevolmente pei campi eterei d'un bene che gli sfumava dinanzi, e lasciavanlo poi cadere a un tratto nelle voragini del nulla. Allora a una gioia sì breve e sì fallace sottentrava una mestizia lunga e faticosa, che gli affralìva la complessione e radicavalo in quella tristezza che gli divenne sì abituale per tutta la vita.

Mentre Silvio combatteva con se medesimo senza vincere mai, gli intervenne di condursi a Milano, ove narra lungamente degli ultimi anni del Regno d'Italia, e de' primi del Regno Lombardo-Veneto. Questa è la parte più importante per la storia politica e letteraria, dal 1812 al 1820. Ivi narra le condizioni di Milano, e dei letterati italiani che vi fiorivano a quel tempo, coi quali Silvio usava famigliarmente.

Parla di Lamberti, di Muxtoxidi, di Monti, di Lampredi, d'Araldi; e d'Ugo Foscolo del quale era amicissimo, descrive aneddoti curiosissimi, il *Caffè* ove radunavansi la sera, le dispute, le opinioni: ma sovratutto l'indole di quegli uomini singolari. Ugo Foscolo poi v'è ritratto sì al vivo che niuno ci dipinse quell'anima eteroclita a colori sì vivi e sì naturali.

La cosa che più è da considerare si è come Silvio ascriva il suo aborrimento dalle Società secrete ai conforti e alle prediche d'Ugo Foscolo. Ci narra i lunghi ragionamenti ch'ebbe con lui intorno a questo argomento; dice che gridava come un leone. Cotesti che si legano ai giuramenti delle Società secrete sono animali, bestie da capestro, che si lasciano trascinare alla cavezza d'un superiore, a' cui cenni e capricci si legano senza conoscerlo; degni in vero della sorte dell'asino che si tira a zonzo dal più vil mascalzone. Codardi, che non conoscono la libertà! Senti Silvio, s'io mi dovessi obbligare a un'obbedienza (non rider veh) non m'obbligherei mai a quella d'un Venerabile de' Framassoni, ma a quella del Papa. Il Papa almeno è retto da Cristo, che poi alla fine è un buon Dio; ma il Venerabile delle sètte è retto da Satanasso, che alla fine è poi egli altro che il diavolo? Alla mal ora il diavolo; son nato libero, e non vendo la mia libertà a nessuno.

Egli è qui dove Silvio recita quel racconto dello studente dell'università di Padova, il quale prima d'uccidersi volea baciare la mano d'Ugo Foscolo, ch'aveva scritto le lettere di Jacopo Ortis: ed Ugo essendo scamiciato sopra una sedia a piantare un chiodo nel muro, lo studente prese Silvio pel Foscolo, e qui nacque la bella scena, ch'io, senza nominar Silvio, introdussi nel Tionide (1).

Ma la parte più grave di quella vita preziosa si è dove si apre la sorgente de' suoi guai politici, e ci spiega il mistero delle *Mie prigioni*, ove si lagna dell'*ingiustizia* degli uomini: imperocchè in quella vita dimostra apertamente ch'*egli non fu mai della setta de' Carbonari, sebbene i Tribunali Austriaci avessero in mano documenti autentici ch'egli v'era ascritto*. E il caso fu in questo modo:

Silvio era conosciuto per le sue opinioni liberali, e i suoi amici erano pur tali. Il Maresciallo Bubna Governatore di Milano (2), che la sera vedeva il Pellico in una conversazione, l'avvertì più volte amorevolmente di non iscriver più nel giornale *Il Conciliatore*, di allontanarsi da certe brigate di compagni che poteano cagionargli danno presso il Governo, di temperare certi suoi detti.

---

(1) L'abbiamo riferita nel I vol. a pag. 30.
(2) Governatore di Milano era il conte Strassoldo. Il Bubna comandava l'esercito.

Silvio non volle mai dargli orecchio, dicendo al Governatore, che i suoi amici eran gente di garbo; che il *Conciliatore* era un giornale libero sì, ma degno di menti italiane.

In su questi ragionamenti avvenne che il conte Porro, nella cui famiglia viveva Silvio Pellico come istitutore de' suoi figliuoli, e il conte Confalonieri, fatto fare sul Po un vascelletto a vapore, invitarono Silvio a fare con esso loro una gita sopra di quello; il che accettato, partirono a seconda del fiume, e misersi nell'Adriatico alla volta di Venezia. Mentre essi navigavano, giunse a Milano da Cesena, ov'era allora la sede del Carbonarismo italiano, un arrolatore della setta, il quale accolto amichevolmente da molti amici di Silvio, cominciò a formare in sommo secreto la sua coscrizione, segnonne molti, alcuno dei quali disse - peccato che non vi sia il nostro Silvio. - Oh per esso non c'è dubbio, rispose l'arrolatore, e già lo pongo in nota sin d'ora, e gli manderò da Cesena la patente unita alla vostra.

Silvio non sapeva nulla di tutto questo; ma la polizia austriaca avea penetrato sottilmente in quel tenebroso labirinto di cospirazioni, ed avuto persino la nota di quelli che stavano scritti nella nota dell'arrolatore. Costui se ne torna a Cesena; ma sempre seguito dall'occhio d'Argo della polizia; fa le patenti, e le manda a Milano; ma le patenti invece d'esser ricapitate ai novelli Carbonari, caddero in mano della Polizia che attendeale al varco, e fra queste v'era quella di Silvio, il quale era pienamente ignaro di questo gioco.

Dopo alcun soggiorno fatto a Venezia, Porro, Confalonieri e Pellico tornano a Milano, ove gli osservatori vedeano un non so che di scuro nell'atmosfera di quella città. Occorse a Silvio di dover condursi per certe commissioni del conte Porro all'*isoletta* del lago di Como (1), ove Porro aveva una sua bellissima villa. Il domani gli si presenta il fattore e gli dice: - Signor Silvio, qui non fa buon'aria per lei: tutto ieri si videro gironzare sulla riva certi visi sconosciuti che domandarono a diversi barcaioli: - Silvio Pellico è nell'Isoletta del Conte? - S'ella vuole, io questa notte la metto al sicuro in Svizzera.

Pellico s'ostina a dire che la sua coscienza non lo rimordea di nulla, ch'egli non vuol pericolare gli amici con una fuga, che anzi domattina ritornerebbe a Milano. - Il fattore si strinse nelle spalle. Il mattino per tempissimo entra da Silvio, ch'era ancora in letto, e gli dice: - Signor Silvio, siamo ancora a tempo! *il* negozio si fa più serio, poichè sin dopo la mezzanotte capitò gente al lago per domandare s'ella fosse in palazzo: ell'è innocente? Benissimo; ma anche degli innocenti per isbaglio cascano in carcere: la faccia a mio modo, la si metta al sicuro. - E Pellico fermo al no.

---

(1) Balbianino, sul lago di Como, dove il Porro aveva la sua villa. Vedi sopra, pp. 128 e segg.

Un po' più tardi ordina la barchetta, viene a riva, entra in carrozza, e torna a Milano. Giunto a porta Comasina i doganieri gli domandano al solito il suo nome. - Son Pellico, rispose. - Silvio? - Sì. - I portieri si guardano in viso, e gli dicono: - Entri pure, signor Silvio, ben tornato. - Entra in casa, saluta il conte Porro, va alle sue camere, e comincia la sua lezione a' suoi cari allievi.

A mezzo il mattino l'abate Gagliuffi genovese (1), uomo di lettere, e buono improvvisatore di versi latini, venne a visitare il conte Porro, laonde tu chiamato Silvio per vederlo. Mentre ragionavano insieme lietamente, Silvio fu domandato da un cameriere; Silvio s'alza, esce di camera, e chiede che voglia. - C'è una persona alle sue camere, riprese il cameriere, che ha stretto bisogno di dirle una parola. - Chi è? - Non lo so; è uno vestito di nero. - Silvio sale al suo quartiere, e lo sconosciuto gli dice: - Signore, io sono un commissario di polizia, ho l'ordine di condurla meco. - Dove? - A Santa Margherita. - Lasciatemi salutare il conte Porro. - Si serva; sappia che giù alla porta ho la carrozza.

Silvio chiede un istante l'amico Porro in disparte, gli narra di quella sua chiamata alla polizia, gli fa cuore, dicendo: - Conte, state tranquillo de' fatti miei, chè ho la coscienza netta. - Gli serra la mano, raggiunge in sala il

---

(1) Vedi I vol., p. 412.

Commissario, entra in carrozza, e smonta a Santa Margherita, ov'è posto in una secreta.

Qui cominciano *Le Mie Prigioni*.

Tornato dopo dieci anni di carcere a Torino, e datosi interamente a Dio, narra nella sua vita il diluvio di lettere cieche onde fu inondato ne' primi anni. Le vergogne, le ingiurie, le minacce d'ogni ragione che gli venner fatte dai Carbonari; egli non rispose mai.

Questa vita, che avrebbe giovato a tanti giovani italiani, per non so quale motivo, certo creduto prudente da Silvio, venne da lui bruciata.

CAPITOLO IX.

SILVIO PELLICO
E L'ABBATE VINCENZO GIOBERTI

> Questi parea che contra me venisse
> con la test'alta e con rabbiosa fame,
> sì che parea che l'aer ne temesse.
> *(Infern.* I, 46).

« Gioberti mi vuol bene, scriveva Silvio Pellico a Mons. Artico, vescovo d'Asti, senza che abbiamo avuto campo di trattarci molto. — Alla mia venuta in Piemonte, nel 1830, trovai fra i giovani preti amici del mio fratello Francesco, or gesuita, il fervido Gioberti. Vidi in esso un ingegno alto, una fede ardente, un cuore schietto. Solo mancavagli maggior prudenza: era appassionato per la causa dei poveri Polacchi, e non temeva di nuocersi dicendo a tutti tutto ciò ch'ei pensava. I tempi erano critici; fu sospettato, arrestato ed espulso.

« Io non gli scrissi mai, nè egli a me. Quand'ecco

comparire nel *Primato* quella dedica sì calda d'amicizia... (1). »

Queste poche linee compendiano tutte le relazioni, che obbligarono Gioberti e Silvio Pellico. Dalla dedica del *Primato* si avrebbe potuto sospettare, se non grande intrinsichezza, almeno una famigliarità maggiore. Non ne era nulla: la dedica del *Primato* a Silvio Pellico entrò ne' disegni dello scaltrissimo Abbate, siccome mezzo acconcio a procurare pubblicità a quel libro e insieme a dargli malleveria della rettitudine politica delle dottrine. Senza dubbio v'entrava un'obbliqua allusione all'Austria, di cui Silvio Pellico era reputato una nobile vittima.

Gioberti, che certamente era dotato di grandissimo ingegno e il cui numeroso carteggio rivela un cuore affettuoso verso gli amici, ebbe la disgrazia di guastarsi con tutti in maniera veramente *pelasgica* (questa parola nel suo linguaggio è sinonima di grande). Ne fu causa la smisurata ambizione del suo animo, e la matta albagia di credersi per da senno il primo uomo d'Italia, filosofo, letterato, scienziato, politico,.. e in tutto infallibile. Egli la ruppe solennemente, per non parlar de' Gesuiti contro i quali sembra aver succhiato l'odio sino dalle fasce, col re Carlo Alberto, cogli amorevoli Pinelli e Rattazzi, col ge-

---

(1) Torino, 27 febbraio 1844, *Epistolario di Silv. Pellico*, Milano, 1882, p. 108. Fu pubblicata ne' *Ricordi biografici e Carteggio* per Vincenzo Gioberti, da **Gius. Massari**, Napoli, 1868, vol III, p. 22.

nerale Ministro Dabormida, con Angelo Brofferio, con Massimo D'Azeglio, con Mazzini, col Padre Ventura, con Rosmini, coll'Arcivescovo Franzoni, con Pio Nono... con tutto il Piemonte che ebbe in conto di *Beozia*... Ora ecco la storia della sua rottura con Silvio Pellico.

Gioberti sin da quando congiurava in Torino, ma non ancora « a viso scoperto, alla faccia del sole (1); » sin da quando seminava dottrine repubblicane e quasi rosse negli animi di giovani amici (2), e sopratutto di giovani Ecclesiastici, che lo reputavano addirittura l'aquila del clero subalpino, si professava ammiratore di Silvio Pellico. Così infatti scriveva di lui al suo carissimo Carlo Verga (3) (3 di febbraio 1832):

« Non ho ancora potuto leggere la nuova Trilogia di Silvio Pellico... se queste nuove tragedie sono pari alle altre quattro (e la voce pubblica le loda altamente, e in ispecie la *Gismonda* e il *Leoniero*), e sopratutto alla *Francesca*, che, a parer mio, è la prima di merito

---

(1) **Gius. Massari**, *Ricordi Biografici*, II, 3.

(2) « Nel 1833 Vincenzo Gioberti raccoglieva intorno a sè molti giovani dell'Università e del Seminario, ai quali predicava le più *accese dottrine*. Molti de' suoi amici e discepoli affermano di averlo udito far fede tante volte di repubblica così democratica e di così libera filosofia, che Danton e Rousseau non se ne sarebbero adontati. » **Brofferio**, *Storia del Piemonte*, Parte terza, vol. I, 148. (Torino, 1849).

(3) « Valletto laico di quegli ecclesiastici patriotti (Claudio Dalmazzo, Rapelli, ecc.) allora studente, divenuto poi prefetto, deputato e senatore del Regno d'Italia... si era accorto di ciò che vi era sotto di fermento patrio. Le lettere che il Gioberti indirizzava ai suoi amici di Vercelli, ci imburrano di ammirazione... » Così nel suo stile tragi-comico **G. Faldella**, *Storia della Giovine Italia*, l. III, p. 207-8. (Torino, Roux, Frassati e C).

come di tempo, l'Italia potrà dire di avere il suo Euripide, e di averlo dalla stessa provincia che le diede il suo Sofocle. Ora il buon Pellico sta componendo una prosa, di cui mi ha letto qualche passo, sopra *gli affetti nobili;* e certo i concetti che vi pone corrispondono al titolo dell'opera (1). »

E ai 2 di giugno dello stess'anno: « I nostri comici hanno rappresentato ultimamente l'*Ester d'Engaddi*, tragedia di Silvio Pellico. Il concorso fu straordinario, l'effetto mirabile, e gli applausi fatti al dramma e all'autore universali ed iterati negl'intermezzi degli atti con tale ebbrezza, che ogni volta per quietarli fu d'uopo all'autore mostrarsi dal suo palco e ringraziarne il pubblico. La rappresentazione ebbe luogo tre sere di seguito per il grido universale, e dietro a questo si sarebbe replicato anche di più, crescendo, e non scemando la folla e le acclamazioni, se i censori del teatro l'avessero permesso. Ma essi furono indignati a vedere che gli spettatori trovassero nel personaggio di Iefte una spezie di tartuffo tragico, e passassero troppo facilmente a far certe allusioni che spiacciono ai gesuiti (2). Seppe loro male che avendo l'autore collocata la scena nel testamento vecchio, gli astanti, coi risi e altri segni pieni di malizia, la tras-

---

(1) *Ricordi biograf.*, I, 143.

(2) Queste allusioni furono fatte assai probabilmente da gente *argutissima*, scorgendovi Clemente XIV (Iefte) che uccide la figliola (la Compagnia di Gesù). Ma non sarebbe venuto in mente a nessuno tanta stranezza di allusioni, se non a' *Giobertiani!*

portassero nel testamento nuovo. La conclusione fu che prima che questa tragedia ritorni sulle scene dovrà sostenere una nuova castratura più scrupolosa della prima. La *Gismonda* fu pure sindacata, avendo i comici in animo di rappresentarla, ma non fu voluta ammettere. *O tempora!* (1) »

Quando poi uscirono alla luce le *Mie Prigioni*, quel piccolo libro che ha fatto versar tante lagrime, lo stesso Gioberti non potè contenere le sue, e così sfogava la sua commozione a quel suo caro alunno in ispirito repubblicano, ai 14 di novembre 1832: « Ho pur letto a furia le *Prigioni* di Pellico. Ne sono stato dilettato e commosso fino a sparger lagrime. La lingua non è veramente pura, ma lo stile è vivo, semplice, spontaneo, pieno di affetto, e dinotante un animo virtuoso e nobile, un cuore tutto dolcezza, e una fantasia graziosa e poetica. Peccato che un tale scrittore non sia più culto, più italiano nella lingua! Ma pure, se tutti i *romantici* scrivessero in questo modo, io sarei tentato di non leggere altri scrittori per tutta la vita. Dopo quella rapida e impetuosa lettura non oserei affermare che l'autore abbia ovviato a ogni cattivo effetto di quelle reticenze a cui fu astretto nel comporre: pur mi sembra che l'impressione generale sia salutare a malgrado del silenzio. E il silenzio qualche volta è più efficace di ogni discorso, quando i fatti parlano da sè... (2). »

---

(1) *Ricordi biograf.* Lettera a Carlo Verga, vol. I. p. 145.
(2) *Ibid.*, p. 152.

Così il Gioberti: e meglio, a nostro parere, e più giustamente non si poteva dire. E siccome poi la maniera pacata e il tono perfettamente cristiano con cui scrisse quel libro, destarono contro Silvio Pellico l'odio e le smanie di quella setta che non perdona mai; allora che i malevoli lacerarono la fama e intaccarono la franchezza di quell'anima candida come la virtù, Gioberti ne pigliava le difese. Ma allora forse gl'*importava* e gli *doleva* « di essere sdottorato e spretato: » allora non diceva per anco « che con lo studio del vero e della patria male si accordano al dì d'oggi la chierica e la toga dei teologi (1). » E allora così scriveva della religione di Silvio Pellico, battezzandola però colla su' acqua, che non era già più quella del battistero di S. Eusebio in Torino, alle cui fonti era stato battezzato (2):

« Odo che alcuni lo accusano di *chetineria*, perchè si mostra religioso e cristiano. Anche il Manzoni fu segno di simili accuse. Ma, in prima, il cristianesimo di Silvio non è quello dei gesuiti (3); non è quello dei nemici della filosofia e della civiltà, non è anco quello dei teologi e del volgo dei credenti ai dì nostri. La religione

---

(1) *Ibid.*, p. 242.

(2) « *Gioberti Vincenzo Claudio Antonio Maria figlio dei cittadini Giuseppe e Marianna Capra giugali Gioberti, nato il cinque e battezzato il sei aprile, mille ottocento uno, dal P. Gianotti dell'Oratorio.....* Così dai registri dei Battesimi di questa Parrocchia di S. Eusebio detta di S. Filippo in Torino. In fede etc. »

(3) *Quella de' gesuiti era* una delle paturne di cui pativa il povero Gioberti nella sua *formola* ideale!

di Silvio è la filosofia di Cristo; cioè la filosofia della ragione umana, della ragione universale, non dimezzata, non impicciolita, non corrotta; ma intera e perfetta, come una compiuta ed accurata indagine dimostra (1); vestita di pure forme, volgari e poetiche insieme, che è quanto dire accomodate per una parte all'umile e rozzo volgo, e per l'altra agl'ingegni più elevati. Io ho ragionato più di una volta con Silvio di tali materie, e posso attestare che la sua religione non è diversa. Simile è il culto che professa e l'uso che fa dei riti, i quali sono per lui un pascolo e un esercizio di amore; amore degli uomini e di Dio, cioè della ragione e della virtù, considerate non come astrattezze della mente umana, ma come cosa viva, come sostanza, causa, essere ordinatore e animatore dell'universo. Espongo troppo forse metafisicamente opinioni tali, che nell'anima poetica di Silvio non sono così metafisiche e pigliano forma più di affetto che di pensieri: tuttavia non credo di sbagliare in questa interpretazione.

« In secondo luogo, ancorchè la religione di Pellico fosse men ragionevole e più positiva e materiale, io non so comprendere la poca filosofia di coloro che lo biasimano. Egli si propose di dipingere sè stesso pienamente, perfetta-

---

(1) C'è tanta oscurità in queste espressioni giobertiane, che il sommo filosofo con esse rasenta l'eresia! Teologicamente la filosofia di Cristo, che poi non è se non il vangelo, è superiore alla ragione come tutto il soprannaturale: quindi è complemento e perfezione della ragione. Il digiuno, l'umiltà, la fede, l'amare i nemici sono cose così soverchianti, che la ragione umana, e sopratutto la *ragion universale*, non le ebbe e non le avrebbe mai capite a dovere, se Gesù Cristo non le avesse insegnate e imposte.

mente, salvo alcune eccettuazioni necessarie; e si dipinse religioso com'era. L'affetto religioso del suo animo, ad esso connaturale, ma impedito dagli studi, dagli affari, dai diletti e dalla gloria, fu desto ed accresciuto maravigliosamente dalla solitudine e dalla sventura; ed egli con ingenuità lo racconta. Doveva egli forse tacere questa parte importante delle sue affezioni e de' suoi concetti? In tal caso l'opera di Pellico sarebbe molto meno instruttiva pel filosofo studiatore del cuore umano, e molto meno dilettevole per tutti i lettori. Checchè si pensi della religione, e quali siano le proprie opinioni intorno ai primi problemi della filosofia, io credo che si possano stimare altamente i cultori di quella, e provar anco un certo piacere nel partecipare, per quanto è possibile, alle loro commozioni. Io mi ricordo che alcuni anni sono apprezzava tutti i filosofi religiosi da Socrate fino a Leibnizio, e i loro sistemi, non meno che gli apprezzi presentemente; piangeva a leggere le confessioni di sant'Agostino: eppure in quel tempo io seguiva in filosofia Stratone di Lampsaco (1), e non aveva ancor trovato una miglior sapienza in cui si potesse acquetare il mio spirito...

---

(1) Viveva verso il 288 a. C. Alcuni ravvisano in lui un precursore di Spinosa. Sembr'aver propugnato in qualche forma il panteismo, negando l'esistenza di un Dio fuori del mondo materiale; quindi anzichè nella Scuola si dovrebbe imbrancare ne' seguaci di Epicuro. Dava alla materia potenza plastica e virtù seminale, svolgentesi poi successivamente nelle svariate forme di vita, di sensazione, d'intelligenza. Carlo Darwin e Ernesto Haeckel lo possono considerare come un antenato trasformatosi ne' più sviluppati nepoti.

« Nè una religione come quella di Pellico, di Manzoni e di Santarosa si suol confondere con la superstizione dei vili e degl'ipocriti. Se per una parte non solo giova ai dì nostri, ma è di somma necessità che la religione si *purghi*, si *nobiliti*, si *accomodi ai bisogni civili e morali dei popoli*, e *non solo si riformi ritirandola verso i suoi principii, ma si trasformi* (sic) *immedesimandola (non solo mettendola d'accordo) colla filosofia, dalla quale non è mai stata effettualmente disgiunta, per altra parte io reputo dannoso ch'ella si spenga...* (1). »

Ecco a qual punto lo ha condotto lo studio della filosofia di Stratone di Lampsaco! Tutti i grandi eretici hanno usato questo linguaggio: *ritirar la religione verso i suoi principii*, e non solo *purgarla*, ma *trasformarla*. Martin Lutero non ha mai detto altra cosa!

***

A ogni modo, se Gioberti difendeva alla sua maniera l'Autore delle *Mie Prigioni*, Silvio Pellico dalla sua parte porgeva al pericoloso Abbate i suoi consigli amichevoli di uomo assennato e provato al paragone della sventura. Ammirando in Vincenzo Gioberti la robusta tempera del carattere e la vasta ma bislacca erudizione, temeva gli

---

(1) *Ricordi Biograf.*, l. c., pp. 152-53. Lettera a Carlo Verga. Di Torino, ai 14 di novembre 1833; sei mesi prima che fosse incarcerato come partigiano della *Giovine Italia*, e quindi esiliato dal regno di Piemonte.

sbalzi di quel prete ghibellino più che neo-guelfo, il quale già *repubblicaneggiava* di carriera. Gli raccomandava moderazione più temperata in que' tempi ne' quali furenti aspirazioni covavano sotto la cenere; e suggeriva avvisi di maggior prudenza tanto a lui, come a quell'altro amico comune, G. Giuseppe Boglino, al quale l'arditezza delle opinioni in abito talare avea accattato dagli amici scherzevolmente il nomignolo di Savonarola. E a costui egli scriveva:

« Intanto il povero nostro Piero (Maroncelli?) non è tranquillo... Eh! chi sa fino a quando saranno tribolati gl'Italiani generosi. — Voglia Dio preservar te e Gioberti e tutti quanti (1).

« Al ministro (d'Austria) irato e furibondo, non mancandoti certamente il coraggio, avresti potuto rispondere che l'amico tuo tiene in serbo un volume secondo (delle *Prigioni*) per pubblicare altrove, quando egli sappia che il primo non sia per piacere alla M. I. R. Apostolica. — Da ciò che hai sentito in casa Masino tu puoi argomentare se sia prudente il silenzio ieri e l'altra sera tanto raccomandatovi. — Vorrei che tu ne fossi persuaso e ne fosse convinto Gioberti. Oh! miei generosi, per carità, — nessune imprudenze. — Serbatevi per tempi migliori. Che il Signore ci regga tutti (2). »

---

(1) Lettera di Silvio Pellico a Savonarola, Torino sul finire d'ottobre 1831. **N. Bianchi**, *Curiosità e Ricerche*. Puntata II, p. 380.
(2) Allo stesso. Torino 1831. *Ibid.*, p. 381.

Senonché di far intendere moderazione a Gioberti era nulla. Egli era chierico di Corte, e quindi viveva in parte della pensione che gli veniva da Carlo Alberto. Eppure prese non piccola parte in quella vasta cospirazione e secretissima, allestita sordamente nel decorso del 1832, e che dovea scoppiare nel 1833. E già all'*azione*, cioè dire all'insurrezione armata e alla intrusione della *Repubblica una* in tutta l'Italia, tenevasi apparecchiato e pronto tutto il mondo settario agitato da Giuseppe Mazzini. Vi era « la società degli *Apofasiméni (illuminati)* coi suoi affiliati delle Romagne » diretta da Carlo Bianco, sotto l'alta direzione di Filippo Buonarroti, che s'era messo col Mazzini « in contatto regolare e fraterno (1). » Quella dei « Veri Italiani, » dove Carlo Farini era « uso ad alzare la manica sino al gomito e dire: *ragazzi, bisognerà tuffare il braccio nel sangue.* » « Tutte le reliquie della Carboneria... *membra disiecta*, » oramai trasformatasi nella Giovine Italia. « L'associazione toscana co' Guerrazzi, Bini, Enrico Mayer, Pietro Bastogi, Paolo Corsini, Montanelli, Matte-

---

(1) « In Francia, capo supremo di quanti avevano, anteriormente a Luigi Filippo, dato il nome alla Carboneria, e corrispondente venerato delle fratellanze segrete in Germania e altrove, era il Buonarroti. » **Mazzini** Opere, III, 312. Il D'Ancona lo denomina « il genio occulto che mosse ed agitò nelle sue più intime latèbre il mondo sotterraneo delle congiure e delle sètte italiane fino al costituirsi della *Giovine Italia.* » *Nuova Antologia*, 16 maggio 1890, p. 225. Ascrisse Confalonieri alla setta degli *Adelfi* in Parigi, 1814. *Ibid.*, p. 227. Fu maestro di Andryane (Relaz. Salvotti, 22 gennaio 1824). « Eccovi il modello del cospiratore italiano! » Così **Atto Vannucci**, senatore del Regno Italiano, p. 436, nei *Martiri*, (Firenze, Le Monnier, 1860).

ucci. La genovese co' Marchesi Mari, Rovereto, i due Cambiasi, Lorenzo Pareto. » Nel Piemonte « le nostre file toccavano tutti i punti importanti e si stendevano fino alle terre del Canavese:» ivi erano o aggregati o d'intesa Gifflenga *(vecchio settario)* Gioberti coll'amico prete Paolo Pallia (1) a cui dedicò poi la *Teorica del Sovrannaturale*, gli avvocati Brofferio, Daziani, Azario, Allegra antico cospiratore; Vochieri, Depretis, ecc. Nella Lombardia spiccavano da' molti un celebre Marchese e una più celebre Principessa, la quale occorreva alle spese con ingenti somme di danaro e con *brillanti* gemme. « In Napoli Carlo Poerio, Belelli, Leopardi e gli amici loro corrispondevano stenograficamente con me (2). »

Ogni cosa era già pronto pel 1833; e Giuseppe Mazzini, d'intesa co' francesi Cavaignac, Armand Carrel, Lafayette, e co' capi dell'emigrazione polacca, si trasferiva da Marsiglia a Ginevra per sommovere da vicino

---

(1) Era un affratellato nella *Giovine Italia*, autore de' « Pensieri d'un teologo italiano » (l. c., p. 311). Questo scritto si trova nel fascicolo 6 della *Giovine Italia*, Marsiglia, Tipografia Militare di Giulio Barile e Boulough, 1834, p. 55. In quel medesimo fascicolo, si trova pure la lettera e la professione di fede di Vincenzo Gioberti *ai compilatori della Giovine Italia*, pp. 171-193. Termina così: « Addio. Italia, 1834. *Vostro amico e fratello* Demofilo. » In fondo si legge questa nota: « Il gentile che c'inviò questa lettera intenderà i motivi che ci costringono a sopprimere alcune linee del suo manoscritto, nè vorrà certo lagnarsene. (Il Dir. del Giornale). » Giuseppe Mazzini dovette dunque smozzare il volo a prete Vincenzo! È inutile ogni tentativo di negar l'autenticità di questa lettera, come con elasticità meravigliosa si è provato a fare **Gius. Massari**, nella sua Apologia giobertiana. *Ricordi biogr.*. I, p. 259. Vedi sotto.

(2) **Mazzini**, opere, III, pp. 310-322.

la Savoia, quando quasi casualmente la grande congiura fu scoperta verso l'aprile del 1833 (1).

L'abbate Vincenzo Gioberti era, se non ascritto nella matricola della Giovane Carboneria, certamente affratellato al patriarca Gius. Mazzini. E, cosa veramente incredibile e che fece dar nelle furie il Re Carlo Alberto, egli s'era fatto attivo propagatore della *Giovine Italia* in *teorica* e in *azione*, non solamente nella gioventù studiosa, civile ed ecclesiastica, ma nello stesso esercito, che fino d'allora era l'oggetto delle cure gelose del novello Re Piemontese. Ce ne informa espressamente lo stesso Mazzini.

« Gioberti, padre e pontefice anni dopo della malaugurata consorteria e insultatore sistematico di me e di tutti noi, accettava in Torino gli *ordini del nostro lavoro* e ci scriveva inneggiando: *Io vi saluto, precursori della nuova legge politica, primi apostoli del rinnovato Evangelo... la nostra causa è santa, essendo quella di Dio... Ella è eterna e però più duratura della forma antica di quello il quale diceva: Dio e il prossimo* (e questo è Gesù Cristo); *ma ora dice per vostra bocca e del secolo: Dio e il popolo* (è questo Gius. Mazzini). *Noi ci stringeremo alla vostra bandiera e grideremo Dio e il popolo e studieremo di propagar questo grido... Io vi prometto*

---

(1) **Mazzini**, l. c., p. 320. Di due aggregati, venuti a bisticcio, uno disse che avea cagione per compromettere l'avversario! Fu la scintilla cui secondò grande incendio.

francamente una costante disposizione e un vivo desiderio di morire con voi se v'è duopo, per la comune patria (1). »

*
* *

Alla promessa e alla parola teneva dietro l'azione. Da documenti, che abbiamo potuto avere dagli scritti di un antico Governatore di Torino in que'tempi, stralciamo per ora questa piccola parte delle deposizioni d'un officiale dell'esercito preso a pervertire dal nostro *Giovine* teologo. Era questi sottotenente nella brigata di Casale, 2° Reggimento. Il quale, interrogato giuridicamente, così rispondeva a'giudici:

---

(1) « Questa lettera, nella quale Gioberti pronunciava anzitutto condanna acerba contro *i moderati* e sè stesso, fu pubblicata, col nome *Demofilo* nel fascicolo VI della *Giovine Italia*, e ristampata poi col vero nome, vivo Gioberti. » **Mazzini**, opere, III, pp. *(con nota)* 312-313. — Quella lettera formò poi un opuscoletto ora divenuto rarissimo col titolo: *La Giovine Italia e l'abbate Vincenzo Gioberti* (dicembre 1849). Noi abbiamo la « quarta edizione » col falso nome di luogo d'impressione. Torino, di pp. 57. A p. 3, nell'Avviso al lettore si legge :

(Essendo ministro Vincenzo Gioberti, ed essendo divenuto nemico dei suoi *amici antichi*) « ecco appunto allora, mentre niuno avrebbe potuto giustamente riprovare quell'atto (di abbattere « checché gli si attraversasse in sulla via ») quasi un insulto al lione caduto Gius. Mazzini levarsi animoso un uomo di cuore, il quale sdegnando prostrarsi anch'egli innanzi a cotesto colosso dai piè di creta, s'accinse a strappargli d'in sul viso la maschera e scoprirne al mondo le ruinose insidie e i velati tradimenti, tanto più rei quanto più ipocritamente *miravano a schiantar dal cuore ai popoli il prezioso tesoro del Cattolicismo* (È la tesi del P. Curci !). Quando Vincenzo Gioberti era nel colmo delle sue glorie apparve la *Divinazione...* »

Or chi crederebbe il lettore che fosse questo terribile scrittore, che si firmava G. M., e nel titolo portava la dedica: *All'Illustre Vincenzo Gioberti la Giovine Italia!* (È una delle più forti scritture che abbiamo mai letto!) Questo terribile scrittore cammuffato alla Curci era **Giuseppe Mazzini !!!**

« Dirò che nel mio rapporto dimenticai di dire alcuni individui che frequentavano nella casa di *Giuberti*, un certo *laissotti*, un certo canonico Monti, un certo Pagnone. Quando io era convalescente venne a vedermi un certo Grondona ufficiale sottotenente nell'artiglieria e mi disse che stava per ascriversi nella società della Giovine Italia... Molti altri individui borghesi od almeno sempre vestiti da borghesi vidi in casa del Sig. Gioberti, ma non mi ricordo d'avervi mai veduto nessun ufficiale in uniforme.

« Mi fu inoltre detto in casa del Sig. *Giuberti* che non tutti gli ufficiali dicevano com'io, e che si sapeva esserne diversi, che all'occasione avrebbero giovato alla causa della libertà.

« Il 30 maggio 1833.

« In fede etc.

« A. A. Sottotenente nel 2° reggimento
Brigata Casale. »

Segue il rapporto dal quale citiamo quanto segue:

« Una sera in casa del Giustiniani *(un improvvisatore teatrale, aggregato attivo)* conobbi diversi chierici, di cui precisamente più non mi ricordo il nome se non di due: il canonico Pagnone, e il chierico Bertinatti, il quale volle assolutamente farsi mio amico; ed usò tante belle maniere e tante lusinghe ch'io mi accompagnai con lui qualche volta e seppi che era tutto intimo del Sig. *Giuberti*... Dopo qualche settimana il Bertinatti m'importunò tanto, finchè io mi lasciai condurre a far visita al teologo *Giuberti*, il quale non mi parlò che di cose di letteratura ed altre indifferenti. In appresso mi sollecitò con graziose istanze ad andarlo a vedere qualche volta alla sera.

« Io trovai in lui dei modi così gentili, che vi andai e trovai qualcheduno dei suoi amici, i quali colmandomi di complimenti m'indussero a ritornarvi di quando in quando. Sentii che nelle loro conversazioni si parlava liberamente della politica; io non presi parte... Poi mi dimandava ora il Sig. Gioberti ed ora gli suoi amici come si pensasse degli ufficiali dell'armata nostra; io gli dissi che tutti quei ch'io conosceva pensavano al loro servizio militare ed a divertirsi. Mi replicarono di quando in quando le stesse dimande su cui io diedi sempre le stesse risposte.

« Finalmente un giorno mi fu dimandato da loro se dovessi battermi contro di loro come cittadini ed amici, ed io gli risposi che ubbidirei sempre in tutto i miei superiori, e questo pare che li mettesse in guardia di me. Ma il teologo mi pregava di andar sempre a sua casa; quando passavano otto o dieci giorni senza che andassi, mi fermava per la strada con tante gentilezze e carezze, ch'io per disimpegnarmene gli prometteva d'andar alla sera, ma vi andai sempre con un certo ribrezzo...

« *Si formava ogni sera in casa del sudetto Giuberti una conversazione di gioventù che parlavano liberamente... Il Giuberti mi prestò e mi pregò di leggere fascicoli della Giovine Italia,* dicendomi che ne osservassi almeno gli articoli letterari... Protestai contro le pessime massime incendiarie che contenevano, come delirii di menti affascinate e perverse, che vorrebbero sconvolgere, se potessero, l'ordine sociale...

« Siccome ogni volta ch'io mi recava a quelle conversazioni trovava delle figure nuove..., dirò soltanto di alcuni... che erano più assidui compagni del Sig. *Giuberti*: il chierico Bertinatti, il quale mi fece conoscere il Padre Boglino dei Filippini, al quale mi condusse per farmi vedere due lettere manoscritte d'Ugo Foscolo. L'avvocato Bertolini, sempre l'avv. Squazzi, un certo avv. Allegra, il teologo Pallia, due fratelli Oporti... Seppi che il teologo *Giuberti* conosceva per mezzo dell'avv. Rigoletti il nostro caporal foriere Zacchia.

« ...Fui avvertito, saranno quattro mesi, che la polizia vigilava sui passi del Sig. *Giuberti*, ed io me ne allontanai in pochi giorni... egli incontrandomi mi fermava quasi per forza per parlarmi in mezzo alle contrade.

« *Io dunque dissi a tutti costoro e lo replicai costantemente che la nostra Brigata di Casale era incorruttibile, che io conoscendo l'indole e il modo di pensare di tutti gli ufficiali era certo non esservi nessuno capace di tradire i suoi doveri. Il prete Giuberti con altri suoi compagni mi suggerirono più volte di cercar di subornare ed istigare i miei compagni*, ed io risposi sempre lo stesso, e questo sono pronto a prenderne un giuramento il più sacrosanto e solenne...

« ... Tutti questi liberali non mi hanno mai parlato di alcun loro piano, nè delle loro intenzioni contro il governo, e questo posso sostenerlo e sosterrò sino all'ultimo mio sospiro con quella forza che nasce dal sentirsi veramente innocente.

« L'arrestato Pianavia, mio antico compagno nelle guardie del Corpo... non ha osato dimandarmi un tradimento, mi disse soltanto se troverebbe nella nostra Brigata degli ufficiali che pensassero liberamente... mi disse: « ricordati che ci siamo parlati a *quattro occhi...* » Ma giammai mi sarei immaginato che si trattasse di un tradimento così orrendo come lessi nella Gazzetta di Torino (1)...

« Io vorrei potermi ricordare di tutte le proposizioni che si trattavano nella conversazione del Prete *Giuberti*; mi ricordo bensì che si parlava sovente dell'Italia, dei diversi suoi governi, della di lei divisione,

---

(1) *Gazzetta Piemontese*, 24 maggio 1833. « La recente scoperta di positive criminose azioni, affine di sedurre e corrompere i sotto-uffiziali di quattro reggimenti, azioni denunziate dai medesimi sotto-uffiziali, menò la necessità di far arrestare *parecchi individui non militari...* Onde vieppiù corromperli, quelli fornivan a questi libelli empii e rivoluzionarii, stampati in Marsiglia e in Lugano, ed offrivano loro forti somme di danaro. *Lo scopo di questi sovvertitori era di distruggere il culto, e di rovesciare il legittimo governo per istabilire una repubblica. Negli scritti trovati presso i capi e cospiratori non militari si legge qual fondamento della loro setta, che non sono nè cattolici, nè protestanti, nè cristiani, nè ebrei, nè musulmani, nè del culto di Brama; che non hanno, non professano alcuna religione e sprezzano ogni rivelazione...* »

Lo stesso dicevano le *Istruzioni secrete*, scoperte con altra merce mazziniana dalla polizia nella dogana di Genova, nel luglio del 1832. Si trovavano in un baule a *doppio fondo*, spedito da Mazzini, che era esule in Marsiglia, ai famosi fratelli Ruffini, sue lance spezzate.

ma io non intesi su ciò nessun piano o *disegno* di congiure o cose simili. Da che mi accorsi che senza nessuna intenzione io correva tanto pericolo, cominciai ad allontanarmi da questa turba d'impostori, e me ne sarei allontanato prima se non mi avessero imbarazzato a forza di attenzioni e proteste di amicizia sviscerata. Per esempio, nella mia malattia mi venivano a mio malgrado di quando in quando a visitare. Da questo posso argomentare (che) il Prete Gioberti aveva per iscopo d'insinuar delle massime liberali nella gioventù, come più facile a lasciarsi imbevere. In quanto a me protesto che lo avrei assieme agli altri abbandonato prima, se non fossi stato preso dai suoi talenti e dalle sue maniere gentili.

« Quantunque, come dissi di sopra, io abbia veduto tre fascicoli del giornale di Marsiglia, mai non seppi per qual mezzo s'introducessero: mi disse Squazzi, il quale credo facesse degli associati, che ne arrivavano dalla Svizzera e da Genova...

« Conobbi anche... in casa *Giuberti* l'avvocato Daziani, ed il figlio del conte Santorre di Santarosa, il quale mi presentò alla contessa sua madre...

« In fede di quanto sopra in originale sottoscritto A. A... (1). »

---

(1) Sul dosso del volume è scritto: A. sottotenente nel 2o Regg.to Casale, detenuto nella cittadella di Torino. — Carte rimesse da S. E. il Sig. Maresciallo Governatore (di Revel) a S. M. li 29 e 30 maggio, e 3 giugno 1833.

***

Per tutte queste cose, Gioberti, già da qualche tempo tenuto d'occhio dalla polizia, venne arrestato e messo in carcere la sera del 31 di maggio 1833 (1). Ma fu egli, l'Abbate Gioberti, vero settario? Che fosse *ascritto alla Giovine Italia*, o almeno che militasse nelle file di Giuseppe Mazzini, è cosa che oramai non ammette dubbio. Il grande cospiratore genovese, nella lettera citata di Demofilo,

---

(1) Giuseppe Massari, che barattò l'impiego di procaccino della *Giovine Italia* (Cf. **Montanelli**, *Memorie*, I, 112) con quello di storico del sommo filosofo e di altri sommi, scrive a questo proposito: « *I Gesuiti che non l'avevano perdonata al Dettori... non la perdonarono di certo al teologo che ne avea assunta la difesa e che all'antico delitto ne aggiungeva ora de' nuovi, promovendo nella gioventù l'amore allo studio ed il culto delle idee religiose, civili e nazionali.* » (*Ricordi Biogr.*, I, p. 161). La *formola ideale* e le *alternative dialettiche* del suo maestro aveano sfondato a questo Storico le circonvoluzioni cerebrali dove giocano i nervi conservatori dei nomi delle cose. Gioberti fu carcerato con tutta giustizia, come cospiratore contro il Governo. I Gesuiti a mala pena ne conoscevano allora il nome! Nelle brighe col Dettori non erano entrati nella maniera che sbraitano lui e Gioberti. La vera storia è nauseata

   Quando la nostra imagine da presso
  rede sì torta, che il pianto degli occhi
   Le natiche bagnava per lo fesso.
     (*Infern.* XX, 22)

Giovanni Faldella col suo stile *mefistofelico*, incolpa i Gesuiti delle pene inflitte a que' rivoltosi del 1833! « Pur anco re Carlo Alberto tentenna. Allora *il fruscio della sottana gesuitica* (e il Faldella colle sue orecchie dorate lo *sente*!) si mesce al bagliore della meteora marziale; e ne esce lucido, untuoso, serpentino il motto: « A costui è duopo far gustare il sangue. Bisogna inebriarlo di sangue. » I gesuiti e i cortigiani si stropicciavano le mani untuose, bisbigliandosi rugiadosamente: - Il Re beve! Ha bevuto! Gli gusta il sangue. » G. Faldella *I fratelli Ruffini, Storia della Giovine Italia, libro quarto, supplizi militari*, Roux, Frassati e C.o, Editori, Torino, 1896, pp. 284 e 309. - L'Autore, che al dì d'oggi, scrive cose tanto goffe in istile ancora più goffo, avrebbe bisogno di bere egli stesso molto, molto elleboro!

afferma solennemente ch'egli *accettò il lavoro della Giovine Italia*. E l'Abbate Gioberti si dichiara egli stesso *giovine Italiano* militante sotto la bandiera alzata dal Mazzini ne' seguiti termini apertissimi: « *Giovane* adunque ed *Italiano* io scriverò confidentemente, come *ad amici e fratelli*, come a compagni dello stesso arringo, a *commilitoni* di quella guerra santa che facciamo (1). »

Che poi della lettera di Demofilo fosse veramente autore il Gioberti, oltre le prove arrecate più sopra, abbiamo la testimonianza autentica di Giuseppe Mazzini che così ne riferiva al marchese Ordono de Rosales appunto in que' tempi: « Il IV fascicolo è quasi finito... Contiene un articolo sugli Stati Romani, firmato da Tiberio Borgia... Uno scritto religioso sul cristianesimo e la libertà di l'allia... Uno scritto religioso, ai preti, scritto da Gioberti (2). »

Quanto a essere *settario*, i documenti, che per ora si conoscono, ci hanno pure risposto affermativamente. Ecco in breve quanto se ne può dire.

Nel 1849, l'opera di lui non essendo più *necessaria*, l'Abbate Gioberti dopo pochissimo tempo di gloria (3), si era

---

(1) *Demofilo* nella *Giovine Italia*, giugno 1833, n. 6, p. 172.

(2) **L. Ordono de Rosales**. *Lettere inedite di* Giuseppe Mazzini, Torino, Bocca, 1898, p. 15.

(3) Camillo Cavour scriveva a un suo amico, 24 ottobre 1848... « Gioberti tombe tous les jours. Ce ne sera plus bientôt qu'une idole brisée. On s'apercevra alors qu'elle n'était composée que de faux métaux, n'ayant aucune valeur réelle. » Cavour. *Nouvelles lettres inédites*, par **Amèdée Bert**, Roux, Torino. p. 240.

visto buttato come un frutto spremuto. Fremendo si contenne nell'esilio dove i suoi stessi amici l'avevano incamminato con molta diplomazia; e di là imprima a tutto il Piemonte e poi all'Italia tutta con aria di risentimento alla Scipione minacciò il grido: « Ingrata patria, non avrai le mie ossa! » Ma poi nel 1851 pubblicò il *Rinnovamento civile d'Italia*, in cui maledicendo a tutti, destò pure le ire di tutti. Il generale Dabormida (cui Gioberti nelle sue lettere denominava il *canonico e il Cardinale*) (1), essendosi sentito offeso nell'onore gravemente dalle asserzioni contumeliose dell'abate, prima di dargli pubblicamente del calunniatore, domandò una riparazione pubblica che non ottenne mai. A trattar questo negozio fu scelto il La Marmora, siccome paciere ed arbitro; il quale chiedeva quindi al Gioberti o riparazione, o ragioni dimostrative per non darla. Cui il Gioberti rispondeva da Parigi:

« Dalla ultima sua raccolgo che V. S. Ill.ma non sa nulla *di certe mie antiche relazioni colla persona* in proposito (il Dabormida)... Desidero per conto del generale,

---

(1) Il *Piemonte nel 1850-51-52. Lettere di Vincenzo Gioberti e G. Pallavicino*, per **Maineri**, Milano 1875, p. 360. - *Memorie di Giorgio Pallavicino vol. II, passim*. - « L'Abate Gioberti se ne consolava..., regalando al generale Dabormida gli epiteti di *Canonico* e di *Cardinale*... » *Vincenzo Gioberti e il gen. Dabormida*.., p. 45. Nel resto per quel sommo, Ratazzi era un *rattaccio gattaccio*. - Il conte Gallina, ambasciatore sardo, *è un'oca*. Massimo d'Azeglio, era l'*asellus* (asinello). » - « Il Lecoffre è *un'oca* e un *fanatico*. Nel 47, venne a trovarmi e a sgridarmi, perchè avevo scritto contro i gesuiti; e lo fece in tali termini, che dovetti farmi forza per non buttarlo giù dalla finestra. » (Che cristiano Abbate!) - **Pallavicino**, *Memorie*, II, pp. 462, 465, 497, 582, etc. etc. E del P. Curci così: « Il Gesuita di Napoli è un *birbone* e un *mascalzone* a tutto rigor di termini ». *Ricordi*, III, 173.

non per mio riguardo, di evitare questa dura necessità... Non dico queste cose leggermente, ma colla maggiore ponderazione... Si tratta di cose che... *non passerebbero senza pubblico scandalo*. Queste io posso accettarle nel modo il più formale sull'onor mio... (1).

« Bisogna... ch'Ella mi ottenga dal Generale suo amico la formale sua autorizzazione di esporle in *confidenza* tutto ciò ch'io so di lui. Nè però è necessario che il generale mi scriva; basta che per mezzo di Lei mi abiliti a parlare. Io le dirò tutto.

« Ella vedrà che i fatti in questione non compromettono l'onore del Generale *presso i bene intendenti*.

« Che possono nuocergli nell'opinione dei pregiudicati e recargli gravi dispiaceri.

« *Che partorirebbero un pubblico scandalo..* (2). »

Ed il Lamarmora *lo abilitava a parlare* con una sua da Torino del 3 gennaio 1852 nella quale così gli rispondeva:

---

(1) Lettera di Gioberti al Gener. La Marmora. Parigi, 27 dicembre 1851, nel: *Vincenzo Gioberti e il generale Dabormida, Documenti pubblicati da* **V. E. Dabormida**, Fratelli Bocca, 1876, pp. 14-15. Questo autore è il Generale che morì a Amba Alagi: figlio del Ministro, prese le difese di suo Padre, e molto bene, quando nel 1873, B. E. Maineri pubblicò: *Il Piemonte*, etc. in cui la memoria dell'antico *congiurato* con Gioberti era offuscata.

(2) Lo stesso allo stesso. Parigi, 28 dicembre 51, l. c., p. 16. - E il 12 febbraio 1852 scriveva a G. Pallavicino: « Non ho voluto *usar tutta la mia ragione* .; condannando l'uomo politico, mi credo in obbligo di salvare al possibile l'uomo privato, salvo che egli stesso mi *necessiti* ad immolarlo. » **Pallavicino**, *Memorie*, II, 485-6.

« Il generale Dabormida già prima d'ora mi palesò le relazioni che ebbe molti anni addietro con Lei...

« Permetta ora, Ill.mo Signore che francamente le dica che non so capire *come le accennate relazioni possano valere a dimostrare che il generale trascurò gli apparecchi della guerra, preferì l'amicizia dell'Austria agli interessi della guerra, non ha sentimenti nazionali...* E non posso spiegarmi come un uomo onorato, e di distinto ingegno, voglia in qualunque ipotesi farsi arma di qualunque divulgazione che a creder suo potrebbe recar danno ad un uomo da lui gravemente ferito nell'onore, per obbligarlo a desistere dal chiedergli una giusta riparazione... (1). »

L'abbate Gioberti, avvezzo a debellare Gesuiti, dovette trasalire nel leggere questa lettera, nella quale un soldato dava a lui, sommo dialettico, una lezione feroce di logica. Pure faceva, rispondendo, la seguente rivelazione confidenziale, senza smagarsi altrimenti nella sua serenità dialettica:

Parigi, 7 del 52.

Ill.mo Sig. Generale,

« Il fatto che Ella mi significa colla sua pregiatissima dei 3 essere autorizzata ad intendere, si può dire in due parole.

---

(1) L. c., pp. 17-18.

« *Io e la persona di cui si tratta fummo nel 33 membri di una società politica e secreta.*

« Il suo scopo non era sovversivo, nè antimonarchico. Ma i suoi membri erano vincolati al silenzio da un *giuramento*.

« Ciò basta a un intelletto così perspicace come il suo. Ella giudichi se sia prudente il propalar questo fatto.

« Se son convenuto come diffamatore, io ci sarò costretto (1). »

E con questa rivelazione V. Gioberti provava che il Generale era un perduelle alla patria!

**

Ora che abbiamo, quasi in iscorcio, conosciuto l'uomo che era Vincenzo Gioberti, ritorniamo alle sue relazioni con Silvio Pellico.

Il semplice di Silvio fu lieto che il Gioberti gli dedi-

---

(1) L. c., p. 21. In questo ciurlare nel manico, e scambiare le carte in una maniera così solenne, è rispecchiato tutto Gioberti: un ingegnosissimo sofista!

La congiura *politica e secreta* di cui si tratta, era evidentemente una qualche diramazione della *Giovine Italia*, relativa a' trambusti di quel tempo. Il Pallavicino gli scriveva (8 febbr. 1852): « *Il processo verbale, in ordine alla seduta segreta... scomparve*; tuttavia molti sono quelli che possono farne testimonianza; fra gli altri il *Lyons* (uno de' mille scagnozzi di Gioberti in Torino), che voi conoscete. » *Memorie*, II. p. 482. E Gioberti a lui (24 febbr. 1852) « ... *gli risposi pregandolo di procacciarmi subito l'attestato necessario per la seduta secreta, affinchè nel caso che io debba replicare al Dabormida, possa farlo subito* ». *Ibid.*, p. 494.

casse il *Primato* (1). E glie ne significò la sua soddisfazione con una lettera, alla quale il Gioberti rispondeva con espressioni calde di amicizia, con la lettera seguente, *inedita* per quanto sappiamo:

---

(1) Questo famoso libro destò nel suo primo apparire *entusiasmo* e *scontentezze*. Gli *arrabbiati* non potevano tollerare le lodi che l'Abb. prodigava al Papato, onde la loro ammirazione rimase annacquata. Piacque smisuratamente al clero, a vescovi, a preti, a frati, e a gesuiti, come sappiamo di certo; i quali tutti appannarono nelle ragne tessute con arte insigne dall'esule Abbate.

Quel libro di mole *pelasgica*, connesso in due soli capi titanici, in fondo celava uno stratagemma. Gioberti si spianava il terreno, accecando tutti coll'incenso della lode, per poi edificare l'opera sua *anticristiana* a gabbo di tutti. Infinite sue lettere ci appalesano il suo intendimento. Basti una per mille. Il tre ottobre 1843 scriveva da Brusselle al suo *intrinseco* Massari e cogl'intrinseci si parla sibbiati:

« *Se non ho parlato così chiaramente come voi vorreste, l'ho fatto acciocchè il mio libro potesse correre tutta la penisola senza essere scomunicato dai nostri governi. Mi parve di poter tacere alcune verità, acciò l'esposizione delle altre corresse liberamente, specialmente presso i preti i frati, i fratacci, ecc., che io mi son proposto di conquistare alla civiltà si està possibile. Voi permettereste a un matematico di scherzare per un quarto d'ora sulla quadratura del circolo: perchè non concederete a un altro di tentar quella delle teste cortigianesche, principesche e fratesche? Del resto io sono persuaso che e l'alleanza e l'arbitrato (del Papa!) e il consiglio civile, sono segni* »...(*Ricordi biografici.*, III, p. 3). E così principi, *preti, frati, e fratacci, ecc.*, cioè gesuiti furono dall'Abbate Gioberti pasciuti di erba trastulla!

Giuseppe Massari denominava questa *diplomazia* Giobertiana, « utilissima, nobile e veramente cristiana, perché era volta a retto fine »... (l. c, p. 80). Sappiamo a prova che il Massari dice bugie *oggettive* (errare humanum est!); ma il dirle di ragione veduta e studiata merita ben altro nome. Nè la storia, che è foriera de' giudizii di Dio, gliene può dare altro. Abbiamo *scorso* e notato i quattro volumi de' *Ricordi* e *Carteggio*, e proclamiamo sicuramente che quasi non c'è pagina in cui questo storico non abbia mentito per la penna! — Giuseppe Massari fu « iniziato alla *Giovine Italia Napolitana* e fatto... nel 1838 *corriere della setta.* » Così **Montanelli** nelle *Memorie...* I, 122. Cf. Margotti, *Memorie per la storia dei nostri tempi* II, 249. Torino, Tipogr. Editr., 1863.

(Vincenzo Gioberti a Silvio Pellico)

Brusselle, 5 agosto 1843.

Mio carissimo Silvio,

«Se la dedica del mio povero libro meritasse da te una ricompensa, tu non potresti soddisfarmi con più usura che scrivendomi così dolcemente e così amorevolmente come hai fatto. Ma siccome io volli onorar col tuo nome la mia scrittura, ben vedi che debbo porgerti, non ricevere ringraziamenti. Volli anco, facendo menzione di te nel frontispizio dell'opera, simboleggiare e quasi render viva una delle idee che vi sono espresse. Laonde se il tuo timore si verificasse, e taluno mi biasimasse dell'elezione, non che dolermene, sarei quasi disposto ad insuperbirne; perchè il biasimo in questo caso mi mostrerebbe che ho colto veramente nel segno. Bisogna che tu abbi pazienza, o mio Silvio, se il tuo nome è oggimai indiviso da quelli della religione e d'Italia negli amori come nelle ire; ma i tuoi amici debbono rallegrarsi se loro accade di partecipare a cotesta fortuna, che non hai certo a comune con molti. Queste cose però io amo meglio dirle agli altri o stamparle, che scriverle a te.

Abbi cura, mio caro Silvio, della tua salute, almeno per consolazione di chi ti ama e ti ammira, e pel bene che fai coll'esempio a molti *(la desinenza superlativa è cancellata dall'autore stesso)*, e ad assai più che non credi. Ricordami al tuo pio ed amato fratello, e non dimenticarti di me nelle tue preghiere. Se posso servirti in qualche cosa, comandami, e mi farai un doppio bene scrivendomi e dandomi occasione di ubbidirti.

Tutto tuo Gioberti.

PS. La Contessa di Lalaing ti ringrazia della tua buona memoria e ti risaluta. Il dottor Gastone, come saprai probabilmente a quest'ora, è tuttavia costì. »

Nell'anno seguente il Gioberti aveva occasione di rinnovare a Silvio Pellico le usate espressioni di amicizia, che trasmetteva in quest'altra lettera pure *inedita:*

Mio carissimo Silvio,

« Non voglio preterire l'occasione che mi si presenta per ricordarmiti alla sfuggita. Il portatore di queste poche righe sarà il sig. Teol. Mussone, nostro compatriota, ottimo e gentilissimo; il quale desidera con tale opportunità di conoscerti presenzialmente. Io non ho alcuna nuova da darti, perchè meno una vita molto ritirata, e occupatissima parte dagli studi geniali, e parte dalle faccende scolastiche. Mi è testè pervenuta la novella edizione del libro del Balbo: nella quale quel generoso reitera a mio riguardo le prove singolari di affetto già datemi nella prima. Gli scriverò oggi o domani; se ti accade vederlo, anticipagli i miei saluti e i miei ringraziamenti. L'Arrivabene a cui ho comunicato il tuo ultimo letterino mi commette di dirti mille cose e di raccomandarti caldamente la cura della tua salute e altrettanto fo io in mio proprio nome, poichè si tratta di un tesoro che è prezioso a tutti i tuoi amici, e a tutti gli Italiani sopra ogni altro bene. Addio, mio egregio Silvio, continua ad amarmi e credi al costantissimo affetto del tuo... »

È cosa certissima che mentre l'Abbate Gioberti scriveva questa lettera a Silvio Pellico, egli preparava una prefazione al *Primato*, la quale dovea *evidentemente* dispiacere oltre misura all'autore delle *Mie Prigioni*, se non vogliamo supporre nell'Abbate una forte dose di stoltezza, la qual supposizione sarebbe una stoltezza marchiana. Egli non poteva ignorare la religiosità quasi *scrupolosa* dell'anima *del suo egregio amico*, nè i sentimenti di lui intorno ai Gesuiti. Ma sopratutto sapeva che Silvio Pellico aveva tra i Gesuiti un fratello amatissimo, da lui educato nelle lettere, il quale inoltre, avendo insieme con Gioberti studiato teologia nell'Ateneo torinese, era con lo stesso Gioberti legato di tenera amicizia. Rifugge l'animo al pensare che un uomo obbligato da ambe le parti con tali sincere relazioni amichevoli, potesse scrivere un libro oltraggioso a Silvio Pellico amico e all'amico Padre Francesco Pellico! (1) E Gioberti non solo meditò e scrisse

---

(1) Al Padre Francesco Pellico alludeva Gioberti in questa sua lettera diretta a prete Riberi, da « Brusselle, ai 22 di febbraio 1835 », e respirante quasi un sentimento di cordoglio per l'entrata di quell'amico nella Compagnia de' Gesuiti:

quel libro, ma ebbe la fredda audacia di dedicarlo a Silvio Pellico con fronte veramente subalpina!

Ma anche Silvio Pellico portava nelle gracili membra un'anima di tempera adamantina, cui però coll'esercizio della virtù cristiana seppe amolliare maravigliosamente e velare di quelle forme gentili che ne rendevano così amabile il tratto. È un errore, come abbiamo visto, a cui i suoi *antichi amici* e recenti ammiratori dettero spaccio per dispetto, il credere, come poi disse lo stesso Gioberti, che *nelle prigioni dello Spielberg Silvio Pellico avesse smarrito il vigore dell'anima e del corpo*. In questa, come in altre occasioni, diede prove di una fortezza più singolare che rara, come non si sarebbe aspettato dall'Autore delle *Mie Prigioni* (1).

« Non posso già rallegrarmi in alcun modo della scelta fatta da un altro de' miei amici, giovane ottimo, ingenuo, modestissimo, di buona mente e di angelico costume: tale che se io lo vedessi gittarsi in un pozzo direi: poveretto, il suo cuore è santo e puro, ma il cervello gli ha dato la volta. Così dico io adesso; e mi dolgo meco medesimo, che certi uomini e certi ingegni bellissimi e felicissimi, disposti, cosa rara, a rinnegare sè stessi per glorificare Iddio, forniti di tempra rara per volere il bene senza rispetto a sè, e volerlo efficacemente, si sviino appunto dal loro supremo intento volendolo, e credendosi di conseguirlo. Ad ogni modo, io sono persuaso che il fine dell'amico è santo; ma piango sulla eletta del mezzo che non potrebbe essere più luttuosa. » Domenico Berti, *Di Vincenzo Gioberti Riformatore* etc, *con sue lettere inedite*, Firenze, Barbera, 1881, pp. 22-23.

(1) Infatti così si esprimeva intimamente con uno de' suoi amici: « Tu noti questo mio atto come prova di coraggio, e soggiungi che molti non me ne credevano capace, ma tu sì. T'assicuro che non mi costa mai sforzo il non seguire le altrui declamazioni, e mostrarmi a viso aperto qual sono, lasciando ch'altri pensi quel che vuole del mio intelletto. L'esser vecchio e dolorante e senza fracasso, non impedisce d'aver anima forte. » *Lettere di Silvio Pellico a Giorgio Briano*. Firenze, Le Monnier, 1861. Lettera 48, 1 agosto 1845, p. 56.

Non appena ebbe letto i *Prolegomeni al Primato*, ne' quali Vincenzo Gioberti svelava la su' anima ripiena di astio contro i Gesuiti, che rompendo ogni indugio sconfessò ogni intesa cogli odii Giobertiani, di cui il suo nome conservato in fronte alla nuova giobertiana opera potesse dar qualche sospetto ai lettori.

Con forme nobili e pacate temperò lo sdegno che gli fervea nel petto per quell'atto scortesissimo, col quale lo scaltro Abbate, che di prete non avea più nulla, intendendo di dar nuovo gabbo agl'italiani col nome agl'italiani amatissimo del prigioniero dello Spielberg, carezzò l'ignobile pensiero di mettere Silvio Pellico in armonia de' suoi intendimenti, e in opposizione co' Gesuiti tra i quali militava religiosamente il fratello del suo sangue.

« Letta quest'eloquente scrittura, così scriveva egli stesso a un amico, *non presi consigli nè da Gesuiti nè da altri*, e dato mano alla penna feci la mia protesta che indi mandai a Parigi e a Roma... Io non appartengo a congreghe, non sono strumento d'alcuno, penso ed opero senza prender lezione da maestri (1). »

Indi rivolgeva all'Abbate Vincenzo Gioberti la lettera seguente (2):

---

(1) L. c., lettera 17, 28 luglio 1845, p. 51.
(2) Noi la trascriviamo da una *copia*, scritta di mano dello stesso Pellico. Giuseppe Massari la pubblicò ne' *Ricordi biograf.*, III, 117. Si trova in tutti gli Epistolarii di S. Pellico.

(*Silvio Pellico a Vincenzo Gioberti*)

8 luglio 1845.

Caro Gioberti,

Ho sentito esser mio debito di dichiarare ch'io non condivido le tue opinioni sui Gesuiti, ed ho fatto quella dichiarazione spontaneamente e non già consigliato da Gesuiti o da altri. Non avrei potuto senza debolezza lasciar supporre ch'io disistimassi una Compagnia, alla quale tanti uomini savii e buoni e mio fratello stesso che amo ed onoro assai, si sono aggregati. Or vengo a te per soggiungerti con tutto il dolore dell'amicizia, che tu hai molto scandolezzato, non il volgo servile, ma le menti che pensano. Tu riceverai plausi di persone facilmente plaudenti, e son plausi ingannevoli. Il merito dell'eloquenza non può far degna di lode una filippica simile contro un ordine religioso. Tu sai che quando per effetto di passione, taluno diventa nelle sue parole o ne' suoi scritti *conseguenziario* esagerato, il suo preteso rigore di dialettica è vana illusione.

Che cosa fanno i ragionatori increduli? Gridano contro il Cristianesimo come tu gridi contro i Gesuiti, cioè sostengono con ardita e speciosa dialettica, che la religione cristiana è malefica, tendente ad impicciolire le intelligenze, a smorzare i grandi affetti, a render gli uomini paurosi, falsi, delatori, mogi, etc. Che cosa fanno i ragionatori delle sètte eretiche? Si volgono a gridare contro il cattolicismo, e sostengono con mille caldi argomenti che questa chiesa è malefica, tendente ad impicciolire le intelligenze, a smorzare i grandi affetti, a render gli uomini paurosi, falsi, delatori, mogi, ecc.

E poi? Si sente che sono invettive eloquenti, ed il pensatore scuote la testa dicendo: Abusi d'ingegno!

Ma tu mi chiederai: Ci sono o non ci sono i fautori dell'ignoranza? Ed io ti rispondo che ci sono, ma che non formano un ordine, e non ricevono l'impulso più da un ordine che da un altro. Ci sono, ed è cosa inevitabile e non bisogna mirarli colla lente della esagerazione. Si trovano qua e là, in ogni secolo, e fra laici e nel clero e nelle varie suddivisioni del clero. Ve n'ha di buona fede, e ad ogni modo non va bene caricarli d'ingiurie. Un ingegno potente che si scaglia con infinite parole a combatterli, commette un atto di debolezza. Voler poi comprenderli in un'idea e chiamarli *Gesuitismo*, m'è ognor sembrato sin da quando io era giovane, ed ancor mi sembra oggidì, una creazione chimerica, una befana sostituita al vero, una deduzione d'animi spaventati da voci correnti, che bisognerebbe udire con superiore tranquillità e non mai farvi eco.

Vi sono chimere ed irritazioni magnificate, dalle quali è disgrazia che talvolta anche gl'intelletti perspicaci si lascino preoccupare. Ciò non fa che rallegrare i maligni e contristare i galantuomini.

Eccoti il sentimento d'uno che non è mosso da congreghe, d'uno che ti loda e ti biasima con sincerità. Ammiro la tua eloquenza, e fo voti perchè meglio si congiunga a carità e giustizia.

Il tuo affezionatissimo
Silvio Pellico.

La lettera di Silvio era assennatissima, di logica inesorabile e insieme di una severità pacata, come si addice a chi si abbevera alle fonti del vero, del giusto e della carità cristiana. Per questo appunto Gioberti ne fu ferito nel vivo (1), e rispondendo a Silvio Pellico riscrissegli, con dialettica molto verbosa, questa lunghissima lettera, *inedita*:

(Vincenzo Gioberti a Silvio Pellico)

Bagni di Gurnigel, Cantone di Berna, 22 luglio 1845.

Mio caro Silvio,

Riscrivo alquanto tardi alla tua degli 8, perchè essa dovette fare un lungo giro e raggiungermi ai bagni di Gurnigel, dove mi condussi a cagione della mia salute.

---

(1) Dopo aver riferito questa lettera, **Gius. Massari** (*Ricordi biografici* III, 121) conchiude un suo sciloma con questo epifonema: « Ai gesuiti non può essere contrastato il triste vanto di aver fatto nascere un dissapore tra Vincenzo Gioberti e Silvio Pellico. » Sarebbe stato pur desiderabile, che Giuseppe Massari accompagnasse quel *triste vanto* con una qualche prova. Non lo avendo fatto, è necessario concedere a lui un altro vanto non meno triste.

Nè io risponderei alla tua lettera, se non fossi in obbligo di disingannarti, riguardo a un fatto da te accennato; tanto essa mi parve poco considerata e poco degna di Silvio Pellico. Il fatto si è che il mio ultimo libro *abbia molto scandalizzato non il volgo servile, ma le menti che pensano*. T'inganni di gran lunga, mio caro Silvio; perchè le menti che pensano furono favorevoli al mio scritto, e solo il volgo servile gli è avverso. Mi permetterai in questo caso di credere piuttosto alle lettere e alle testimonianze dirette, che ho ricevute, che non alle tue parole; giacchè, se debbo giudicare dal complesso del tuo foglio, mi sembri poco libero e pacato d'anima e di mente, e molto male informato di ciò che tocca a questo proposito. E quando dico ch'ebbi il suffragio delle menti che pensano, parlo di coloro che pensano saviamente e cristianamente, e aggiungono il culto della religione a quello della dottrina (1). Non ho finora conosciuto alcun uomo sapientemente religioso che fosse propizio ai Gesuiti (2), e per allegarti solo alcuni illustri chierici del nostro paese, ti citerò i nomi del Sineo, del Bardi, del Dettori, del Bricco, del

---

(1) Qui s'affaccia la maestria del Gioberti nello scambiare le carte. Egli intende per religiosi, giusti e buoni, santi e dotti, quelli che professano le opinioni sue; cioè dire tutti quelli che, fraintendendo l'amore di patria, a questo fanno servire la verità, la giustizia, e la stessa religione; come n'é esempio famoso questo sciagurato Abbate!

(2) Perchè questa non sia una bugia, bisogna intendere per uomo sapientemente religioso, non un Bossuet, Fénélon, Cartesio, De Maistre, ecc.; ma Pascal, Arnaud, e altri illustri della scuola giansenistica, della quale il Gioberti in tante lettere si costituisce paladino.

Bessone, del Giordani, del Boschis (1); dai quali fu governata in parte la mia educazione e indirizzata la mia vita. Costoro se fossero vivi, approverebbero la sostanza del mio libro, come quello, che intorno ai Gesuiti non contiene altro se non ciò che ho sentito dire cento volte da essi. Ma che penserebbero del tuo procedere? Che ne direbbe in particolare quel venerando Giordani, dal quale mi ricordo avere udito affermare che il gesuitismo (2) era la più gran piaga della Chiesa ai nostri tempi? Egli certo, che molto ti amava, si maraviglierebbe di vedere da te e dal tuo fratello anteposte a' suoi savi ammaestramenti le perfide insinuazioni dei nuovi maestri. Tu rinneghi adunque gl'insegnamenti ricevuti dagli uomini più autorevoli in grazia di una setta che ha posto il colmo alle sue enormezze; laddove io mi mostro fedele alla tradizione del clero subalpino (3). Ma lasciando i morti, e parlando dei vivi, ti posso assicurare che io ho dalla mia due terzi del clero regolare e secolare non solo d'Italia, ma di altri paesi cattolici; e che, se la prudenza mi permettesse di pubblicare i nomi dei frati, dei preti, dei parroci e persino dei prelati, che hanno fatto buon viso alla mia scrittura, i Gesuiti ne piglierebbero spa-

---

(1) Erano tutti impegolati di dottrine giansenistiche. Le opere di alcuni di loro furono *notate* dalle congregazioni romane.

(2) Senza definire che cosa intenda per gesuitismo! Silvio Pellico lo dice una creazione chimerica, befana sostituita al vero... ma non avea le traveggole dei venerandi Giordani e Gioberti abbati!

(3) Veramente argomenti di questa fatta fanno poco onore a un filosofo: il Clero subalpino (*tutto il Clero Maestro di Gioberti*) ha insegnato così, dunque è vero!

vento, e tu potresti convincerti qual sia il volgo che mi applaude (1). Nè ti nego essere possibile che la Compagnia a forza di maneggi e di raggiri giunga a far proscrivere il mio libro; ma in tal caso io non mi pentirò di aver fatto un atto di coraggio, che, a giudizio d'infiniti buoni, era necessario alla Chiesa (2). E lascierò a te il nobile sunto d'esserti posto dal canto dei potenti e dei forti, per dare addosso a uno scrittore che ha adempiuto al suo debito.

Non ti nego anco che fra i plaudenti si trovino degl'increduli e altri nemici della nostra fede. Ma ciò prova solo che eziandio gl'increduli hanno talvolta ragione; ciò prova che in molti l'incredulità procede da errore più di mente che di cuore, perchè confondono la religione con ciò che non è

---

(1) Enrico quarto Re di Francia, avea detto, (ed era più arguto e più sincero di un Gioberti) i nemici de' gesuiti essere o preti spretati, o preti colla donna! Se questa verità avea perduto del suo valore a' tempi del Gioberti non sappiamo, come pure non ci conviene di sapere se il clero avverso a' Gesuiti, fosse così numeroso *mentre uscirono i Prolegomeni*. Sappiamo però che nel 1852 vari vescovi d'Italia e di altre nazioni, vari sacerdoti di vari ordini e prima di essi lo stesso Re Carlo Alberto chiesero al Papa la condanna de' libri giobertiani. Checchè però ne fosse di que' tempi di popolare aberrazione, vorremmo sapere se oggi nel clero si trovi *un solo* che faccia buon viso alle scritture dell'Abbate subalpino. Eppure la verità è di tutti i tempi! Noi però sappiamo di fonte certa, che anche allora, il fiore del clero subalpino, un Lanteri, un Guala, un Cafasso, un Durando, un Don Bosco, un Mgr. Franzoni, non che godere, gemevano sugli sconcerti giobertiani.

(2) Questa paura frugava il Gioberti di continuo e gli rimescolava l'anima insuperabilmente. Per attutirne lo strazio, la sua dialettica gli menava innanzi alla fantasia i raggiri gesuitici; e così si rendeva più saldo nella sua ribellione contro la Chiesa, dando vista di credere che la sua opera era necessaria alla Chiesa

dessa (1). Anche nei secoli scorsi e al dì d'oggi, gli scrittori cattolici che disapprovano i roghi, sono lodati dai miscredenti: vorrai tu perciò inferirne che sia buona l'Inquisizione?

Quanto a' tuoi ragionamenti, sarò breve, perchè tu stesso, riandandoli, ti avvederai che non reggono a martello. Tu conchiudi da coloro che combattono con ragioni speciose il cristianesimo, il cattolicismo, a chi combatte i Gesuiti, e non ti accorgi che argomentando in tal modo incorri nell'error di coloro che confondono insieme la religione e il gesuitismo. Quella è divina e non può mai essere viziata nella sua essenza: questo è umano, e come tutte le istituzioni umane è soggetto a corruttele e a ruina. E già fu corrotto e spento una volta; risorto di poco, ora torna ai disordini antichi. Vorrai tu pretendere che i nuovi Gesuiti abbino un privilegio particolare e siano infallibili e impeccabili? No certamente. Dunque, data la possibilità della corruzione, bisogna vedere se essa in effetto abbia luogo; e la quistione si dee decidere coll'esame dei fatti, non con ragioni astratte e comuni. Io ne ho allegati molti; ai quali nè tu, nè il P. Francesco, nè altri ha risposto, perchè sono patenti, pubblici, inespugnabili (2). Il P. Fran-

---

(1) Sì veramente che si trattasse di Gesuiti, l'abbate Gioberti, non solo agl'increduli ma avrebbe dato ragione al diavolo!

(2) Il P. Francesco (Pellico) senza tanto rombazzo di rettorica declamatoria ridusse a nulla i capi di accusa che Gioberti accampò contro i Gesuiti. Ma di ridurre quell'uomo dall'intelletto guasto e dalla fantasia sbrigliata, fu un nulla: Gioberti credeva sè infallibile da senno! Le cose e i fatti egli non diceva perchè erano, ma dovevano essere perchè egli li diceva: questo era Gioberti!

cesco mi scrisse una lunga lettera, in cui mi parla dei Gesuiti come d'uomini affatto innocenti, a cui non si può imputare il menomo errore; quasi che in questo punto io non fossi in Svizzera testimonio coi proprî occhi dei miserrimi effetti della guerra civile, e non vedessi i genitori orbati dei figliuoli, e i fratelli dei fratelli a causa dei Padri. Il solo fatto di Lucerna basterebbe per far condannare i Gesuiti da ogni buon cristiano; nulla essendovi di più enorme, che il vedere un ordine religioso dar occasione colla sua pertinacia, e per ben due volte, alle stragi civili (1). E coloro che invece di biasimare gli autori di una tanta infamia, li lodano, debbono temere di acquistare una trista complicità del sangue sparso agli occhi di Dio e dell'equa posterità (2).

Tu dici che fautori dell'ignoranza non sono solo i Gesuiti. Te lo concedo, ma i Gesuiti ne sono i fautori principali più potenti, e intorno ad essi, quasi a centro, si raccolgono coloro che rendono la religione sprezzabile ed

---

(1) I Gesuiti entravano in quella guerra, come si direbbe dell'aratro che l'assassino ladrone vuol togliere a un onesto lavoratore, per impedirgli di arare il suo campo. Da quando mai incoglie al legittimo possessore l'obbligo di cedere il suo al predone che lo chiede col ferro alla gola? Era appunto il caso degli svizzeri cattolici. Essi nel ritenere i Gesuiti nei loro paesi, erano nel loro pieno diritto. Gioberti lo sapeva benissimo, ma da uomo scaltro ch'egli era, non cerca il diritto, piglia il fatto materiale, e con isfoggio rettorico e sofistico in cui era maestro, pone i Gesuiti come cagione di quella guerra, il che era una vera menzogna.

(2) E la posterità equa riconosce in Gioberti un vero complice di quelli oppressori del diritto, e gli dà meritamente que' titoli, de' quali egli onorava i Gesuiti.

odiosa, oppugnando in suo nome il sapere e l'incivilimento. Anche questo è chiaro e certissimo a chi non s'illude sulle condizioni degli uomini e dei tempi (1).

Io partecipo all'amore e alla stima che tu porti al tuo fratello; perchè lo credo ottimo, benchè cieco ed affascinato. Nè credo di aver mancato alla sua persona, perchè ho fatto iterata protesta di credere che l'ordine possiede molti uomini degni di venerazione, tra i quali io colloco il P. Francesco; e l'avrei detto espressamente (come feci del P. Taparelli) se non avessi temuto di parere affettato, menzionando un uomo a cui la sua modestia interdisse finora di farsi conoscere al pubblico. Non risposi alla sua lettera, perchè lo giudicai inutile, e non ho tempo che per le lettere necessarie. Se il P. Francesco o altri crede di poter difendere la Compagnia non con luoghi comuni, ma colla viva ragione dei fatti, parli pubblicamente; e sia pubblica la difesa, come fu pubblica l'aggressione. Ma certo nessun'arte di eloquenza potrà spegnere la memoria dell'accaduto; onde io non veggo altra salute per la Compagnia, che una ingenua confessione de' suoi trascorsi, e un sincero proposito di ammendarli. Altrimenti non sopravviverà lungo tempo; perchè la Prov-

---

(1) I Gesuiti fautori d'ignoranza! Questa è proprio da filosofo sommo! Sfuggì a tutti gli antichi osteggiatori, agli eretici, a' giansenisti, agli enciclopedici; ma i Gesuiti, maestri a quasi tutta la gioventù dei loro tempi, insegnavano fedeltà a Dio e alle autorità legittime: ecco il secreto che agli occhi del Gioberti te li fa gabellare *evidentissimamente* per fautori d'ignoranza!

videnza non vuole permettere il diuturno trionfo del male, nè può proteggere un sodalizio religioso macchiato di sangue cristiano. E tu, mio Silvio, se vuoi giovare veramente ai Gesuiti, confortali alla confessione e all'ammenda; in tal modo sarai loro più utile che pigliando sconsigliatamente la loro difesa (1).

Scusami, se io ti parlo alla libera, confidandomi che piglierai in buona parte le parole di un amico, e di un uomo, che andando attorno pel mondo, conosce forse meglio di te gli uomini, i tempi e i bisogni della religione. Iddio si è valuto di te, del tuo ingegno e delle tue scritture, per dar lustro alla sua Chiesa; guardati che abusando i doni divini senza volerlo, tu non divenga all'incontro un oggetto di dolore ai buoni e di gioia ai miscredenti. Il che accadrà senza alcun fallo, se tu ti mostri parziale dei Gesuiti; imperocché senza recare alcun vantaggio alla loro causa, tu rovinerai la propria riputazione. So che all'animo tuo generoso non costa il sacrifizio della tua propria fama; nè io confortandoti a conservarla, guardo a quel misero diletto o profitto che se ne può trarre in

---

(1) Con questi consigli Gioberti aggiunge all'offesa lo scherno. A un'anima candida e rettissima com'era quella di Silvio Pellico, questa derisione dovette riuscire amara; era naturale che il calunniatore accennasse egli, se non a qualche idea di ammenda, almeno a qualche più modesta espressione sul suo mal operato. Ma quell'aria di sicurezza con cui si esaltava netto di errore, quel chiamare i Gesuiti a' suoi piedi, quel tuono minaccioso della distruzione annunziata alla Compagnia, fecero vedere a Silvio Pellico tutta la vastità de' disegni giobertiani e il guasto profondo che gli aveva invasa l'anima! Vedremo a che fine miseranda e tragica fu condotto dalla Providenza questo infelice forviato!

questo mondo. Ma il tuo nome è al dì d'oggi immedesimato con quello della religione nella opinione di molti; e ogni macchia contratta del primo ridonda in pregiudizio della seconda. Tu devi dunque farti coscienza di proferir pure una parola a pro di un ordine così screditato come quello dei Gesuiti. E ancorchè l'opinione pubblica trasmodasse su questo articolo (il che io non credo) tu non faresti da savio e da cristiano ad urtarla; quando il guadagno sarebbe poco o nulla, e la perdita grandissima. Il gesuitismo ancorchè fosse innocente, non è che un istituto umano e accidentale alla Chiesa; e negli accessori è gran senno l'ubbidire al suo secolo, allorchè senza tale ubbidienza non si può salvare il principale. Io pregherò Iddio che t'illumini; ma tu paventa, che essendo stato sinora un appoggio, tu non divenga un inciampo alla fede. Ti abbraccio di vero cuore.

Tutto tuo
Gioberti.

Dai bagni di Gurnigel nel Cantone di Berna, 22 luglio, 45.

D'allora innanzi cessò per sempre tra Silvio Pellico e l'abbate Gioberti ogni relazione diretta. Ma questo screzio, a giudicarlo con animo pacato al dì d'oggi in cui sono attutite quelle celebri ire, riesce a molta lode dell'autore di *Francesca da Rimini*. Costò molto alla sua anima gentile il rompere il ferro con uno che si diceva suo amico. A ogni modo la storia deve registrare ancora una volta che la semplicità della colomba vinse l'astuzia della serpe.

A meglio intendere l'animo d'entrambi giova considerare il contrasto assai rilevato, che ci è porto dal diverso linguaggio usato dalle due parti, quando l'occasione o la necessità lo comportava. Silvio per più e più anni o scusava il povero Gioberti, o almeno sperava che sarebbe tornato a cuore. Le sue lettere esalano un vero profumo di carità cristiana, sfumatura di quel Vangelo di cui Silvio Pellico pasceva i suoi vecchi giorni. Ne citeremo pochi tratti:

« ...Gioberti è uomo d'impeto, ma *sincero*: un giorno si accorgerà del suo torto, preghiamo per lui e per tutti quegli animi disposti all'ira... (1). »

« Che peccato che un sì ragguardevole ingegno come Gioberti si lasci dominare da opinioni irate! — Ma forse col tempo si ricrederà, e gli rincresceranno i suoi trasporti... ecc., ecc. (2). »

Senonchè era ben lontano dal ricredersi Vincenzo Gioberti, il quale colla pubblicazione dei *Prolegomeni* diceva con superba sicumera, di cui Silvio Pellico non era capace di conoscere la profonda malizia: « *la mia tragicommedia è solo al principio del secondo atto;* e

---

(1) Lettera al Prof. Ighina, 30 giugno 1845, *Epistolario*, p. 118.
(2) Allo stesso, 30 agosto 1846, l. c., p. 125.

per vedere quel poco bene o male, a cui può riuscire, *bisogna aspettar la fine di tutto il dramma* (1). » Egli dopo la risposta moderatissima e quasi amichevole, che gli fece il P. Francesco Pellico, e quella più forbita e più formidabile del P. Curci; egli, come tutti sanno, mandò fuori quel cibreo, col nome di *Gesuita Moderno,* il quale fa il riscontro di contrasto all'*Ebreo Errante* di Eugenio Sue: due gemelli usciti quasi ad un parto, uno liscio e l'altro irsuto, entrambi Galeotti.

Anche di questo in molte sue lettere Silvio Pellico fa menzione. Il tratto di una di esse ci porge come in prospettiva le proporzioni di tutte le altre: « I guastamestieri (è il vocabolo più forte ch'egli abbia usato...) inventano sempre favole; suppongono favole che non sussistono, gridano contro i Gesuiti.

« Il più eloquente esageratore contro essi è Vincenzo Gioberti nella sua recente opera in sette volumi: *Il Gesuita moderno*. Egli ragiona, sragiona, dice bene, dice male, accumula fatti veri e fatti falsi, interpreta, confonde, travisa e così versa torrenti di odio sulla *Compagnia di Gesù,* facendo ogni possibile per dipingerla come esecranda. Egli si lagna anche di me, mi loda, mi sloda, mi stima, mi vitupera: *ben sa che non gli risponderò una sillaba*. I sette suoi volumi (qui chiamati per ischerzo le *Sette Trombe*), mancano d'ogni misura e perciò non signifi-

---

(1) Lettera di V. Gioberti all'avvocato (Salvagnoli), 19 aprile 1845. *Ricordi biograf.*, III, 89.

cano nulla. Quando un'opera ha l'impronta di satira e di caricatura, il suo effetto è scarso e non durevole... (1). »

Dall'altra parte, anche il Gioberti e prima e dopo della sua ascensione e precipizio capitolino accennò alcun che di Silvio Pellico nel suo carteggio cogli amici; ma lo fa con un accento tale, che non solo non respira fiato di sacerdote, ma ritrae tutto il ghigno dell'apostata. Ci basti questo suo bisticcio epistolare col degno amico che gli servì di portavoce negli ultimi anni, ossia con Giorgio Pallavicino Trivulzio (2); lo citiamo con venia di ogni lettore gentile.

Il Pallavicino così scrive all'abbate Vincenzo: « Udite ora una nuova che vi farà trasecolare. Silvio Pellico sposava in Roma la marchesa di Barolo! (3) Molti vedono in

---

(1) Lettera di S. Pellico al barone Achille de Laurens. Avignone. — Torino, 7 agosto 1847. *Epistolario*, p. 127.

(2) Fu questo un personaggio ben singolare (n. 1796, m. 1878). Iniziato alla setta de' *Confederati* dal Confalonieri nel gennaio del 1821, (*Memorie di Giorgio Pallavicino*, I, 19), e spedito nel marzo in secretissima missione a Novara, dove si trovava il colonnello San Marzano co' *suoi trecento*, fu arrestato a' primi di dicembre di quello stesso anno. Del suo processo, e delle sue amicizie col Confalonieri si è scritto molto da una parte e dall'altra, e se n'è fatto una matassa imbrogliata. L'autore della *Semplice Verità*, che aveva svolto i costituti di quei processi, dice senz'ambagi:

« Il Confalonieri, il Pallavicino e il Borsieri confessarono pienamente e fu sulla loro confessione confermata dalle reciproche loro accuse e da quelle de' complici, che la condanna fu pronunciata... È falso, che si usasse alcun artificio col Pallavicino, falso ch'egli cadesse in pazzia, falso che nè lui, nè il Borsieri ritrattassero la loro confessione (p. 133). » « Fu il più fanatico (*il Pallavicino*), quello (c'increscie il dirlo) cui fu attribuita la proposizione di assassinare il generale Bubna (p. 132). »

(3) In fondo di pagina: « *Era una fiaba che si dileguò subito.* » *Memorie di Giorgio Pallavicino, pubblicate per cura della moglie.* Vol. II, p. 483.

questo matrimonio un maneggio della trista Compagnia. A voi che ne sembra? (1). »

E all'Abbate sembrava così nella sua lettera di risposta da Parigi, 13 febbraio 1852:... « Il maritaggio della marchesana di Barolo con madamigella Pellico dee far ridere molti e dolere a chi stima ed ama l'autrice della *Francesca da Rimini*. Io sarei inclinato a crederlo irregolare, atteso l'identità dei sessi;... (2) . . . .
. . . .
... A ogni modo, il pasticcio dee essere opera dei Padri, affinchè la pingue eredità baroliana divenga dote di Silvio, e contraddote della Compagnia (3). »

* * *

Quando Vincenzo Gioberti scrivea coteste brutture da istrione inverecondo, soli otto mesi di tempo lo allontanavano dal momento in cui, troncatagli repentinamente la vita, dovea presentarsi al tribunale di Dio. Egli ebbe ricevuto di questa *catastrofe* qualche segno precursore fino dal dicembre del 1845, in quell'anno appunto in cui « la sua tragicommedia era solo al principio del secondo atto »: il suo dramma già si avvicinava alla catastrofe!

---

(1) *Ibid.*, da Torino, 8 febbraio 1852.
(2) Questi *puntini* suppliscono per qualche turpitudine soppressa da B. E. Maineri, che pel primo pubblicò queste lettere nel 1875, nel: *Il Piemonte*, ecc., p. 251. Nelle *Memorie di Giorgio Pallavicino pubblicate per cura della moglie*, sono scomparsi anche i *puntini*, l. c., pp. 487-88.
(3) L. c.

Ecco come egli stesso racconta il tragico avvenimento svoltosi nella persona di un certo Gaggia, prete apostata con mogliazzo e figliuoli, che fuggito d'Italia e rifuggiatosi a Bruxelles, vi dirigeva quel collegio protestantico nel quale Vincenzo Gioberti insegnava filosofia.

È il principio di una lettera scritta « di Bruxelles, al 4 dicembre 1845 al suo carissimo Pierino (Pier Luigi Pinelli):

« Il mio arrivo di qua fu tristissimo; perchè appena giunto appresi la morte del Gaggia, tocco e ucciso cinque dì prima da un colpo di apoplessia fulminante sugli spaldi della cittadella di Anversa (1). »

E in simile maniera terminava pure la vita il Gioberti, « tocco e ucciso da un colpo di apoplessia fulminante, » nella notte del 25-26 ottobre 1852. Così il suo amico Pallavicino, che in quel tempo era a Parigi, racconta l'avvenimento di quella morte:

« Vincenzo Gioberti abitava un modesto quartierino di quattro camerette al secondo piano. Al primo abitavano i padroni della casa. Questi sulla mezzanotte (del lunedì al martedì) udirono il rumore d'un corpo che cade e che, cadendo, rovescia una caraffa; ma essi non vi fecero attenzione, dacchè tratto tratto s'udivano rumori d'ogni maniera nelle stanze del Gioberti; il quale, non potendo dormire, soleva levarsi più volte nel corso della notte.

---

(1) *Ricordi biograf.*, III, p. 120.

« Perciò, solo alle 6 del mattino, si conobbe il tristissimo caso, quando la portinaia entrò nella camera dell'infermo per rendergli i consueti servigi. Figuratevi l'orrore di quella povera donna al vedere il miserando spettacolo che si presentò ai suoi sguardi: Gioberti giaceva boccone sul pavimento!!!...

« Aveva i piedi entro le pianelle, e stavagli, sotto il corpo rannicchiato, la veste da camera: con una mano teneva ancora gli occhiali. Sul letto vedevansi aperti due libri: *I Promessi Sposi* e l'*Imitazione di Cristo*.

« A quanto sembra, il Gioberti leggeva, quando sulla mezzanotte, colpito da subitaneo malore, volle alzarsi per chiamar gente. E già era sceso dal letto. In quell'istante, fulminato dall'apoplessia, egli cade ginocchioni e percuote colla fronte nella tavola da notte. Non un solo movimento: Gioberti aveva cessato di vivere (1). »

Morì senz'aver dato mai nessun segno di ravvedimento degli (2) errori e delle maldicenze nelle quali ebbe il *primato* incontrastabilmente.

Repubblicano fino da giovane « morì repubblicano (3). » Cospirava nel 1833 contro un governo legittimo, che gli dava il pane. Esiliato in Parigi e Bruxelles era di conserva co' principali tramatori nell'ordire quella vasta

---

(1) *Memorie* di **G. Pallavicino**, II, pp. 584-85.
(2) Tutte le opere dell'Abbate Vincenzo Gioberti furono condannate dalla Congregazione dell'Indice e del Santo Uffizio.
(3) **G. Pallavicino** nelle *Memorie*, II, 589.

trama che si svolse nel 1848. I suoi libri contro i Gesuiti furono la sua parte assegnata, ed egli la tessè dando esalo a rancori concepiti nell'educazione giansenistica, che riarsero poi per dissapori privati (1). Ministro di Carlo Alberto, ingannò molti, dispiacque a tutti, decadde ignominiosamente: la sua ambizione smisurata ne ricevette insanabile ferita.

L'ingegno svelato nelle sue opere polemiche è quello di una facondia erudita ma pedantesca, veemente ma disordinata, forbita ma pesante. Il sofisma, che ne anima il fondo, vi è maneggiato da mano maestra. L'audacia servita dal sofisma: ecco in iscorcio *idoleggiato* Vincenzo Gioberti (2).

Di prete non conservò nulla: vestiva da secolare; non messa, nè ufficio, nè sacramenti, modi liberi se non libertini.

« Il Gioberti, esclama il Pallavicino, scrivendo in corsivo: *avea egli il dono della fede?*... Su questo punto io non voglio pronunciarmi (sic): giudichi il lettore dai fatti seguenti:

« Parlavamo di filosofia. Il Gioberti, dopo avere lodato a cielo Socrate, Platone, Seneca, Marco Aurelio e gli

---

(1) Egli ebbe, o almeno chiese, una cattedra di ripetitore in un collegio di Torino diretto da Gesuiti. Pare che il P. Roothan lo licenziasse non senza motivo.

(2) « Ingegno facile, rapido, trasmutabile, fornito d'una erudizione copiosa ma di seconda mano e non derivata dalle sorgenti, capace d'eloquenza, ma di parole più che di cose... » **Gius. Mazzini**, *Opere*, vol. VII, p. 145.

altri luminari della sapienza greca e latina, conchiuse quasi parlasse con sè stesso: « Io sono più pagano che cristiano! » Probabilmente scherzava (1).

« Un'altra volta io gli dissi: « Come avviene che voi, filosofo altissimo, crediate l'incredibile a dispetto della logica e del buon senso? È egli possibile che voi siate cristiano non solo, *ma cattolico-apostolico-romano?* »

« Il mio cattolicismo (egli mi rispose) non *è il cattolicismo officiale* di Roma. » « Ma l'inferno, io replicai, come potete ammettere l'inferno, voi che riconoscete in Dio un'infinita bontà, un'infinita misericordia? » « Non preoccupatevi troppo dell'inferno; vedrete che un giorno o l'altro vi sarà l'amnistia » (2).

Da questo giudizio di un grande amico (3) di Gioberti non dissente guari in questa parte la testimonianza di Giuseppe Mazzini, che in ultimo gli fu nemico. Egli ne discorre così: « Salutò d'entusiasmo la formula *Dio e popolo* per rinnegarla poi a profitto d'un cattolicismo rintonacato -

---

(1) Anche quest'altro scherzo di cattivo gusto racconta il Pallavicino: « Un giorno egli mi disse con grande serietà: « A che credete voi che io pensi?... Penso con raccapriccio al disordine del creato, se morisse il Padre eterno! » — « Ma di qual malattia (esclamai ridendo) potrebbe morire il Padre eterno? » — « Naturalmente di vecchiaia, » rispose il valentuomo, non più serio questa volta. » L. c., p. 587.

(2) *Memorie*, l. c., p. 588.

(3) Quest'uomo era così fanatico, che giunse a scrivere a Vincenzo Gioberti in questi termini: « L'Angelo della Storia scriverà un giorno su la pietra del mio sepolcro: «Onorate Giorgio Pallavicino: *fu l'amico di Vincenzo Gioberti.* » *Memorie*, II, p. 451. Lo stesso scriveva a sua moglie: « Oh, si tu connaissais M. de Lamennais, si méconnu, si calomnié!... tu l'aimerais bien. *C'est l'Évangile fait homme.* » *Ibid.* p. 370.

dopo d'avere fulminato dall'altezza d'una coscienza filosofica gli artifici del gesuitismo, li adottò come cardine de' suoi disegni - diceva a me nel 1847 in Parigi: *io so che differiamo in fatto di religione: ma, Dio buono! il mio cattolicismo è tanto elastico che potete inscrivervi ciò che volete* - non fu nè filosofo nè credente (1). »

Dacchè cominciò a svolgere la sua *tragicommedia*, com'egli chiamava la sua vita di scrittore (2), Vincenzo Gioberti non ebbe pace. Nelle sue lettere intime a ogni momento vede il Gesuita, e sente a ogni piè sospinto la paura dell'indice che gli fruga l'anima (3). Ne' suoi ultimi giorni ebbe notti agitate da sogni angosciosi, ne' quali vedeva strani personaggi e paurosi; ora udiva un « suono indistinto quasi fremito di tigre, » ed ora gli pareva di stringere « la mano di uno scheletro (4). »

Di quella morte spaventosa Silvio Pellico appena ebbe le prime notizie, così scriveva intimamente alla sorella:

« J'ai appris avec peine la mort de Gioberti, surtout cette malheureuse mort ayant été subite. Puise-t-il avoir eu quelques moments de réflexion salutaire et de repentir! Ne jugeons pas, plaignons-le et implorons la divine miséricorde pour lui... Quoique j'aime toujours à espérer,

---

(1) **Mazzini**, *Opere*, vol. VII, p. 145.
(2) Vedi sopra, p. 256.
(3) **Massari**, *Ricordi e Carteggio* II, III, IV, *passim*.
(4) **Pallavicino**, *Memorie*, II, pp. 586-87, dove sono narrati distesamente.

je suis effrayé de cette fin après les écrits malveillants qu'il avait publiés et dont il n'avait encore témoigné aucun regret, malgré la condamnation prononcée par le Saint Siège. Et il était prêtre! Cette mort fera certainement beaucoup de peine à notre bon François qui ne cessait pas de lui être attaché, quoique Gioberti eût publié qu'il renonçait à son amitié. - Que de rage dans ce cœur! Voilà ce qui me donne des craintes. Car l'esprit de haine est tout l'opposé de cet esprit de bonté et d'amour qui constitue le vrai Chrétien (1). »

---

(1) 31 ottobre 1852. *Epistolar. francese* pp. 769-70, Torino, 1878.

CAPITOLO X.

RELAZIONI - ULTIMI ANNI

> ... egli incontra, che più volte piega
> l'opinïon corrente in falsa parte
> e poi l'affetto lo intelletto piega.
> (*Paradiso*, XIII, 118).

Tra le relazioni, che rimasero stabili in maniera nobile e gentile, Silvio Pellico numerava in primo luogo quella che lo obbligava colla famiglia Barolo. Tutti sanno ch'egli stava in quella casa col titolo apparente di bibliotecario, in verità come secretario intimo della famiglia e quale amico venerato da quella nobilissima donna, protettrice generosa di quanti al vero merito aggiungevano il titolo della sventura.

Silvio Pellico, la cui anima delicata sentiva al vivo la riconoscenza, rammentava ogni anno con piacere la memoria dell'avvenimento di quella nobile amicizia. Ecco come in una lettera alla sorella Giuseppina ne racconta e ne celebra l'origine, 5 novembre 1852:

« C'est aujourd'hui un jour d'heureux souvenir pour moi, car ce fut le 5 novembre (1832) que Madame la Marquise eut la bontè de m'écrire quelques lignes pour me dire qu'elle venait de lire *Le mie Prigioni* etc., etc. Mes sentiments lui parurent bons, èlle me l'expliqua de la manière la plus aimable. Ce fut pour Papa et Maman un grand plaisir, nous étions tous contents. Tel a été le commencement d'une connaissance si appréciable pour moi. Quelque temps après je fis une visite à Madame la Marquise, son excellent mari y était, et bientôt cette connaissance devint une véritable amitié. Il y a déjà vingt ans de cela! et je m'en félicite toujours d'avantage (1). »

Quest'amicizia, che per Silvio era una fortuna insieme ed una salvaguardia, riuscì a' nemici di entrambi d'invidia dispettosa. Laonde sparsero la notizia del loro matrimonio come di cosa che doveva ferire nel vivo tanto Silvio Pellico quanto la marchesa di Barolo, come accadde di fatto: fu a un punto, conforme sappiamo da buona fonte, che la marchesa non togliesse a Silvio Pellico se non la sua protezione, almeno la convivenza nella sua casa. Silvio così se ne lamentava colla sorella da Napoli, dove trovavasi ritornato da Roma, lieto delle festose accoglienze prodigateglì da tutti in tutte parti, ma sopratutto respi-

---

(1) *Epistolario francese*, p. 771. Fu una fortuna per Silvio e per l'Italia ch'egli non accettasse l'invito della Regina Amalia di Francia, che gli offerse la Regia parigina per dimora coll'impiego di bibliotecario regio.

rante ancora quel gaudio di cui l'amoroso tratto di Pio Nono gli aveva giocondato l'animo; 29 febbraio 1852:

« J'ai vu avec indignation dans les journaux la plus fausse des nouvelles. C'est évidemment l'œuvre de quelque méchant qui a eu l'intention, par cette vile supposition, de faire de la peine à Madame la Marquise. — J'ai d'abord écrit au rédacteur de la *Croce di Savoia*, pour qu'il démente son article insérant la déclaration que je fais de la fausseté de cette nouvelle. J'ai écrit aussi au *Cattolico* qui a eu la légereté de copier l'article de la *Croce di Savoia*. — Outre l'offense que l'on a voulu faire à Madame la Marquise, le trait de la calomnie est pareillement contre moi. Il y a des âmes basses qui veulent tout abaisser; elles ne veulent rien croire de ce qui est vrai, simple et digne. Tant pis pour elles! il faut supporter cette tribulation comme tant d'autres... (1). »

I moti burrascosi del quarantotto non lo distolsero da' suoi sentimenti di amore di patria, e diciamo pure di una patria libera e *unita* cioè francata della dominazione forestiera. Ma que' sentimenti erano sempre mai congiunti colla religione e colla giustizia; sdegnò i mezzi disonesti, qualunque si fosse la santità del loro fine, e maledisse le gazzarre piazzaiuole, le mene settarie, le

---

(1) *Epistolario francese*, p. 772.

incomposte grida e la cacciata ingiusta e quasi barbara de' gesuiti (1). Trepidò per patria aspettazione ne' tempi in cui Carlo Alberto combatteva la guerra dell'indipendenza ne' campi della Lombardia; ma nella seconda prova del 1849 l'illusione dell'amor patrio non gli fece più velo al giudizio! Egli disapprovò quindi tutta l'opera « de' guastamestieri in letteratura, in filosofia, in politica (2); » e la rimanente vita dedicò alla solitudine, al conforto cogl'intimi amici di casa Barolo, alla preghiera e alle pratiche di religione.

Invitato più volte dagli opposti partiti a scrivere in giornali combattenti, se ne schermì sempre prudentemente. E così si scusava al marchese Fabio d'Invrea, che fu uno de' fondatori e ardito scrittore dell'*Armonia;* 23 febbraio 1848:

« Il suo progetto, signor Marchese, l'ottima volontà de' suoi amici dovrebbero ispirarmi fiducia, ma vedo molte difficoltà all'effetto proposto. Supponendo pure che le loro forze sieno notevoli per ogni altro verso, parmi che una manchi essenzialissima. Una sola volta mi trovai in società con giornalisti, e fu quando a Milano negli anni 1817, ecc. facevasi il *Conciliatore*. Io non dirigeva

---

(1) « Quelques uns en sortant de la Maison des SS. Martyrs ont été poussés, heurtés, injuriés cruellement... Cette barbarie continua (le jour suivant): on les reconnaissait dans les rues, on les outrageait... Que Dieu pardonne à ces monstres! » Alla Giuseppina, 10 marzo 1848, *Epistolar. francese*, p. 523.

(2) **Briano**, l, c. p. 66.

e non ho avuto alcuna pratica di direzione, ma ho veduto che per fare un giornale non languido e stentato, bisogna essere in molti. Eravamo dieci o dodici, tutti giovani, tutti caldi di liberalismo, e ciò appena bastava, perchè chi per malattia propria, chi per malattia d'un parente o amico, chi per altri inevitabili disturbi, v'è sempre più d'uno inoperoso. Ora se le SS. LL. sono in grado d'unirsi in quindici o venti, l'impresa loro potrà riuscire; altrimenti non credo. Io poi sarò lettore, ammiratore, ma non darò articoli. Il tempo mi manca; ho poca fiducia in giornali, ed ho risposto negativamente a parecchi che m'hanno gentilmente stimolato a simili opere.

La riverisco, ecc. (1). »

Tuttavia, sebbene non pigliasse abbaglio sulla portata di certi provvedimenti, si arrese volentieri all'invito di Cesare Balbo nel porre il suo nome in un indirizzo *ingenuo*, che quel nobile liberale rivolse al Re di Napoli per consigliarlo a riforme. Credeva da senno l'Autore delle *Speranze* che la voce di uno *scolare di Gioberti* fosse ascoltata come un oracolo dall'Alpi al Vesuvio! « Tanti, scrivea Silvio Pellico, si danno ora a politicare, che non occorre ch'io me ne mischi... L'unica cosa che non ho voluto ricusare è stato che si ponesse il nome mio in un articolo

---

(1) Copiata dall'originale favoritoci dal Can. D. Fazio di Savona.

del *Risorgimento*, come segno de' voti che formo anch'io perchè i Principi d'Italia operino d'accordo. Voto sicuramente giusto, *ma inutile come tanti altri desiderii!* (1). »

⁂

« Nel 1851 (2) Massimo d'Azeglio solo si ricordò » di Silvio Pellico; e lo nominò cavaliere dell'Ordine di Savoia. Una lettera ch'egli allora rivolse alla sorella Giuseppina ci dà contezza di quell'onorificenza, e insieme ci descrive un incontro quasi lepido, che gli accadde nell'anticamera del Ministro con un altro candidato. Era questi uno de' suoi detrattori, incresce il dirlo, il prete Casalis, autore del *Dizionario Geografico* degli stati di Piemonte, opera celebrata per que' tempi; 11 decembre 1850:

« Dimanche, j'ai été chez le Ministre, d'après l'invitation que j'en avais eue, et j'ai prêté serment comme chevalier de l'Ordre civil de Savoie. Ce serment fixé dans les Règlements de l'Ordre, est dans des termes parfaitement convenables.

« En t'annonçant l'accomplissement de cette formalité solennelle, je veux aussi te dire une drôle de recontre qui a eu lieu à cette occasion et qui s'est très bien passée. - J'arrivai au Ministère a 10 heures, qui était l'heure

---

(1) Lettera al Professore A. Ighina, 7 gennaio 1848. *Epistol. cit.*, n. 269.
(2) La data è erronea; vedi sotto.

indiquée. Le Ministre n'y étant pas encore, on me fit entrer dans une salle pour l'attendre. Un beau vieux prêtre d'une taille majesteuse était là assis. Il se leva aussitot, et d'un pas chancelant d'homme infirme il me vint à la rencontre, me demandant comment je me portais. Ses regards et sa voix, pauvre homme! me paraissaient exprimer de la confusion et de la peine. Je n'eus pas, je t'assure, le moindre moment de malveilance, et au contraire mon coeur le plaignait. Ce vieillard avec son air respectable portant un habit neuf et la décoration sur la poitrine, pouvait être pris pour un prélat. Sa figure maigre, pâle, souffrante, son nez aquilin, son expression un peu indécise et troublée, mais spirituelle, avaient quelque chose de convulsif, de douloureux. Je ne fus pas surpris de le voir, car je savais qu'il avait été nommé chevalier avec moi. Tu comprends que c'était notre ami l'Abbé Casalis. Je répondis à sa politesse, nous nous assîmes l'un à côté de l'autre. Il me parla de sa misérable santé et de son vieux âge; il a dix ans plus que moi. Il me dit le malheur qu'il a de ne pouvoir presque plus marcher; depuis longtemps il ne peut sortir de chez lui qu'en chaise-à-porteur. Qui sait ce qui se passait dans son âme? *regrettait il d'avoir écrit et publié des injures contre moi qui ne l'avais jamais offensé?* (1) Je n'en sais rien, mais je remercie Dieu de n'avoir eu pour cet homme que des pensées

---

(1) Cf. **Casalis** *Dizionar. Geograf.*, artic. *Saluzzo*.

de compassion, et de ne lui avoir rien dit qui ait pu lui faire de la peine. Pour mieux le tranquilliser, je ne lui parlai que de quelques sujets indifférents, et nous causâmes comune deux littérateurs qui se respectent réciproquement.

« On nous pria enfin d'entrer chez le Ministre; je me mis à genou comme le ministre m'expliqua qu'il fallait faire, et je prêtai le serment. L'Abbé Casalis en fit autant, et après quelques politesses avec ces Messieurs, nous nous en allâmes. J'accompagnai le pauvre vieillard jusqu'à sa chaise-à-porteur, et après notre salut de séparation je pensai: que Dieu nous fasse miséricorde à tous les deux!

« Je t'embrasse... etc... (1). »

« Tra coloro che lo visitarono in Torino nell'anno 1853 fu anche Giuseppe Mazzini, e la visita ebbe luogo nel mese di luglio. È facile immaginare i fraterni ammonimenti, che Silvio allora diè al traviato: ma serbò su questo punto uno scrupoloso silenzio (2).

« Ricercato, alcun tempo prima della sua morte, da persona ragguardevole, qual fosse la migliore educazione

---

(1) *Epistolar. francese*, p. 678. Nella lettera antecedente le avea scritto: « Quand à la partie pécuniaire, cette aggrégation à l'Ordre civil de Savoie ne m'ajoute rien, jouissant déjà, par un décret du Roi Charles Albert, de la pension de 600 fr. sur la caisse du dit Ordre, pension dont le paiement m'est continué de nouveau, après les petits retards que la guerre et les calamités avaient causés. » *Ibid.*

(2) Dall'*Unità Cattolica*, 31 genn. 1884. Lettera del Sac. P. Ponte, nella commemorazione di Silvio Pellico. D. Ponte era cappellano della marchesa di Barolo, e intimo di S. Pellico.

per un giovane principe, scriveva per risposta *un centinaio di facciate,* che rimangono inedite... » Così Giorgio Briano (1). In quella vece sono poche pagine, ma veramente degne di vedere la pubblica luce. Siamo lieti di poterle qui riferire, trascrivendole dalla minuta originale dello stesso Silvio Pellico:

Torino, a' 7 gennaio 1853.

Ill.mo sig. marchese della Rovere,

« Niuno è meno atto di me a tracciare qualche norma che possa essere utile ad un governatore di Principi, ma per non disobbedire al gentile invito ch'Ella s'è degnato di farmi, vi ho riflettuto il meglio che mi sia stato possibile, ed ecco, sig. marchese, come io pensi in proposito.

Mi permetta primieramente di dirle, che più ho considerati gl'impegni d'un uomo chiamato dal suo Sovrano a così delicati ed importanti doveri, più l'animo mio si è tranquillato sembrandomi che la carica a Lei conferita da S. M. non presenti difficoltà e sollecitudini tanto tremende, quanto la mia immaginazione se le dipingeva al primo sguardo. Io ci vedo tutti i motivi di entrarvi con franco passo, con dolce fiducia, stante l'indubitabile assistenza di Dio, il buon desiderio della S. V. e l'illuminata

---

(1) L. c., p. 68.

cooperazione d'altri rispettabili uomini che le agevoleranno l'impresa.

A parer mio, in molta parte di quelle cure il Governatore non avrà che a secondare con tutto il suo appoggio i lumi dei degni Ecclesiastici, incaricati dell'istruzione intellettuale e morale. Ad essi deve appartenere la scelta dei libri, che si crederà conveniente di porre gradatamente nelle mani dei Reali Giovinetti. È certo che conferendo su qualunque punto con que' pii e dotti Istitutori sarà sempre agevole d'intendersi ed effettuare ogni provvedimento con armonia e con soddisfazione reciproca.

Il contegno del Governatore verso gli Allievi dee respirare un sentimento di superiorità paterna, piena di benevolenza, ma senza mai prolungare alcuna specie di famigliare abbandono, talmente che lo amino e ad un tempo ne sentano rispetto, vedendo ch'egli è accorto, giusto e non debole, non facile a transigere.

Si ricordi d'aspirare all'acquisto d'una qualità, che dicono essere stata eminente in Montausier: non si mostrò giammai *annoiato* del tempo che passava col Delfino. Da ciò derivava che il Delfino non era mai annoiato del suo ottimo governatore, fuorchè nella circostanza di dover essere punito.

Si diceva che Montausier aveva il difetto d'esser troppo severo, ma che non ne aveva altro, e ch'era severo per bontà.

Quella stessa attenzione ch'egli portava col suo Allievo, di non parer mai annoiato, ei si faceva uno studio di portarla con tutti, come obbligo assoluto di carità cristiana e di cortesia cavalleresca. Questi pregi lo facevano amare, malgrado il suo spirito austero, non inclinato a condiscendenze. Vorrei che i Governatori di Principi avessero tutti quella bella riputazione ch'egli aveva d'anima altamente cavalleresca e religiosa; ma vorrei che addolcissero la loro virtù, la loro serietà, e non sembrassero mai troppo severi. Insieme alla cura di non mostrarsi annoiato, bisogna avere sempre qualche cosa nelle parole e negli sguardi, che palesi un cuore amante e desideroso d'edificare e d'essere utile. Questo è un dovere comune a tutti i Cristiani, ma oh! quanti vi mancano! Procuri un Governatore di Principi di non mancarvi mai: la sua carica esige ch'egli sembri ad essi un tipo, un genio benefico, una guida mandata dal cielo.

Io non mi sento in grado di suggerire nulla sopra la distribuzione dei diversi studi e delle ore d'applicazione, alle quali sarà d'uopo assoggettare gli Allievi. Mi par cosa che facilmente si concerterà cogl'Istitutori.

Non so s'io m'inganno perchè sono stato educato all'antica, non vorrei che si pagasse tributo al secolo sopprimendo il latino. Essendo la lingua della Chiesa, è bene che se ne acquisti una sufficiente cognizione, dalle persone sopratutto che sono altamente educate, e particolarmente dai Principi cattolici. Non solo in epoche precedenti, ma ancora cinquant'anni sono, tutti i Principi d'Europa imparavano il latino, e non è vero che oggidì manchi il tempo. Anche allora si studiava il francese ed altre lingue viventi, e la storia e la geografia e diversi iniziamenti alle scienze e alle arti. L'intelligenza dei giovinetti è in generale capacissima d'imparare più lingue, se queste son bene insegnate. — Si noti che i protestanti e gl'increduli sono quelli che hanno cercato di spargere il disprezzo nella lingua latina, volendo screditare, per quanto possono, tutto ciò che si concatena colla Chiesa Romana. Nondimeno i più rispettabili fra i protestanti medesimi la studiano ancora nelle migliori famiglie private, e tanto più nelle Principesche.

È omai riconosciuta per falsa l'opinione ch'ebbe Rousseau e che molti declamatori propagarono scrivendo sul miglioramento dei metodi, cioè doversi agevolare ogni studio ai ragazzi fino al punto di renderlo dilettevole e facile come il gioco.

Molte esperienze hanno provato che la memoria dei ragazzi e la loro potenza di riflettere e di ragionare non si estendono esercitandole poco. È necessario un certo grado di faticosa applicazione, per dare alla mente la debita forza e vastità: le facoltà intellettuali hanno bisogno come quelle del corpo, di non essere nemiche della fatica. Chi cerca sempre il dilettevole, non si nobilita, e si snerva ed insomma la vita umana non è un giuoco nè per i Principi nè per i sudditi. I giovinetti debbono avvezzarsi a sentire questa verità, considerando i piaceri come un sollievo lecito, e non come la parte principale della loro esistenza.

Benchè io sia d'avviso che un Governatore debba procurare che i Principi a lui affidati facciano studi non leggeri, ma anzi forti, ei dee badare che non prendano vanità dai loro successi di scuola, nè gusto a pedanterie, nè pretensione all'erudizione letteraria.

Ciò si è biasimato in Luigi XVIII, ed in alcuni altri principi, come una debolezza nella posizione cotanto superiore che occupano le Persone Reali. Conviene che tali Persone sappiano molto, ma che se lo facciano perdonare mediante la più grande semplicità. La loro ambizione non dev'essere letteraria, ma tutta Reale.

Più d'ogni altra cura, il Governatore dee sempre aver quella della moralità dei suoi allievi adoperandosi a correggerli, a farli sinceramente religiosi, leali, inclinati alla virtù, alieni da tutto quello ch'è ignobile e vizioso.

Non ardirei qui segnare alcuna traccia d'indicazione per conseguire questo scopo. Nessun trattato di morale può eguagliare lo spirito della nostra santa Religione; il Governatore di Principi si consulti ogni giorno con questa, e ne riceverà tutti i lumi opportuni per non fallire nella scelta dei mezzi. La riuscita è nella mente di Dio e l'uomo non può assicurarla, ma è stato detto: « Pace agli uomini di buona volontà. » Aver buona volontà, pregare ardentemente, dar l'esempio e sperar molto in Dio portando la nostra croce e ajutando gli altri a portare la loro: ecco il nostro vero debito, ciascuno nella sua grande o piccola sfera.

Coraggio dunque e fiducia! non so dirle altro, ma glielo dico con un cuore tutto inteso a felici presentimenti per Lei, pe' nostri amati Principi e per il bene del nostro paese.

Gradisca l'espressione dei rispettosi sensi e dell'affetto con cui ho l'onore d'essere

Di Lei, sig. marchese,

Umil.mo Obb.mo Servo
Silvio Pellico. »

***

In mezzo alle consolazioni, che gli venivano da gente amica, e ammiratrice del suo ingegno, del suo cuore, e della sua gloria, Silvio Pellico ebbe a provare tra breve di que' dolori, che non provenendo dagli uomini non trovano altro conforto se non nella speranza, di cui si allieta un'anima profondamente religiosa. Nell'aprile del 1837 gli morì la madre, cui egli amava con tenerezza e gratitudine profonda. Quali sentimenti provasse allora sappiamo dalla piccola memoria, che abbiamo rinvenuta negli scritti conservati dalla Giuseppina, e che ogni lettore gentile leggerà volentieri. È del tenore seguente:

(*Copia d'uno scritto di Silvio Pellico trovato in un libriccino da tasca*):

« Addì 12 aprile 1837 (Mercoledì) alle ore 9 antimeridiane è morta la mia cara Madre.

« Mio Dio, vi ringrazio d'avermi dato per Madre una delle anime più virtuose, più amanti, più forti, che abbiate create. Piango che me l'abbiate ritolta, ma vi ringrazio che l'abbiate lasciata vivere sino all'età, alla quale è arrivata a grande benefizio di me, e di tutta la nostra famiglia. Vi ringrazio d'avermi tratto di carcere alcuni anni prima, cosicchè tanto si è consolata delle angoscie per me patite. Spero che Ella riposi già nella felicità del Paradiso, ma se colà non fosse tuttora, chiedo misericordia per Lei, offerendomi pronto a patire qualunque pena in cambio di essa. E ciò, Signore, vi chiedo tanto più vivamente, che niun figlio ha mai costato ad ottima madre così gravi e lunghi dolori, com'io a lei! Siate benedetto per l'amore, che Ella mi ha portato, e dimostrato in ogni tempo, segnatamente in questi ultimi sei e più anni del fortunato nostro convivere! Siate benedetto per la grazia, che mi avete fatta di rendermi unanime con Lei nella fede, e nella maggior parte delle opinioni, aprendomi voi gli occhi sì che io vedessi quanto in quell'ultima vostra ancella vi fosse più senno, che in molte splendide menti ed in molti vantati libri. Vi fò oggi solenne promessa, mio Dio, di regolarmi sempre secondo i consigli datimi da mia Madre a nome vostro, e quindi propongo con maggior fervore che mai, di non abbandonar più in alcun tempo la cura di ben conoscere i miei doveri ed adempirli. Datemi lume e forza, affinchè io mantenga questa promessa, e serbi continuo sentimento della presenza vostra, della presenza della Beata Vergine, e di tutti i Santi, della presenza di mia Madre! »

La pietà di Silvio Pellico e la sua religione intima e schietta parlano da sè stesse in questo scritto, che dovea rimaner secreto. Quest'uomo era come trasformato da quello che era una volta. Le disgrazie, i disinganni, la perdita de' suoi cari gli aveano tolto quasi ogni piacere della vita. « Oh! quanti sacrifizi, scriveva al Confalonieri, siamo chiamati a fare su questa terra! e a forza di farne, la vita si scolora, e ci prendono quindi assai più i desiderii della vita avvenire che quelli della presente (1). »

Quindi perdeva il padre, Onorato Pellico, a' 15 di maggio del 1838. « Quel momento, scrive la Giuseppina, fu il più angoscioso ch'io abbia mai provato; Luigi e Silvio stessi si gettarono piangendo nelle braccia uno dell'altro. »

E dopo tre anni lamentava pure la perdita di Luigi, che gli era stato fratello affettuoso e intimo amico. « Il 18 febbraio del 1841 (nella città di Chieri), così la Giuseppina, mi si venne a dire che Luigi era stato assalito a tavola

---

(1) *Epistolar. cit.*, n. 124, 23 maggio 1838.

da un colpo apopletico. Accorsi... egli aveva perduto la favella, l'uso di tutti i sensi, salvo la vista, e fu come un cadavere... Silvio a cui io aveva inviato un espresso giunse al mezzogiorno del 19; il P. Feraudi raccomandava l'anima al moribondo...! Povero Silvio, qual dolore! Il compianto morente spirò all'ora del mezzodì del 20, nelle braccia di un Padre Gesuita. »

Oramai non gli rimaneva più che la sorella Giuseppina delle tante persone care, che componevano la cerchia delle sue relazioni familiari; il P. Francesco Pellico, Gesuita, essendo la mercè di nuove leggi italiane costretto a vivere fuori d'Italia! Il perchè, Silvio Pellico ordinò che la Giuseppina lasciasse il ritiro delle Rosine e attendesse alla cura del piccolo patrimonio paterno; e insieme sostituisse all'esigenza affettuosa del cuore di Silvio le immagini dei cari oggetti mancati al loro affetto comune.

Quanto tesoro di nativa amorevolezza e di virtù cristiana e di squisito tratto nelle loro mutue fraterne relazioni! Vale il pregio che ne porgiamo qualche saggio ai lettori, lasciando parlare l'ingenua scrittrice, sorella di Silvio Pellico, che così le esprime:

« Silvio non solo mi lasciava godere i frutti della cascina, *(acquistata da lui nelle vicinanze di Chieri)*, ma non veniva mai a Chieri senza portarmi qualche centinajo di franchi. Egli non voleva spese superflue nè di lusso; voleva una giudiziosa economia...

« Io doveva notare esattamente l'entrata e le spese

al minuto, aver sempre mia cassa in ordine, ed al 31 dicembre d'ogni anno dargli un conto esatto. Egli non faceva ciò per misurarmi il soldo, ma perchè gli piaceva l'ordine, e per vedere quanto costava il vitto, vestito, e quali fossero le spese straordinarie. S'egli credette opportuno restringermi circa le limosine, egli aveva la gentilezza, quando veniva a Chieri, di chiedermi dei miei poveri, e, tu lo sai, chi s'interessa per essi ha sempre qualche cosa di commovente a narrare. Egli disapprovava talvolta ciò ch'io aveva fatto per essi, talvolta mi lodava, e sempre la finiva con arricchirmi di una ventina di scudi, di cui io poteva disporre per qualche soccorso straordinario senza dargliene conto; la qual cosa mi faceva il più gran piacere, ed egli godeva a vedermi così contenta.

« La borsa, in cui io riponeva il piccolo fondo dei miei poveri, era da noi nominata: *Borsa del Bambino Gesù*. Se accadeva ch'ei volesse vederla, che fossimo soltanto nella prima metà del mese, e ch'essa fosse di già pressochè vuota, io tremava nel presentargliela. Una volta fra altre mi sgridò un po' sul serio e mi disse, che siccome io non metteva in pratica i suoi consigli, mi voleva dare una lezione; e, mi diede la borsa senza nulla porvi dentro. « Ho torto, gli dissi, la punizione è giusta, ma deh! sorridimi tosto; » e gli diedi un bacio, e n'ebbi uno da lui. Si mutò discorso, e partì al dopo pranzo, senza più parlarmi dei poveri; a me aveva portato L. 400. Al domani mattina volendo uscire per visitare un cieco malato, vado tutta mortificata e dolente attorno la borsa del Bambino per portare qualche piccolo soccorso alla moglie del povero vecchio, ed oh! più che grata sorpresa, vi trovo un piccolo involto, il quale porto alle labbra come cosa sacra; lo apro alquanto commossa, e v'erano dentro, indovina!... quattro pezze di Savoja! »

Racconta quindi a lungo, come impegnatasi imprudentemente a soccorrere un negoziante (*quel tedesco convertito, di cui sopra è fatta memoria*), contrasse un'obbligazione per sei mila lire. Silvio Pellico le pagò; ma fece sentire alla troppo caritatevole sorella tutte le conseguenze del suo errore, negandole per un poco l'antico tratto amorevole.

« Finalmente, prosegue la Giuseppina, egli mi disse con bontà: « Ho svolto in tutti i versi l'affare che ci affligge ed ho finito per persuadermi che hai errato per eccesso di bontà... Ora non parliamo più di ciò, ti ho tormentata forse anche troppo, perdonami, e perdoniamo anche a N. - Se vogliamo che Dio ci usi misericordia, siamo anche noi misericordiosi. »

« Più io mi riconosceva indegna di tanta bontà e gentilezza, più grande era la mia riconoscenza, la mia ammirazione, e, naturalmente, il mio amore. Nè io avrei saputo in parole dirgli tanto, nè lo avrebbe sofferto, ma mi sorrideva amorevolmente, come se avesse letto nel mio cuore e mi diceva: « Buona Giuseppina, ti amo assai. » Ah! se mi amavi in vita, o fratello diletto, se mi soccorrevi allora con tanta benevolenza, che non farai adesso dal cielo ove la tua carità è perfetta? Ah! proteggimi, ajutami, ond'io ti raggiunga presto! »

CAPITOLO XI.

MORTE DI SILVIO PELLICO

> In tutte parti impera, e quivi regge
> quivi è la sua cittade, e l'alto seggio:
> O felice colui, cu' ivi elegge!
> *(Infern.*, I, 130).

« In casa della marchesa di Barolo si viveva in pace come nella migliore famiglia; tutto procedeva con ordine ed ogni cosa facevasi a suo tempo. Pellico s'era tracciato un genere di vita. Il primo articolo diceva: « Beati i mansueti, perchè possederanno la terra » e l'ultimo: « Nelle vostre mani, o Signore, raccomando il mio spirito. »

« Ogni settimana Silvio Pellico si accostava ai santi sacramenti. Nei giorni feriali assisteva alla santa messa nel santuario della Consolata, e nei festivi riceveva la comunione nella propria parrocchia di San Dalmazzo. Non passava giorno che egli non recitasse la terza parte del santo Rosario; nel sabbato, sacro a Maria Santissima, cantava da solo le Litanie (1). »

---

(1) **D. P. Ponte**, l. c.

La lettura prediletta di Silvio Pellico era la Bibbia. Il P. Francesco Pellico così ne parlava a un amico suo: « Quando Silvio uscì di prigione, mi pregò di procurargli una Bibbia; ma mentre io stavo cercandola, mi disse che lasciassi pure, essendosene già procurata una. » Questa Bibbia, Silvio l'aveva lasciata a D. Ponte: ma la Giuseppina lo pregò di cederla a lei, ed essa poi l'offerse al municipio di Saluzzo (notizia datami dallo stesso D. Ponte) (1). Il Padre Francesco conservò di Silvio il Breviario (2), con dentro dei segnacoli scritti in alfabeto inintelligibile e con le date delle morti dei loro cari. Quel Breviario l'aveva avuto in dono dalla marchesa *per sua stessa domanda;* ed era uno di quei regali che gli faceva ogni anno nel dì di S. Pietro *in vinculis,* data della sua liberazione del carcere (3). »

Nel mese di dicembre del 1853 Silvio Pellico ammalò dell'ultima infermità che lo tolse alla terra. Di questo suo grande e solenne atto abbiamo i ragguagli della sua stessa sorella che lo assistè con amore, e ne accolse le ultime parole. Essa così lo descrive:

« ...Al principio di dicembre ritornai a vederlo; egli era ognora più debole..... Si alzava tardi, quindi, se non

---

(1) Si conserva tuttora nel palazzo Cavazza di Saluzzo. Ivi si trovano pure molte altre memorie preziose di Silvio Pellico, che abbiamo considerato e studiato sul luogo con amore. Sono notabili due *autografi* della *Francesca da Rimini*, due rosarii, il berretto da prigioniero dello Spielberg eccetera, eccetera.

(2) Si trova ora nella casa de' Padri Gesuiti di Saluzzo, con altre memorie di Silvio Pellico.

(3) Lettera all'Autore del Prof. B. Mathis.

faceva cattivo tempo, usciva dopo mezzodì un momento per fare una visita a Gesù Sacramentato; ma non ne poteva più e non voleva essere accompagnato. Lo lasciai alli 9, pregandolo di aversi cura, alli 11 mi scrisse: « ...Tu as été charmante de me donner si promptement de tes nouvelles, je te remercie. - Je ne vais pas mal, mais l'inexorable docteur ne m'a pas permis d'aller le matin à l'Eglise: j'ai entendu la Messe à la maison. - La belle Epître d'aujourd'hui nous dit: *Gaudete in Domino semper*. - Donc point de tristesse. Vive la joie sainte! Sois gaie. - J'ai présenté tes respects à M.me la M.se, qui a été bien contente de te voir, et qui te reverra chaque fois avec le même contentement. Adieu. »

« Avendogli chiesto se la camera era libera, e se non era abusare della bontà della signora marchesa lo andare di nuovo etc., egli mi rispose in data 31 Xbre e questa fu l'ultima sua lettera: « Tu me ferais bien plaisir de venir me voir, et tu seras aussi la bien venue pour M.me la Marquise. Il n'y a aucun empêchement: ton logement t'attend toujours. Si autrement avait été, je t'en aurais prévenue sans que tu m'en fisses la demande. Viens donc comme à l'ordinaire pour quelques jours avec notre bonne Nymphe (*era il nome della domestica*). - Tu reverras la jolie Crêche de M.me la Marquise, où il y a cet Enfant Jésus si beau, puis les poupées représentant toutes les différentes filles de M.me la M.se dans ses divers établissements. Tu y verras notre vie tranquille comme de coutume, et ton

Silvio un peu malade, mais non aggravé. Je désire te trouver en bonne ou au moins passable santé. - Nous t'attendons. - Bien de choses à Magna et à toute son excellente famille. Je renouvelle tous mes souhaits et je t'embrasse de tout mon coeur.

Ton Silvio ».

« Mi recai a Torino li 2 gennaio: il caro fratello non aveva gran febbre: tossiva e s'indeboliva. Il medico (dottor Fioretta omeopatico) non ne faceva il minimo caso e gli raccomandava di nutrirsi. Difatti di buonissima ora prendeva il caffè e v'intingeva qualche fetta di pane; all'ora della colazione era servito come noi ch'eravamo a tavola, e medesimamente all'ora di pranzo, e fra il giorno altro non prendeva che i granelli prescritti dal dottore.

« Compatiscimi se la rimembranza di quei giorni mi tocca il cuore. Addio. »

••*

Amica dilettissima,

« Io passava la giornata vicina all'interessante malato, alle sei del mattino io era ordinariamente nella sua camera. Egli prendeva o aveva già preso il caffè, dopo il quale si sentiva rinvigorito, epperciò compensato di aver talvolta passato una notte alquanto cattiva. Io lo aiutava a mutarsi etc., frattanto venivano le sette e mi mandava alla Consolata a messa. (In quell'ora la piissima marchesa aveva già assistito al Santo Sacrifizio in casa, preso un qualche confortante, ed era o alla Consolata, od a visitare i suoi stabilimenti, di modo che il più delle volte io non la vedeva prima delle dieci). Io lavorava quindi nella sua camera. Siccome per non stancarsi non riceveva visite, (nel tempo che non era aggravato), andavamo via discorrendo, ora dei nostri affari, dei nostri amici, delle virtù della marchesa e de' suoi pii stabilimenti. Altre volte mi parlava dello Spielberg e mi narrava non già ciò ch'egli aveva colà sofferto, ma qualche tratto di bontà del vecchio Schiller o del buon Fritz. Questi portavano loro talvolta pane o frutta; essi cioè Silvio e Maroncelli si sentivano morir di fame, ma nulla accettavano per quanto ne venissero pregati, altrimenti troppo spesso quei cuori eccellenti se ne sarebbero privati per amore dei loro poveri prigionieri italiani. « La vista di quei cibi, diceva Silvio, ci aguzzava la fame. il che al certo non era un servizio; ciò nonostante più ci doleva non poter dimostrar loro la nostra gratitudine che la fame stessa. »

« E lì egli ammirava e lodava la bontà di Dio, il quale non abbandona i suoi, e diceva che se è sempre grato e dolce il vedersi amato, nel suo caso e nella sua posizione quello era per lui se non altro una consolazione. E paragonando lo stato presente con quello d'allora, diceva: « Il povero prigioniero è diventato un prin-
« cipe: figurati che un pezzetto di carbone, un fusto di

« paglia, una spilla, erano per lui tesoro sì grande che
« non aveva onde occultarsi, e guai se alla visita erano
« scoperti! Di commoduzzi non ne avevamo neppure
« un'ombra di sorta; e qua, ah sì! io sono un principe
« e per soprappiù, perchè sono un po' malato, ho la dolce
« compagnia della buona mia sorella tutta affetto ed at-
« tenzione pel suo Silvio. »

« Egli apprezzava le più minute agiatezze e ne godeva
e le gustava con una certa voluttà, ma riportandole
sempre a Dio. Un cuor più grato del suo credo che non
si trovi: e perchè? perchè era umile dinanzi a Dio e
lo amava con tutta l'anima. Già egli era stato comunicato
privatamente per divozione dal Cappellano della signora
marchesa, la quale da qualche giorno era malata: verso
la metà di gennaio gli fu portato il Santissimo dalla Parrocchia, chè così egli desiderò per edificazione del prossimo, sapendosi ch'era ammalato.

« S'egli era costantemente buono, dolce, amabile e pio
in tutti i tempi, figurati gli affetti di quell'anima tutta
fede e amore nei dì della santa comunione. Egli non
poteva dissimulare l'allegrezza che lo inondava, e la sua
gioia era, sarei per dire, fanciullesca. Una volta ch'era
quieto cogli occhi chiusi, capì però ch'io lo contemplava e
guardandomi mi disse: « Credevi tu ch'io dormissi? » « No,
gli risposi, tu eri in colloquio col Signore, che ti visitò questa mattina, e mi guardai dal disturbarti. » « Io cantava. »
« Tu cantavi? » « Sì mentalmente io cantava:

> Dormi, dormi
> O bel bambin divin, o bel Bambin d'amore.
> Dormi dormi,
> O bel Bambin divin mio re, mio salvatore.
> Dammi presto,
> O bel Bambin divin, l'eterno tuo sorriso:
> Dammi presto,
> O bel Bambin divin, un posto in Paradiso.

« Egli avrebbe continuato a cantarellare in modo che avresti detto ch'ei fosse in letto per giuoco; ma lo interruppi dicendogli: « Chiedi subito subito anche un posto per tua sorella » e ridevamo, ma eravamo commossi.

« Quantunque non mi parlasse di sua morte, se non come di cosa lontana, mi dava però frattanto qualche avvertimento o consiglio. Egli temeva di affliggermi, ed o nascondeva i miei timori per non rattristar lui. Però, siccome anche quando ei godeva salute, già erano questi per lo più i nostri trattenimenti, io non faceva mostra di farne caso. Egli credeva prudente preparar me al colpo, tuttavia da certe disposizioni o progetti pareva ch'ei contasse di ristabilirsi. « L'anno scorso io era molto « più oppresso, mi diceva egli, ciò nonostante cessato il « freddo io fui guarito, ed in aprile potei fare una gita « a Chieri. »

« Quantunque egli avesse più volte al giorno notizie della marchesa dal signor Don Ponte, dai segretari, da me e dai domestici, si era cacciato in capo ch'essa era aggravata e che non volevam dirglielo, cosicchè se ne occupava seriamente. Mi disse che tosto accaduto il disgustoso avvenimento, io dovessi sgombrare dalla mia camera, che il segretario signor Burdizzo gli faceva il favore di prendere me e la Ninfa in pensione a casa sua, che avrei continuato ad assisterlo, ecc., ecc., che col tempo egli avrebbe poi veduto e deciso se meglio era stabilirsi ambedue a Torino oppure a Chieri. Ma Iddio dispose diversamente...! »

***

« La mattina de' 25 gennaio trovai il povero, l'interessante malato spossato più che mai. S'io aveva temuto che quella potesse essere l'ultima sua malattia, ebbi pur sempre qualche speranza; ma ora io la perdeva... Siccome nella notte egli ebbe a disturbare il famiglio, d'allora in poi un infermiere dell'ospedale veniva assisterlo durante la notte. - Capii che anche Silvio si teneva spedito. Egli aveva desiderato che bel bello io gli avessi aggiustato a modo suo tutte le sue camicie, la qual cosa io andava via facendo nelle ore ch'io non era occupata a scrivere o per la signora marchesa o per lui; e quel mattino mi disse con bel modo, per non darmi sospetto, che il numero delle camicie aggiustate gli bastava. - Dopo avermi dettata una lettera di risposta ad un cotale, che lo pregava di leggere un suo componimento manoscritto, il quale non guardò punto, si fece portare al letto un cassettino che conteneva parecchie carte. Cercò un quaderno, ne lacerò alcuni fogli, che spiegò e me li fece gettar sul fuoco; quindi scrisse nei fogli rimasti qualche parola con grande stento e consegnandomelo, mi disse di scrivere sopra la coperta quanto mi dettava. Eravi scritto di suo proprio pugno: *A Giuseppina Pellico mia sorella*.

« Non occorre dirti, cara amica, la violenza ch'io dovetti farmi per tenermi salda e non commuovermi. « Scrivi, mi disse, detto a mia sorella: »

« Non posso abbastanza ringraziarti della tua costante « amicizia. Non ho bisogno di raccomandar alle tue pre- « ghiere nè l'anima mia, nè la mia venerata e diletta « benefattrice, nè tutte le persone generose, che mi « hanno perdonato i miei difetti, trattandomi con benevo- « lenza. Addio, sorella; addio, fratello; addio, imparaggia- « bile mia benefattrice. Ah! Sì addio, andiamo tutti a « Dio!

« In manus tuas, Domine, commendo spiritum meum.

« Torino, 25 gennaio 1854. »

« Quello era il suo testamento, cioè l'espressione di sua ultima volontà, scritta di suo pugno su carta semplice, e nemmeno sottoscritto. Non ti sarà discaro conoscerne il contenuto: eccotelo:

TESTAMENTO.

« In Nome della Santissima Trinità Padre, Figlio e
« Spirito Santo.

« Rendo a Dio, mio Signore, le più vive grazie d'a-
« vermi dato la vita ed accetto volentieri la morte per
« gloria sua e sperando che sia per mio eterno bene.
« Nutro questa forte speranza, affidato ai meriti infiniti
« di Gesù Cristo, all'intercessione dell'Immacolata Ver-
« gine Maria e a quella di tutti gli Angioli e Santi e alle
« preghiere d'alcune anime pietose, fra le quali annovero
« principalmente mio fratello, mia sorella e la venerata
« benefattrice marchesa Giulietta di Barolo nata Colbert.

« Ringrazio Iddio d'avermi fatto nascere nel grembo
« della Santa Chiesa Cattolica Apostolica Romana e da
« genitori esemplari nella fede e nella virtù, i quali spero
« di raggiungere fra poco nel Regno immortale. Lo rin-
« grazio pure di avermi dato fratelli e sorelle migliori di
« me, e di non aver permesso che nella nostra famiglia
« vi fossero esseri malevoli, nè che in tutta la nostra
« parentela vi sia stato chi si disonorasse per malvagia
« condotta. Lo ringrazio inoltre di avermi fatto incon-
« trare più amici che nemici, talchè molte persone mi
« sostennero e giovarono in tutto il corso della mia vita
« e poche cercarono di recarmi danno. A quest'ultimi
« perdono cordialmente e prego per loro.

« Nel ringraziare Iddio delle tante misericordie usa-

« temi sopra la terra, rammento con particolarissima
« riconoscenza l'aver degnato disporre, ch'io acquistassi
« per benefattore il fu marchese Tancredi di Barolo e per
« benefattrice sua piissima vedova, mettendo nei loro
« cuori la più grande indulgenza a mio riguardo.

« Non avendo nulla ad offrire alla mia benefattrice
« che sia degno di lei, la prego almeno di voler accettare
« il mio calamaio d'argento, il quale, in mancanza di
« meriti miei, ha il merito d'essermi stato legato dall'ot-
« timo suo marito di venerata memoria. La prego altresì
« di scegliersi quei libri miei di pietà, che potessero
« esserle graditi: parecchi mi sono stati da lei donati: le
« rendo grazie delle consolazioni che vi attinsi.

« Metto del pari a sua disposizione ogni altro oggetto
« di pietà che siami appartenuto e segnatamente le mie
« reliquie de' Santi.

« Dimando perdono alla mia benefattrice di non aver
« saputo corrispondere abbastanza alle sue bontà e di
« averla forse molte volte afflitta co' miei difetti, sebbene
« io l'abbia costantemente venerata ed amata, non solo
« pel bene che mi ha fatto, ma per l'immenso bene che
« l'ho veduta per grazia di Dio operare colle sue sante
« istituzioni e colle sue indefesse fatiche a vantaggio tem-
« porale e spirituale di tutti coloro, a cui ha potuto dare
« soccorsi e buoni esempi.

« Nella mia impossibilità di menomamente retribuirla
« in questo mondo, l'assicuro che alzerò a Dio le più

« ardenti preghiere per lei, quando sarò in Paradiso, se
« ho, come spero, la felicità di esservi ammesso. Ma in-
« tanto mi faccia la carità di continuare ad essere mia
« benefattrice, quando sarò morto, ajutandomi co' suoi
« suffragi ad uscire di pene, se per piacere a Dio con-
« verrà ch'io passi per le dolorosissime espiazioni del
« Purgatorio, che certamente pur troppo io merito.

« Chiedo quest'ajuto di suffragio per l'anima mia a tutte
« quelle persone, che mi sono state amiche o benevoli e se-
« gnatamente al marchese Colbert de Maulevrier, fratello
« della mia benefattrice, il quale mi ha in particolar modo
« edificato colla sua pietà. Mi permettano anche di nomi-
« narle, implorando le loro preghiere, la Sig.ra Marchesa
« Colbert de Maulevrier, la Sig.ra viscontessa de Vilbraye.
« Il santo aiuto, ch'io dimando a loro, lo dimando al pari
« alle persone che non nomino, appartenenti per paren-
« tela e per amicizia alla mia benefattrice, e le ringrazio
« della indulgenza che m'hanno usata, onorandomi della
« loro stima.

« Or, prima di far menzione d'altro, lascio quel poco
« ch'io possedo in terreno, in denaro o in cedole, etc. alla
« mia unica erede, cioè alla mia carissima sorella, affinchè
« provveda al suo mantenimento. Ben so che non ho
« bisogno di rammemorarle il nostro carissimo fratello.
« Se i Gesuiti fossero ancora, ed egli avesse duopo di soc-
« corso, Giuseppina lo consideri sempre come partecipe
« del nostro piccolo avere e faccia per aiutarlo tutto ciò

« che le sarà possibile. Ma non occorre ch'io nulla racco-
« mandi su questo proposito all'ottima nostra sorella, che
« tanto amiamo e che tanto ci ha sempre amati, ed anzi
« le domando perdono d'aver lasciato sfuggire questo cenno
« inutile, meritando essa tutta la mia stima e piena con-
« fidenza.

« La tenuità della nostra fortuna non mi permette
« di far lasciti di beneficenza e d'elemosina, ma confido
« in te, mia carissima sorella, persuaso che sarai ognora
« compassionevole verso i poveri, e che dando elemosina
« secondo i tuoi mezzi, il tuo spirito s'unisca al mio come
« se la dessimo insieme, affinchè il Signore abbia anche
« pietà dell'anima mia.

« Ti prego di farmi dire a Chieri lo stesso numero
« di messe, che abbiamo ivi fatte dire pel nostro Luigi
« all'epoca di sua morte. »

« Si lasciò ancora un numero di messe da farsi celebrare a Torino. Assegnò una memoria per caduno ai signori
segretari della marchesa, cappellano ed al medico; nè
dimenticò le persone di servizio, e così finiva senza firma.

*
* *

« Nel medesimo cassettino v'era un quaderno scritto
parimenti da Silvio: - « Questa è la vita della marchesa,
mi disse, è cosa che le appartiene, gliela consegnerai. »

« Altro non v'era d'importante, quantunque moltissime

volte mi avesse detto: « Alla mia morte non avrò denari a lasciarti, ma mi troverai degli scritti. »

« Quel giorno (25) sin dal mattino il medico aveva trovato il caro malato estremamente debole: gli dissi che da due giorni a pasto era un nulla ciò che prendeva, che ciò nonostante, da un pasto all'altro per niun conto nulla voleva. Il medico andò in collera e Silvio mi sgridò d'aver parlato. — A colazione ci era stato a noi servito in luogo della minestra, brodo con pane, ciò che meno aggradiva il povero Silvio. Io aveva pregato il mastro di casa di portargli una semola, ma per aver questi tardato un momento, egli sospettò, rifiutò la semola e volle il brodo. Sentendosi così sfinito di forze, per dare un po' di tono allo stomaco, giacchè l'omeopatia non ammette cordiali, chiese il pepe, e ne mise sei cucchiarinetti nel brodo, ma assaggiatolo non potè trangugiarlo. Avendomi guardata sorridendo, gli dissi: « ora per farmi piacere accetterai la semola, non è vero? » — « Sì, mi rispose, per farti piacere, ed in penitenza di mia stravaganza. » Mi narrò quindi, come allo Spielberg, quando era loro dato di avere qualche pizzico di pepe, clandestinamente s'intende, lo usavano a quel modo.

« Quasi ogni notte, se riposava un momento egli sognava d'essere nuovamente in prigione, del che si desolava perchè non sperava d'uscirne la seconda volta. Non è a dire quanto quei sogni lo stancassero: ed avrebbe avuto tanto bisogno di qualche ora di dolce sonno!

« Non se ne adirava però, ed era sempre sorridendo che mi raccontava i suoi tristi sogni, contento di trovarsi libero abbenchè malato. « Ammalato, diceva, ma servito come un principe ed avendo vicino a me la buona mia sorella, tutta attenta a prevenire i miei desideri. » Ad ogni proposito mi parlava di quei dolorosi tempi, non già per lagnarsi o per muovere a passione del sofferto, ma benedicendo la divina Provvidenza in ogni cosa; ed era persuaso che l'Imperatore aveva creduto in buona fede di operare con giustizia.

« Il dottore mi diceva di non sgomentarmi dalla debolezza di Silvio, che già lo aveva veduto in quello stato altre volte nell'inverno, e riacquistar quindi le forze al ritorno della bella stagione: ma io non poteva lusingarmi nè intieramente nascondere i miei timori alla signora marchesa, dimodochè ella desiderando vederlo, ben avvolta nel mantello e cappuccio si fece portare nel suo seggiolone nella camera di lui. Per effetto di certi granelli omeopatici, Silvio non poteva in quel giorno tenersi desto; apre però gli occhi al rumore ed invece di veder sua sorella a lavorare accanto al letto, scorge, non sa distinguere cosa; guarda e dice: « Che cos'è quel fagotto? » Ma riconoscendo la marchesa, fu molto mortificato. Quella fu l'ultima volta che si videro: essa era commossa: era il 26, giorno di domenica.

« Principiò quella sera a soffrire atroci dolori, la notte fu cattivissima e così continuava il 30; per cui ebbe a sostenere una operazione dolorosa, dopo la quale ebbe un po' di tregua. Egli desiderò tuttavia ricevere la estrema unzione; gli fu amministrata alla sera. Al martedì mattina, 31, chiese gli fosse portato il Santo Viatico dalla Parrocchia. Ebbe quell'ineffabile consolazione alle undici; qualche minuto dopo gli presentai in silenzio un cucchiaio di brodo; egli aveva gli occhi chiusi, le mani in croce sul petto ed un'aria di paradiso. Io non osava interrompere le sante dolcezze, che evidentemente egli gustava; si avvide però ch'io era lì: aprì gli occhi e con angelico sorriso, comprimendo le mani sul cuore, disse: « Ho qui il mio Dio » e, chiusi gli occhi, continuò a pregare.

« Da quanto ti narro tu vedi esser falso che Silvio in occasione del S. Viatico abbia parlato al pubblico; i biografi, che tal cosa supposero, provano che non conoscevano abbastanza il suo carattere alieno da ogni ostentazione.

« I chirurgi avevano promesso di ripetere l'operazione alle tre. Siccome soffriva moltissimo, egli desiderava ardentemente quell'ora; e non vennero sin verso le otto...! col medico dottor Fioretta. A loro giudizio avendolo trovato sufficientemente in forze, si posero subito all'opera. Il giorno avanti egli aveva mandato un grido, suo malgrado, ma questa volta non diede un gemito. Io era dietro la cortina del letto presso al suo capo; io pregava e sperava: talmente che, dopo tre quarti d'ora del più cupo silenzio, i tre chirurgi ed i domestici, che assistevano, essendosi allontanati dal letto, io mi vi portai con ansietà, ed oh! qual crudele sorpresa; qual dolore indicibile! me lo vedo piangente, tutto bagnato di lacrime, ma moribondo cogli occhi già spenti...!

« Ah lasciami spargere due lagrime!

« Cotanto mi commoveva ieri la viva rimembranza della dolorosa morte del non mai abbastanza compianto fratello, che dovetti interrompere ed occuparmi d'altro; ma ecco che per compiacerti riprendo oggi nuovamente la penna, e lo faccio con animo tranquillo: non ci sorride ora egli dal cielo?

« Il sig. Don Ponte, il quale si tratteneva nella camera vicina, fu tosto chiamato per fargli le ultime preghiere, e non poteva proferir parola... si fece però coraggio, ma a mio parere il povero agonizzante non aveva la cognizione, e prima delle nove rese l'anima a Dio...! L'ho veduto a spirare, ho pensato che quella bell'anima volava al cielo, avendo fatto il suo purgatorio in questo mondo. Avrei perciò dovuto sopportare quella perdita, benchè a me dolorosissima, con un po' di santa calma; ma io mi sentiva adirata contro il medico, specialmente di averlo lasciato estinguere, senza porgergli il minimo conforto: e piansi amaramente.

« Per quietarmi, il dottore mi fece tranguggiare tre

granelli omeopatici, ma di maggior efficacia mi furono le pie e consolanti parole del Rev. signor Don Ponte.

« La signora marchesa volle che le spese funebri fossero a suo carico e gli fece innalzare un monumento. Improvvisò ella medesima l'epigrafe che vi fu apposta:

SOTTO IL PESO DELLA CROCE
IMPARÒ LA VIA DEL CIELO E L'INSEGNÒ.
CRISTIANI, PREGATE PER LUI E SEGUITELO (1). »

Fin qui la Giuseppina.

---

(1) **Giuseppina Pellico:** *Memorie della propria vita*, quad. 6.

CAPITOLO XII.

LA VITA LETTERARIA DI SILVIO PELLICO

> Del vano tempo e della rea fortuna
> Ben vendicato, o Silvio, oggi è lo scherno:
> Oggi Colei che ti raccolse in cuna
> Ti piange estinto e ti saluta eterno.
> (G. PRATI, *per il monumento eretto in Saluzzo a S. Pellico*).

Tutta la vita di Silvio Pellico fu una serie continuata di studio, di opere letterarie, di atti ardimentosi d'amore di patria italiana. Le lotte e i dolori sofferti in una carcerazione di dieci anni e il ritorno alla religione con ischietto e sincero assentimento, non ne cambiarono l'intendimento finale, sebbene influissero a fargli modificare la qualità dei mezzi onde ottenerlo. Dalla sua uscita dello Spielberg per tutto il tempo che gli rimase di vita, disapprovò le insurrezioni e le congiure settarie contro i governi legittimamente stabiliti, ma in tutte le sue opere e in tutte le sue aspirazioni desiderò e abbracciò ogni riforma e ogni progresso civile e politico, di cui il popolo si potesse vantaggiare legittimamente. Le ingiuste e inutili insurrezioni de' settarii in Modena e nelle Romagne nel 1831 e le insensate prove del Mazzini nel 1833 e 1834 nel Piemonte, e gli altri movimenti di ribellione nel 1844 lo confermarono ne' suoi intendimenti. Quando invece si trattò di chiedere a' governi assoluti il regime costituzionale, Silvio Pellico non solo non si oppose, ma si adoperò in maniera attiva all'assecuzione delle libertà popolari; e volentieri mise il suo nome insieme con quello del Balbo e di Camillo Cavour nella petizione aperta con cui que' nobili piemontesi chiedevano al re di Napoli che concedesse la costituzione a' suoi popoli (vedi sopra, p. 304). Non è quindi vera *storicamente* l'asserzione di uno scrittore, che nel suo proemio a una recente edizione delle *Mie Prigioni*, attribuisce a Silvio Pellico sentimenti, che non ebbe di fatto. « Pur bisogna convenire, così egli, che... negli anni ulteriori la *parola* e la *condotta* del Pellico diedero indizio che la sventura gli avesse un po' fiaccato l'animo e intiepidito l'ardore per la redenzione d'Italia. *Solo della redenzione dell'anima sua e del genere umano parve che gli premesse oramai* (1). » L'anima di Silvio

---

(1) Silvio Pellico, *Prose e tragedie*, U. Hoepli, Milano 1898. Proemio di F. d'Ovidio, p. XVI. Cotesto scrittore, citando il I volume di questa nostra opera, ci rivolge il seguente giudizio: « Peccato che, in *codesto* volume, alla bellezza di tutto ciò che vi è del Pellico faccia *nauseoso contrasto lo spirito rozzamente settario e grossolanamente incolto* dell'editore (p. XV, nota). » Il *nauseoso contrasto*, di cui il delicato scrittore informa i lettori del suo proemio, onora assai la sua sensibilità, né ci riguarda punto. Ma della sua *coltura finissima* e del *gentile suo spirito*, per nulla *settario*, la proposizione testé citata ci porge chiara testimonianza e sicura.

Pellico e il genere umano erano redenti da un pezzo, ma una buona parte d'Italia era pur tuttavia governata da gente non italiana: e l'autore delle *Mie Prigioni* con la parola e con l'azione si adoperava alla redenzione di quelle terre, per le quali scrisse e soffrì.

Le *Mie Prigioni*, come tutti sanno, mirarono a un tal fine; e l'Austria non dissimulò l'immenso scapito, arrecatole da quel libro, mentre lo proibì nelle sue terre e ne tenne continuamente d'occhio l'autore. Il libro de' *Doveri* ebbe pure nell'intenzione di Silvio Pellico uno scopo patriottico, quello cioè di educare la gioventù secondo le norme della giustizia e della religione, senza le quali le virtù patrie e lo stesso valore sono manchevoli, non poggiando su solida base. Così insegna egli stesso in questo piccolo trattato di morale.

Da questo libro sopratutto e dall'accento schiettamente cristiano delle *Mie Prigioni*, si stabilì per Silvio Pellico come un sistema tutto speciale di giovare la patria e di *redimere* l'Italia. Egli non volle mai approvare nonchè seguire nessuna violenza, nessuna congiura, nessuna ingiustizia; ma in quella vece pensava doversi accogliere e secondare con accorta prudenza l'onda irrompente delle aspirazioni nazionali, che avrebbe fatto cammino da sè, come quella che, sorta oramai da mezzo secolo, era come torrente ch'alta vena premeva.

Questo senno politico, questa moderazione di Silvio Pellico fu malintesa da' nuovi Marcelli, i quali con le loro grandezze fantastiche, sproporzionate alle forze reali, falsarono il movimento nazionale e quasi lo spensero nelle funeste rovine degli anni 1848 e 1849. Gli avvenimenti gli diedero ragione, ma gli uomini che ne furono causa non perdonarono a lui quella sua maniera di amare la patria, e sul suo nome come sulla sua persona gittarono il discredito e l'infamia. Non se ne commosse Silvio Pellico, nè mutò linea di condotta. Ma a un suo amico, Giorgio Briano, che glie ne aveva fatto parola e mosso amichevole lamentanza, così rispondeva a' 28 dicembre del 1847: « Piacemi che tu abbia la fortuna di veder molto in bello questa generazione: ha infatti del bello; ma io ci vedo pure il brutto e mi fa male come le dissonanze in musica. M'accuserai d'aver un'idea fissa sopra i *guastamestieri* della filosofia e delle virtù patrie, *ma forse mi si fanno conoscere più che a te nelle loro lettere, nei loro inviti, nei loro insolenti consigli.* Non perdo speranza, tollero, taccio, *penso col capo mio* e non capisco quelli che vorrebbero farmi pensare col capo loro (1).

E in questa guisa pensò durante tutta la sua vita, sebbene non ignorasse che quel suo atteggiamento gli accattava le ire de' suoi avversarii, laddove l'adottare la costoro vista e l'adagiarsi alla loro sequela gli avrebbe fruttato le ammirazioni e la gloria: « Gli stessi principii, così scriveva allo stesso (pag. 69), ch'io professava scri-

---

(1) **Giorgio Briano**, Op. e ediz. citate. p. 31.

vendo le *Mie Prigioni* e i *Doveri degli uomini*, li professo ancora. Tanti sapienti avrebbero voluto insegnarmene una più bella, e *non li ho consolati, schierandomi fra loro! Che peccato per la mia fama!* »

**

La diceria più diffusa, a fine di scusare con iroso pretesto dinanzi al popolo la mancanza di Silvio Pellico nel partito degli schiamazzatori nazionali, fu quella dell'esserglisi scemata nel carcere duro insieme con le forze del corpo l'antica energia dell'anima. Se non erriamo, il primo a presentare un tale aggravamento sulla fama di S. Pellico, fu l'abbate Vincenzo Gioberti. Questi aveva pure ammirato le *Mie Prigioni*, aveva pianto leggendole e cogli amici aveva lodato a cielo quel libro. Ma quando, alcuni anni dopo, Silvio Pellico pur contenendosi *negli stessi principii* che professava scrivendo le *Mie Prigioni* e i *Doveri degli uomini*, disdisse pubblicamente la sua approvazione ai *Prolegomeni* dell'abbate, il sommo filosofo scoprì nell'antico rivoluzionario Saluzzese quella diminuzione di energia nelle facoltà intellettuali. L'accusa, sparsa solamente allora, fu continuata e ripetuta più tardi da' Vannucci e dagli Stecchetti, e recentemente con più moderazione da qualche altro scrittore.

Pure tutta la vita letteraria e politica, che nei dieci anni di prigionia e nei ventiquattro anni che sopravvisse dopo la ricuperata libertà, è una continua mentita a quella diceria. « Fra le crudeli angoscie de' suoi ferri, egli diede all'Italia l'*Ester d'Engaddi*, l'*Iginia d'Asti* e le cantiche di *Tancreda, Adello, Rosilde, Eligi e Valfrido;* il *Leoniero da Dertona* fu composto da Pellico nel castello di Spielberg e fu tenuto a memoria; venne poi da lui steso a Torino con molte altre poesie minori... (1) ». In tutte queste tragedie e in tutte le cantiche composte o ideate in quel carcere tetro, spira e domina sopra ogni altra cosa il sentimento nazionale, l'amore di patria, l'odio a ogni tirannide. La maniera di concepire è quella medesima della *Francesca da Rimini* e dell'*Eufemio*, il verso è quasi sempre robusto e scorrevole, le tinte sempre malinconiche, ma c'è meno del truce e dell'ardito che nell'*Eufemio*: in breve in tutte queste composizioni si scorge e si sente lo stesso Silvio Pellico (2).

Egli era già macerato per cinque anni di carcere duro, quando la morte di Napoleone gli presentò un nuovo argomento, sul quale il genio poetico di Silvio Pellico esalò in istrofe, qua e colà bellissime, il sentimento di patriottismo, che tuttavia gli fremeva nell'animo. Quando compose questa ode, egli aveva già letto quella del Manzoni; ma, salvo qualche piccolissimo accenno d'imitazione, segue una via

---

(1) **Giorgio Briano**, op. cit., 21-22.
(2) Una buona critica, sebbene imperfetta, delle opere di Silvio Pellico, è quella fatta da **Leonardo Fea** nei *Saggi di critica letteraria*, Torino, 1852.

diversa da quella del poeta lombardo. In questa ode di genere prettamente romantico, il poeta annunzia e descrive la caduta di quel Grande; sebbene non lo *amasse*, si sente *punto dal desio di spargere Benedicente lacrima* sulla memoria de' *suoi pregi infelici E pia invocar sul nome suo la storia*. Nella visione di lui, che finge apparsogli nel tenebroso castello, lo accusa della libertà da lui oppressa nelle *rare* libere alme, che incontrò. E subito, ed è la parte nuova veramente e splendida di questa poesia, fa suonare a quell'ombra il patrio rimprovero:

> Degl'Itali,
> Oh! degl'Itali almen pietà maggiore
> Preso t'avesse, o Grande!

Ma per essere questa poesia di Silvio Pellico divenuta assai rara, crediamo pregio dell'opera il riferirla qui intiera. Essa, salvo errore, fu ristampata la prima volta dal giornale *Il Diritto*, nell'appendice del 25 settembre dell'anno 1858. Lo scrittore così ne parlava: « Fu composta nella solitudine dello Spielberg e a noi donata, or fa due anni, dal compianto Felice Foresti. Questa ode fu allora giudicata da valenti letterati non punto inferiore a quella tanto celebrata d'Alessandro Manzoni sullo stesso argomento.

« L'ode del Pellico spicca singolarmente per la grandezza e per la novità dei concetti. Egli ha saputo, dopo quella del Manzoni, scrivere un'ode su Napoleone tanto bella quanto la prima, senza appunto esserne una imitazione. Manzoni dipinse a larghi tratti in linguaggio magnifico la vita di Napoleone, senza veramente giudicarlo. Pellico, *ricordandosi sopratutto di essere italiano, si rese interprete della sua patria verso l'ombra di Napoleone*. Il grande poeta chiese al grande capitano conto dei sacrifici nobilissimi incontrati dall'Italia per il suo trono; sacrifici così mal ripagati da lui. Napoleone all'interrogazione del vate non potè che confessar la sua colpa (1). »

(*Ode di Silvio Pellico*).

Napoleone.

I.

Un grande fu. Nel vortice
Dei giurati eguaglianza e regicidio
Fermò il piede; e non uno eragli eguale.
In man dei Bruti sfavillò il pugnale,
Ma vibrar non l'ardirono:
Ei disse: un trono alzatemi!
Esterrefatti i Bruti si guardaro,
Poi riguardar quel Grande, e un trono alzaro.

---

(1) Vedi inoltre **Giorgio Briano**, oper. cit., p. 22; *Epistolario* di Silvio Pellico, lettera al Confalonieri, 17 maggio 1838.

II.

Ed ei l'ascese impavido,
Qual s'egida gli fosse avita porpora;
Nè gli bastò che sacro olio la chioma
Santificasse: a Lui mover da Roma
Dov'è di Dio il Vicario:
Mosse, sperando i fulmini
Spegner; ma in man del consacrato Forte
Vieppiù accesi, intimàr servaggio e morte.

III.

Eccolo; qual la statua
Che già veduta avea Nabucodònosor:
Oro la testa e argento; indi le membra
Di rame e ferro; ma al calcagno sembra
Di ferro e creta mescersi
Insensata compagine.
Rotolò vil lapillo, e, il piè percosso,
Crollò l'antico orribile colosso.

IV.

Ma non lapillo abbattere
Dovea il novello. La terribil aquila
Col doppio rostro a lungo il piè gli morse.
Ei degli irati colpi non si accorse:
Poi, qual falcon domestico,
Sul pugno suo prendeala.
Altre fere ruggìan; ma, sol, gagliardo
Sempre mordealo e invan l'anglico pardo.

V.

Tutti si collegarono
D'Europa i Regi, il lor signore a estinguere;
Ma suoi debellatori essi non furo;
Ch'afferrò l'arco a vendicarli Arturo
Coi di ghiaggio infallibili
Dardi, che il temerario
Affrontò. Cadde e risorgea a brev'ora:
Ricadde: e il mondo appena il crede ancora.

VI.

Chi più di Lui fu l'arbore
Onde parlò vetusto vaticinio?
Toccava il ciel, copria tutte le sponde,
E nelle odorosissime sue fronde
Stormi d'augei cantavano,
Ed abbondante pascolo,
Senza timor di fulmine o di lampo,
All'ombra sua le greggie avean del campo.

VII.

Quei che le sfere domina
A cui gli arditi rami s'estolleano,
Discese un giorno, e comandò che franta
Fosse rasente al suol l'inclita pianta.
Carco di ferrei vincoli,
Ma bagnato lo stipide
Pur di rugiada, e' pensa alla superba
Corona antica sotto il loto e l'erba.

VIII.

Avea cuor d'uomo, e svellere
Nol volle Iddio dal trono. I sacri palpiti
In armonia battean con altri cuori,
Che ne' dì de' suoi rapidi splendori
Amato non l'aveano.
Io, cui consuma il carcere,
Io cui la patria è per Lui volta in pianto,
Io non l'amava; ed or plorando il canto.

IX.

Perchè fosti terribile
Astro, se non dovevi al mondo effulgere?
Cadesti, perchè spandere una luce
Più santa erati imposto? o averti duce
Gli umani non merlarono;
E converso in malefico
Astro, sovr'essi ira e follìa versasti,
Poscia, ubbidito a Dio, ti dileguasti?

X.

Me pur, me pur che al genio
Di Manzoni immortal l'estasi invidio;
Me pur da cui vil plauso e vile oltraggio
Nè ardendo, nè eclissato ebbe il tuo raggio,
Punse desìo di spargere
Benedicente lacrima
De' tuoi pregi infelici alla memoria,
E pia invocar sul nome tuo la storia.

XI.

Benedicente lacrima
Versato avea, quand'ei m'apparve. I fulmini
Imperïali non raggianti appresso,
Più maestà sfolgoreggiava in esso. —
« Dai lochi eterni al carcere
Che mai ti trae d'un misero? » —
Balbettando gli dissi: ei non rispose,
E la man con pietà sul cor si pose.

XII.

Proruppe quindi: — « Un palpito,
Come d'uom vivo, è qui dolorosissimo
Sulle sciagure onde cagione io fui.
Ma non turbarti. Possa i regni bui
Su questo cor non ebbero.
In lunghi strazi sanguina,
Ma salutari. E tali i tuoi son ora:
Portali (vedi, anch'io li porto); e adora. » —

XIII.

Al favellar dell'inclito
Mi s'infondea nella perterrif'anima
L'ardimento dei forti: e a sua presenza
Le pareti sembrar per reverenza
Dai quattro lati scuotersi,
E lente allontanandosi,
Dimenticar che sacre al mio martiro,
Consentir non dovean largo respiro.

XIV.

— « *Portali, e adora;* » — *l'ospite*
Ripetea; poi soggiunse: « A me la storia
Invochi pia? mercè ten renda il Santo
Che benedice dei cortesi al pianto.
Ma non bramar che ai popoli
Bugiardi manti ascondano
Del possente le colpe. Uopo è svelarle
Onde ai futuri il ver salute parle. » —

XV.

— « *Degna, diss'io, fortissimo,*
È la sentenza. E se tu leggi il biasimo
Ch'io scaglio con dolor sovra molt'opra
Del regno tuo, concedi ch'io discopra
Alto desìo; palesami
Come a sì egregio spirito
Non balenasse un più sublime orgoglio
Che numerar le vinte osti dal soglio. » —

XVI.

— « *Un furïar sacrilego,*
Sì mi rispose, nato er'io ad estinguere
E l'estinsi: chè un braccio celestiale
Alle imprese impossibili il mortale
Volle a quei giorni estollere.
Ed io mirava attonito
Prostese a' piedi miei l'europee genti
Prosperità e diritto a me chiedenti.

XVII.

« *Gli eccelsi doni stavano*
Nel pugno mio: ma prosperati i popoli
Senza eternarmi il trono, io non volea.
Lor dritti ripensava, e ne ridea
Come d'astuta favola
Che da natura al minimo
Suggesta vien, finchè, converso in magno,
Il sol dritto dei forti abbia compagno. » —

XVIII.

Disse: e parea comprimere
Di dannata superbia una reliquia.
E poi ch'ebbe scrutato il mio pensiero
Con luci fisse, sì sclamava altero:
— « *Di vili, tigri e pecore,*
Maggiore io m'era: e s'uomini
Mostrarsi non sapeano, era io tal uomo
Ch'ir men dovessi dal lor gregge domo?

XIX.

« *A che sì rare sursero*
Le libere alme? Io le conobbi, e il novero
Risibile mi parve: onde tentato
Fui d'atterrarle, che non io atterrato
Da lor venissi. Ah in copia
Sfolgoreggiato avessero!
Di giustizia invaghito, e non di troni,
Vincer le avrei saputo ai paragoni. » —

XX.

— « *Le avresti?* » — *dissi. Ei tacito*
Gradì 'l mio plauso; io proseguii: — « *degl' Itali,*
Oh! degl' Itali almen pietà maggiore
Preso t'avesse, o Grande! In chi 'l suo cuore
Ripor dovea la Patria?
Non tu da secoli unico
Fra quanti conquistaro il suo terreno,
Che pendesti di madre itala al seno? » —

XXI.

— « *Errai, rispose. E assolvere*
Nè me poss'io, nè la fatal progenie
Dell'etade in cui vissi: io a lei fatale,
Ed ella a me. Nè quella a mondar vale
L'opre del mio delirio;
Nè queste lei discolpano,
Tanto i lor mali alternano gli umani:
E sulla terra ov'è chi li risani?

XXII.

« *Ov'è? giammai nol seppero*
Miei dì felici, nè gli amari: e l'ultimo
Istante sol mel disse. I tanti affanni
Balestrati da popoli e tiranni
Dio fa riposto stimolo
D'ammendamento: e i popoli
Sen gioveran: che sola ai giusti insegna,
Aver Dio condottiero, esser può degna.

XXIII.

« *Tu, se la dolce Italia*
Riveder ti fia dato e al suo infortunio
Voce offrirai di pianto e di speranza,
Dille, quale a' suoi figli unico avanza
Sentier di scampo : gli odii
Smorzar fraterni, e civica,
Pur tra catene, dignità serbando,
Sol quando accenni Dio, correre al brando. » —

XXIV.

— « *Deh! alla nostra penisola,*
Se 'l sai dimmi qual fato i cieli apprestino ;
Dimmi se virtù cresca: » — *io proseguia...*
Ma lo spirto dolente impallidia :
E più nol vidi. A stringersi
Le pareti tornarono
Inesorabilmente a me dappresso :
Io sulla paglia mia ricaddi oppresso.

SILVIO PELLICO.

<div align="center">***</div>*

Quasi un anno prima che le *Mie Prigioni* vedessero la luce, Silvio Pellico attendeva alla stampa di tre tragedie. « Si stanno, così scriveva alla Quirina a' 21 dicembre del 1831, stampando tre mie tragedie. Una, *Leoniero da Dertona*, la composi nello Spielberg a memoria (giacchè non mi davano carta e calamajo), la ritenni impressa nel cervello, la corressi e ricorressi per molti anni, e finalmente, quando fui a Torino la scrissi. Le altre due le ho qui composte. Sono: *Gismonda da Mendrisio* ed *Erodiade*. »

Questi tre drammi egli volle dedicati: *Ad Onorato e Maria miei genitori*. E nella dedica ne spiega egli stesso l'argomento e lo scopo. « Nella... *Erodiade* ho cercato di rappresentare la bellezza morale d'un imperterrito annunciator di verità non mosso da spirito d'odio e di superbia, ma santo; e la miseria e la maledizione de' cuori fattisi incapaci di nobili sacrifizi. Nel *Leoniero*, dipingendo nel medio evo la sventura delle discordie civili, ho mirato a far sentire l'uopo che ha la società, di mutua indulgenza e di sincere riconciliazioni fra' buoni, e come queste possano essere salutari nei gravi cimenti. Nella *Gismonda* ch'è un altro quadro del medio evo, i medesimi pensamenti cardinali sono svolti con diverse forme, prodotte da diversa combinazione di caratteri e di vicende, e v'ho congiunto lo spettacolo d'un cuore magnanimo di donna in lotta fra tremende passioni, e quell'impulso alla virtù che le anime grandi lasciano difficilmente estinguersi in loro. »

Nell'intreccio di tutti questi avvenimenti tragici, il pensiero di patria e di patria oppressa e tiranneggiata da liberarsi è il pensiero dominante e informatore di tutto il giuoco scenico. Gli stessi sentimenti di amore paterno o di figlio o di sposo sono rappresentati in opposizione al grande amore della patria, il quale ottiene il trionfo sopra gli altri amori, e in mezzo alle ferite e al sangue è espresso per bocca di Leoniero in fieri versi come questi:

> Inseguasi il nemico,
> Liberate la patria. Io... tutto feci
> Che in me si stava. Questo sangue.... è sangue
> D'un mostro... ma quel mostro era mio figlio,
> L'uccisi, e piango, odiarlo io non potea!

Il soffio tragico, animatore del poeta, non si risente in questi versi di nessuna spossatezza che ci mostri l'autore di *Francesca da Rimini* decaduto o degenere dell'antica vigoria. E la cittadinanza torinese glie ne dava solenne significazione, quando per lo spazio di varii anni (1832-1835), accoglieva la rappresentazione di questi drammi con plauso spontaneo e universale. Abbiamo udito dallo stesso Gioberti (p. 251), come alla recita dell'*Ester d'Engaddi* fosse « il concorso straordinario, l'effetto mirabile, e gli applausi fatti al dramma e all'autore universali ed iterati negl'intermezzi degli atti con tale ebbrezza, che ogni volta per quietarli fu duopo all'autore mostrarsi dal suo palco e ringraziarne il pubblico. » La *Gismonda* fu pure coronata di plaudente accoglienza, massimamente quando la Carlotta Marchionni ne rappresentava la persona con la maestria di un'artista oramai consumata nell'arte e con l'amore, onde l'antica amicizia stringevala a Silvio Pellico. Laonde di lei e dell'arte questi informava da Torino così l'amica ad entrambi Quirina Magiotti, 25 febbraio 1835: « La buona Carlotta Marchionni è qui e sta bene. Andrò a vederla prima che finisca il carnevale, e le porterò i tuoi saluti. Ultimamente fece *Gismonda* e recitò a meraviglia. Questa tragedia piace sempre straordinariamente. »

Se non che la tinta religiosa, onde apparvero allora nel teatro e nella stampa pubblicamente colorite le opere e le idee di Silvio Pellico, spiccò maggiormente coll'aver accettato l'impiego di segretario della marchesa di Barolo. Laonde si accrebbe e diruppe in chiassose manifestazioni l'opposizione sorda (vedi sopra p. 251) e la guerra aperta che gli fecero gli *arrabbiati*. « A questo primo torto, così il Briano, Pellico ne volle aggiungere anche un altro, quello di comporre la tragedia *Tommaso Moro*, a petizione della marchesa Barolo. *L'esito di questa non fu splendido.* » Ciò accadeva nel 1834. E come e perchè non sembrava che quella tragedia dovesse incontrare la solita approvazione, lo stesso Silvio esponeva candidamente all'amica Quirina in questi termini (28 dicembre 1833): « Tu mi chiedi se ho stampato cose nuove. Avrai ricevuto appunto il mio *Tommaso Moro*, tragedia forse troppo scarsa d'azione e di contrasti, ora che amansi quadri di molta composizione, ma nella quale campeggia il carattere d'un ottimo mortale. ...Ti mando una mia nuova tragedia, non molto bella, che testè pubblicai. Mi piace in essa il nobile carattere del protagonista (*Tommaso Moro*), ma vi mancano quei forti contrasti di passioni che danno risalto. »

E veramente il carattere di Tommaso Moro è pennelleggiato con tocchi così risentiti, che ogni anima onesta ne esulta. Non ci sembrano privi di una schietta bellezza questi versi ne' quali balena un raggio di similitudine con l'anima dell'autore. Così il Moro risponde nel *carcere duro* della torre di Londra a Cronvello, « fautore d'Anna (Bolena) e servile consigliere d'Arrigo »:

> Infermo son, ma l'alma
> Non inflacchisce per languir di membra.

Per le quali cose non è maraviglia se, contrariamente a quanto asserisce il Briano, l'esito di quella recita nei teatri torinesi fu felicissimo. « Qui, così lo stesso Pellico scrivendo alla Quirina Mocenni, a' 12 febbraio del 1834, il *Tommaso Moro* fu recitato per tre sere di seguito, malgrado che la prima sera vi *fosse una cabaletta per farla cadere*. I pochi avversi furono svergognati dal brillante successo, dovuto a dir vero, all'incredibile abilità della Marchionni ed al merito di tutti gli altri in generale. Non m'aspettavo un esito così trionfante, e sono contentissimo... Ascrivo quel soverchio successo all'amore che mi portano i miei indulgenti compatriotti. »

Il *Tommaso Moro* è l'ultima delle tragedie, da Silvio Pellico date alle stampe. Ma non fu l'ultima, la cui recita gli fruttasse dissapori e gli arrecasse insanabili dispiaceri. Nello stesso anno 1834, diede alle scene una nuova tragedia, il *Corradino*: fu accolta male, anzi fu maltrattata da una parte degli spettatori, oramai dichiarati avversarii di Silvio Pellico. Questi in una lettera alla contessa di Benevello (30 aprile 1834) riconosce la terribile disdetta come anche il poco merito drammatico della tragedia, ma non dissimula il mal animo e l'intollerante animosità de' suoi nemici (1).

In un'altra lettera più intima all'amica Quirina espone le cause di quell'insuccesso ne' termini seguenti (25 febbraio 1835): « Non ho dato cose nuove alle scene; è troppo difficile far buone tragedie in tempi di passioni politiche come i nostri. Par sempre che vi sieno allusioni, le revisioni sono severe, il pubblico impazzisce, l'autore s'inimica una parte e l'altra, e v'ha sempre gente arrabbiata pronta a fischiare, siccome m'accadde al *Corradino*. Alla malora gli arrabbiati di tutte le fazioni! ma pazienza! bisogna prendere i tempi quai sono, e compatire e serbar l'animo libero dalla influenza delle varie puerilità regnanti. »

Il mal esito del *Corradino* tolse per sempre Silvio Pellico dall'arringo drammatico, nel quale aveva mietuto tanta gloria e... tanto disinganno!

---

(1) Cf. **Giorgio Briano**, *Silvio Pellico*, Torino, dall'Unione tipografico-editrice, 1861, p. 57. *Epistolario di Silvio Pellico*, Milano, 1892, pp. 39, 45. In una lettera alla Magiotti si lamentava fieramente de' suoi invidiosi: « Curiosa gente è que' tali, che, senza essere stati provocati (*come il cavaliere Del Pozzo, e il visconte di Chateaubriand, che avevano criticato le Mie Prigioni*), s'arrabbiano dell'altrui fama ed ardono di scemarla! Il mio Ugo (Foscolo) allungava le labbra e li chiamava cani idrofobi! (21 dicembre 1833). »

⁂

Le opere tragiche, testè accennate, dimostrano nell'autore delle *Prigioni* nonchè scemato il vigore intellettuale, ma condotto invece nel suo più maturo sviluppo. Se non che l'opposizione studiata di *pedanti politici* e la chiassosa gazzarra di una mano di *cani idrofobi* lo distolsero da altre composizioni, il che « fu grave danno per le lettere (1). »

Contuttociò Silvio Pellico non depose la penna. Sollecitato da varii editori, acconsentì nel 1837 alla pubblicazione di *parecchie sue composizioni inedite*, che videro la luce in quell'anno: e sono *sette cantiche e parecchie produzioni liriche*, conforme egli stesso ne avvisava un'illustre e amata incognita. Delle liriche « non poca parte, così scriveva nella prefazione, si riferisce precisamente alle mie vicende, a' miei dolori, alle mie speranze, alle consolazioni recatemi dalla fede (2). » In queste poesie, quasi tutte di argomento religioso, traspare l'animo candido di Silvio Pellico; e sebbene lo splendore poetico vi manchi; sebbene egli stesso vi ravvisava « il buon desiderio maggiore del merito », tuttavia qua e colà vi si ammirano immagini e versi smaglianti di vera bellezza.

---

(1) **Giorgio Briano**, op. cit., p. 58.
(2) *Opere complete di Silvio Pellico*, Milano 1892, p. 250. Questa nuova edizione delle opere di Silvio Pellico, è piena di errori di stampa.

Ma non offrono certamente gradito pascolo agli ammiratori dei *Brandelli* di uno Stecchetti!

Più umane e più leggiadre si presentano le cantiche, come indicano gli stessi titoli: *Raffaella, Rosilde, Eligio e Valafrido, Adello, Eugilde dalla Roccia, Ebelino, Ildegarde,* i *Saluzzesi, Aroldo e Clara, Roccello,* la *Morte di Dante.* Argomento patrio, maniera romantica, disinvoltura e spigliatezza delle idee, verso fluido e quasi sempre armonioso e spinto da inspirazione malinconica... tutto vi rivela l'anima appassionata del cantore di *Francesca da Rimini.* Tanto è lontana dal vero l'asserzione antica e moderna dell'essersi infiacchita a Silvio Pellico la forza dell'ingegno e il brio e la stessa freschezza della fantasia nel carcere duro del castello moravo!

Altre composizioni egli aveva in animo di condurre a termine: « Più tardi, così scriveva in questo medesimo anno del 1837, darò alle stampe altri volumi, i quali fra altre cose conterranno più cantiche, relative non a tempi lontani, ma al secolo presente. Una sarà: *Vittorio Alfieri,* l'altra *Giuseppe Parini,* l'altra *Ugo Foscolo.* Ma queste produzioni abbozzate in varj tempi esigono ancora assai lavoro; e la lena è poca. Ho d'uopo di *salute e di pace.* »

A questi abbozzi si devono aggiungere le tragedie, rimaste pure inedite col *Corradino,* ciò sono: I *Francesi in Agrigenta, Raffaella da Lucca*; un'ode a *Giorgio Byron,* un romanzo, cavato dalla cantica I *Saluzzesi,* che aveva per titolo *Eleardo da Saluzzo,* e altre non poche, rimaste in abbozzo o in idea. Alle quali cose, e ad altre molte come vedremo più sotto, cagione che il Pellico non desse il compimento desiderato fu la privazione di *salute e di pace,* come egli stesso diceva.

E la salute e la pace gli furono tolte imprima dalla perdita dolorosa de' suoi cari, accaduta nel corso di pochi anni. E inoltre l'ira e l'invidia di pochi malevoli, pedanti e politicastri, non cessarono mai di dargli noia. Ciò apparve, tra le altre, in una circostanza di cui tutti gli onesti avrebbero dovuto pigliare allegrezza e ammirazione. Nel maggio del 1833 la signora Quirina Magiotti-Mocenni, amica di Ugo Foscolo e di Silvio Pellico, gl'inviò per mezzo del marchese di San Quintino l'orologio in oro, che la contessa Albany aveva regalato all'Alfieri. Silvio Pellico ne fu oltremodo lieto e per la memoria e per il sentimento squisito della donatrice; molta parte della cittadinanza torinese convenne in casa Barolo ad ammirare quel dono e farne congratulazioni col fortunato possessore. Questi oltre le varie lettere, nelle quali significava alla gentildonna fiorentina con le più gentili espressioni il suo animo grato, le dedicò pure la seguente quartina:

> *Amico d'Ugo e di Quirina amico*
> *E di altri pochi altissimi mortali,*
> Benché ludibrio di fortuna a strali,
> La gloria d'esser uomo io benedico (1).

---

(1) La Magiotti rispondendo a Silvio Pellico, gli diceva scrivendo, ch'essa dava la *scomunica* ai due primi versi della quartina. Cui il Pellico riscriveva: « De' miei quattro versi, tu sei padrona d'aver la crudeltà di scomunicare i due primi, ma ti dò torto e torto maiuscolo. »

Or questo stesso tratto di generosa amicizia fu rivolto contro Silvio Pellico con odiosa interpretazione, per guisa ch'egli così ne informava quella cortese Signora: « Non t'ho mai parlato d'una malignissima satira, colla quale hanno voluto punirmi del troppo onore che tu, generosa Donna, mi hai fatto regalandomi il preziosissimo orologio d'Alfieri. Ma io non curo troppo i morsi dell'invidia. Non mi difendo, non mi vanto. *Se ho pochi meriti, pazienza. Tanto meglio per coloro, che hanno più meriti di me.* »

Altre cagioni distoglievano pure Silvio Pellico dalle sue predilette occupazioni letterarie, ed erano gl'inviti e la ressa che gli facevano gli amici e i letterati, nostrali e forestieri, per vederlo, per avere il parere e i consigli di un tanto uomo intorno a ogni specie di argomento. E sembra veramente incredibile come quella sua persona, gracile e malescente, abbia potuto accudire a tante cose, mantenere un carteggio così vasto e di tante svariate materie. Eppure la bella e grande anima di Silvio bastava a tutto, fecondo com'era di consiglio, d'ingegno, di sempre nuova vigoria, ma sopratutto di bontà, di senno, di moderazione.

Propostogli di comporre un poema epico su Cristoforo Colombo, così rispondeva: « Il poema di *Colombo* mi piacerebbe assai, s'io fossi in lena di farlo, ma non mi sento più vigore da tanto. Un tal poema non potrebbe più disegnarsi ora con quella semplicità omerica, che in passato avrebbe avuto lode, e che richiedeva più fantasia che fedeltà di scritture storiche, più splendore drammatico che profondità di pensieri. Oggi e per l'avvenire, i poemi lunghi, perchè facciano alta impressione, bisogna che abbiano oltre molti pregi di fantasia, un concetto sublime, che si manifesti e si svolga con infiniti elementi non solo poetici, ma filosofici, religiosi. Lavoro egregio, che la mia mente vede e capisce, ma che forse non saprei eseguire, per quanto studio vi ponessi. » Ci sembra che Platone, vivente a' tempi di Silvio Pellico, non avrebbe espresso una verità così giusta e con grazia migliore.

**

Tale si era la vita letteraria di quell'uomo, cui certi scrittori di gran lunga inferiori a lui osarono accusare di dappocaggine e di diminuito ingegno: come se appunto in quel tempo, in cui gli macchinarono l'insensata accusa, egli non avesse scritto *Le Mie Prigioni!* Una buona parte del suo epistolario, tralasciando pure le sue altre opere d'arte, fanno giustizia di tanta aberrazione, mentre ci dimostrano *l'infiacchito* autore di *Francesca da Rimini*, vigoroso di tanta energia di animo da disprezzare e tenere in non cale le costoro dicerie, tanto vili, quanto interessate. Ci piace di conchiudere quest'opera con una esposizione, in cui egli stesso descriveva le sue occupazioni, i suoi sentimenti, i suoi sdegni, il conto che la maggior parte de' letterati nazionali e forestieri facevano di lui:

in breve ci delinea il ritratto morale della vita, ch'egli viveva nel dicembre del 1834, che fu quella di tutti i suoi anni più adulti:

« ...Solita vita letteraria, ma senza lavorar molto,
« perchè le cure affettuose di famiglia, le gradite e le
« nojose inevitabili visite da riceversi e da rendersi, ed
« un po' di guerra che mi fa il mio petto, mi rubarono
« e continuamente mi rubano un tempo incredibile.

« Solita gentile smania di tutti i forestieri d'ogni
« nazione e fazione, grado e sesso, dottrina ed ignoranza
« di voler vedere, passando a Torino, l'Orso bianco,
« uscito dalla gabbia spielberghense; gentilezza che non
« diverte punto l'Orso, ma alla quale pure non rare volte
« è forza che faccia buon viso, e dica: Signori e Signore!
« la bestia è qui.

« Solita gentile smania di tutti, od almeno (di) due
« terzi degli autori italiani e francesi, che mi scrivono
« con perchè, o senza perchè, ed ai quali, son bensì
« sempre in ritardo, ma pure è forza quasi sempre ch'io
« risponda alcune righe.

« Solita gentile smania di giovani studiosi, buoni e
« non buoni, che vorrebbero ch'io trovassi buone le loro
« tragedie, le loro commedie, i loro poemi epici, lirici,
« didascalici, ecc., ed a cui mi sfiato di dire: « Consulta-
« temi meno e studiate di più. »

« Solita insopportabile ed enormissima pazzia di
« gente *che sogna, ch'io debba mischiarmi di politica*

« *e che non si possa essere stato allo Spielberg, senza*
« *prendere parte sublime, pro o contro, ai fanatismi*
« *de' Guelfi o de' Ghibellini, ed a cui mi sfiato a rispon-*
« *dere:* AMO LA PATRIA QUANTO VOI, E PROBABILMENTE PIÙ
« DI VOI, *ma sono nemico delle stolte e funeste guerre*
« *civili, e detesto tutte le follie che possono trarre a ciò,*
« *ed a nessun ben pubblico.*

« *Tal fu, e tal è, Quirina, la vita del tuo Silvio.* »

APPENDICE

Frammenti autobiografici e letterarii
di Silvio Pellico.

Nel breve cenno, che abbiamo dato nel capitolo precedente delle opere inedite e incompiute di Silvio Pellico, non abbiamo numerato tutte quelle che ancora rimangano e che sono conosciute. Di queste alcune si trovano nel Museo Pellicano di Saluzzo, ossia nel famoso palazzo Cavazza ristorato dall'ultimo degli Azeglio, e altre si conservano nell'archivio della *Civiltà Cattolica*.

Delle prime abbiamo l'elenco accurato in un articolo del giornale *Il mondo letterario* (Anno II, 12 marzo 1859), ristampato in un opuscolo nell'anno seguente (Torino, Tip. Scolastica di Seb. Franco e figli e Comp., di pp. 19, in 8°); ne è autore l'Avv. Carlo Borda (1). Di opere *inedite*

---

(1) Parlando della famosa Bibbia di Silvio Pellico, che si conserva in quel Museo, questo Autore scrive quanto segue: « ...È una nitida edizione del cinquecento... Manca il frontispizio e l'ultimo foglio, il che ci priva di sapere la data e il luogo preciso dell'edizione. Dai confronti però stabiliti con altre edizioni antiche, e dalla prefazione che porta in fronte la

ora di Silvio Pellico, quivi non si contiene veramente se non un abbozzo in prosa di una tragedia in quattro atti, cui avrebbe dato il nome di *Las Casas*. Questo lavoro doveva mostrare in forma drammatica la cura e gli sforzi e i viaggi tentati dal celebre missionario domenicano, per indurre i conquistatori spagnuoli a trattar con umanità e giustizia gl'infelici popoli americani da loro tanto sfruttati per amore dell'oro. L'orditura di questo dramma si trova a pp. 14 e segg.

In questo opuscolo è pure fatta menzione dei quattro fogli di carta grossolana, esistenti nel museo Cavazza, che lo Schiller dava a' prigionieri per tutt'altro uso. Silvio Pellico se ne servì per notarvi alcuni cenni cronologici di storia patria. Uno di essi, scritto in ambe le parti, contiene uno specchietto storico genealogico dei Carrara, signori di Padova (1318-1406), dei Gonzaga, signori di Mantova (1328-1708), dei marchesi di Monferrato (1305-1530), dei signori della Scala di Verona (1277-1388). (Ibid. p. 13).

---

seguente scritta: *Joannis Hentenii Mechliniensis biblia louanij anno 1547 excusa atque castigata, praefatio..*, è facile arguire che quella sia pure uscita dalle tipografie di *Venezia*, » perché quella edizione riferisce « l'inevitabile *Prologus* galeatus di San Geronimo, *prefazione premessa ad altre edizioni di Venezia* (pp. 6-7). »

La deduzione del chiaro Autore non è punto facile, perché una tal *prefazione* con l'*inevitabile prologus* di san Girolamo si può ristampare anche nel nostro secolo! A ogni modo se la Bibbia, che si conserva in Saluzzo fosse l'usata dal Pellico nella sua dimora dello Spielberg (vedi sopra p. 320), sarebbe l'edizione di: *Coloniae Agrippinae* 1682, come si può scorgere a p. 224 di questo volume.

Assai curiose, e di utile considerazione, sono le correzioni, le cancellature, le varianti che si scorgono nei due autografi, ivi tuttora conservati, della *Francesca da Rimini* di mano di Silvio Pellico. Basti questo solo saggio dei primi versi che nella copia più recente (18 luglio, 1815) e più pulita, si leggono così:

(Testo): Lanciotto   Oh! Guido!
                Come diverso tu rivedi questo
                Palagio mio dal dì che sposo io fui!
                Di Rimini le vie più non son liete
                Di canti e danze...

(Variante)   *Come dal dì che sposo fui cangiossi*
                Questo palagio mio. Di canti e danze
                Rimini lieta più non è; non vidi...

Le correzioni e le varianti dell'autografo, che porta la data del 25 giugno 1814, sono eziandio più numerose.

Il primo autografo, porta nel margine molte postille a matita, scritte da altra mano. Il Borda (opusc. cit., p. 10), per indovinarne l'autore, fa molte erudite investigazioni. Non crede che sieno del Foscolo nè del Monti; e aspettava il giudizio della Marchionni, ancora vivente nel 1860, il quale però non venne mai. Noi crediamo che quelle note sieno di Luigi Pellico, al quale Silvio aveva scritto di propria mano e inviato una copia della *Francesca*, appunto verso il 1817 (vedi vol. I, pp. 242, 130, eccetera).

Più importante è la nota, che Silvio Pellico scrisse sotto a' versi seguenti, e che appartengono a questo autografo:

PAOLO.   Parla.
    Chi è dessa? chi?
LANCIOTTO. Tu la vedesti allora
    Che alla corte di Guido...
PAOLO.   Essa...(*)

***

I manoscritti di Silvio Pellico, che si conservano nell'archivio della *Civiltà Cattolica*, sono tutti incompiuti o mancanti di varii fogli. Di essi un catalogo accuratissimo fu pubblicato già dal Padre Bresciani, in un articolo che ha questo titolo: *Degli scritti inediti di Silvio Pellico* (Anno 1855, vol. 11, serie 2ª). Ecco l'indice di quelli che hanno qualche valore.

PROSE. 1. *Considerazioni morali*. È un piccolo, ma succosissimo trattatello di morale civile e cristiana, in cui Silvio Pellico svolge i doveri sociali, che obbligano gli uomini costituiti nella doppia società dello Stato e della Chiesa. Ci sembra un lavoro pregievolissimo, meritevole di uscire alla pubblica luce. Sebbene manchi qualche capitolo e si sieno smarriti alcuni fogli, pure la natura del lavoro è tale che ogni capitolo può stare da sé e porgere

---

(*) « Qui un cattivo comico griderebbe: *Essa !!* come un energumeno, « e farebbe smanie esagerate per tutto il resto della scena. Un attore « esperto, sapendo che lo spettatore non ha bisogno di essere con modi « caricati informato della situazione di Paolo, capirà anche che Paolo, per « nascondere la sua agitazione, deve tentare di mettere pochissima espres- « sione nei gesti e nella voce. » (Ved. opusc. cit. p. 11).

materia di dilettevole lettura del pari che utile. L'opuscolo è così intitolato: DEL PENSARE GIUSTO E GENEROSO. STUDII MORALI DI SILVIO PELLICO, con la seguente epigrafe:

Fructus enim lucis est in omni bonitate et justitia et veritate. (Ep. ad Eph. c. V.).

Ecco la divisione e il titolo delle parti:

Capo I, (manca) - Capo II, *Religione* - Capo III, *La Chiesa* - Capo IV, *Il Culto* - Capo V, *La politica* - Capo VI, *Amor patrio* - (Manca il Capo VII) - Capo VIII, *Le istituzioni ricevute* - Capo IX, *Il sacerdozio.*

2. *De' nobili sentimenti.* Operetta abbozzata; si conservano pochi fogli, che contengono sottosopra le stesse idee de' *Doveri degli uomini.*

3. *Ingegno e libertà.* Comprende un capo solo, che doveva appartenere a un trattato di morale.

4. *Note Storiche e Filologiche.* Sono molti fogli di fittissima scrittura. Versano intorno a varie lingue, greco, tedesco, latino, italiano; la maggior parte è scritta in lingua tedesca, il che ci fa credere che sia un lavoro fatto nei primi anni che stava in Milano e nel lungo tempo passato nel carcere di Spielberg.

5. *Romanzi storici.* Rimangono oltre a centocinquanta pagine di un primo romanzo, cui diede il titolo di *Raffaella*. Era un tratto di storia saluzzese del secolo XII: lo interruppe dopo la pubblicazione dei *Promessi Sposi*, non sembrandogli più possibile un tal lavoro dopo quel capo d'arte del Manzoni. Tentò poscia un secondo

romanzetto l'*Eleardo*, sullo stesso argomento di storia patria: ma non iscrisse più che un cento pagine e queste anche interrotte.

6. *Studii religiosi.* Sono molte pagine sparse, che ci appalesano in Silvio Pellico un vero valore intellettuale e un lungo studio in ogni genere di opere di filosofia e di controversia. Vi si rinvengono citazioni di grandi autori antichi e moderni, e di varie lingue, riferite nel testo originale ed esaminate con una competenza, che non avremmo sospettato nell'autore delle *Mie Prigioni*. Accanto a queste considerazioni di studio profondo, si trovano molti foglietti staccati, ciascheduno de' quali contiene o una parabola o un racconto evangelico, seguito sempre dalla *morale* che ricava dal fatto in maniera di sentenza pratica. Li dovette comporre per le scuole della marchesa di Barolo: ci sembrano cosa squisitissima, come pensata e scritta da un angelo!

POESIA. 1. *Tragedie.* Vi si conservano gli originali delle quattro tragedie, composte, ma non pubblicate da Silvio Pellico, come la *Laodamia*, l'*Ezzelino*, ecc., mancano tutti di alcune pagine in principio.

2. Le *Cantiche* accennate nel capitolo precedente, sono più o meno soli frammenti.

3. Vi si trova il *Poemetto* in prosa su *Cola di Rienzo* cui Silvio Pellico fingeva di voltare dal latino. È un lavoro, si può dire finito, che compose negli anni di Milano. Vedi vol. I, *passim*.

Tali sono gli scritti inediti tuttavia, lasciati da Silvio Pellico. Non contiamo in questo numero una buona parte di poesie di circostanza, che si trovano presso varie famiglie, come sonetti, canzoncine, ecc. Ci sembra però essere vero pregio il riferire due strofette, che il Borda (nell'opusc. cit., p. 12), dice essere state « raccolte dal labbro moribondo di Silvio. » Sono le seguenti:

>Dio, che all'umana polvere
>Ogni virtù comandi,
>Tuoi cenni son sì grandi!
>Come innalzarmi a te? —
>Figlio, purchè tu m'ami,
>Prenderti in braccio intendo.
>Amami, e a te discendo,
>Ti porto in ciel con me.

**

Tra le cose inedite, lasciate da Silvio Pellico, abbiamo pensato fare opera grata ad ogni lettore italiano, nello scegliere e pubblicare le quattro seguenti composizioni.

La prima è un frammento della *Storia della sua vita*, che come abbiamo narrato più sopra, è andata perduta. Anche da questo solo avanzo si può far saggio dell'importanza di quell'opera. Doveva essere diviso in due parti, di cui la prima narrava la vita anteriore alla sua carcerazione, e la seconda quella posteriore alla ricuperata libertà. Di entrambe ci è rimasto un capitolo.

Le riferiamo come si trovano nell'originale.

Parte Prima.

Nacqui addì 24 di giugno da Onorato Pellico e da Maria Tournier in Saluzzo. La nostra condizione era civile; mio padre era stato destinato al commercio, ma non aveva quelle disposizioni calcolatrici che abbisognano al negoziante; il suo ingegno era volto alla poesia, senza però ambire celebrità. Passò ad impieghi di governo, portando il suo domicilio a Milano: ivi entrato nel ministero della guerra durante il regno d'Italia fu Capo-Sezione, ed ebbe sorte felice trovando stima e simpatia in tutti. Era benevolo e religioso; sempre mite e paziente.

Religione e benevolenza formavano anche l'animo di mia madre, ma con un grado maggiore d'energia. In casa nostra era regina; ognuno di noi la venerava ed amava.

Parte della loro prole morì fanciulla, sopravvivemmo tre maschi e due femmine: Luigi, io, Francesco, Giuseppina e Marietta. Studiai con Luigi e crescemmo compagni amicissimi: i tre altri nacquero più tardi, fummo perciò meno conviventi, ma pur tutti vincolati da tenerezza.

A diciasette anni, io fui condotto dalla madre a Lione presso un suo cugino ricco, il sig. de Rubod, il quale s'io avessi avuto inclinazione al commercio, era disposto a darmi appoggio e fortuna. Simile al padre, io preferiva la poesia, non era mai sazio di leggere; sentii che la scienza de' negozj non mi avrebbe mai allettato. Dopo tre anni, mi separai dall'ottimo parente materno, cui professai costante riconoscenza, e raggiunsi a Milano i genitori con somma vicenderole contentezza. Aspirai ad una cattedra di lingua e letteratura francese nel collegio degli orfani militari, ed esaminato l'ottenni: mille e dugento lire erano l'annuo emolumento, tre sole lezioni per settimana; impieguccio soddisfacente per me, lasciandomi tempo a studiare ed a coltivare le lettere. Venni altresì ammesso negli uffizi della revisione delle opere teatrali; altra piccola occupazione la quale poco mi vincolava.

Per l'età ch'io aveva, il mio intelletto era in possesso di coltura non mediocre ne' classici latini, italiani e francesi. Capiva alquanto il greco; meglio l'inglese, e vi univa lo studio del tedesco. La passione di leggere ed imparare mi dilettava oltre ogni dire. Natura mi v'inchinava, ma oltre a ciò ebbi in tutti i paesi lo stimolo di maestri degni ed amabili. A Torino mi aveva assistito molto e provveduto d'eccellenti libri un mio cugino savojardo, l'abate Duret, il quale costretto ad emigrare dalla rivoluzione, era istitutore dei figli del conte Bertone di Sambuy. In Lione conobbi altri uomini di notevole sapere, che mi furono generosi di consigli, d'affetto e di libri. In Milano venni accolto con amore da Monti, da Foscolo, da tutti i primarj letterati; le biblioteche private e pubbliche mi somministravano ogni desiderata lettura.

Dopo lunghe ore d'applicazione, io sollevava il mio spirito colla vita socievole, parte in famiglia, parte in altre case; passeggiava cogli amici, mi ritrovava con essi al teatro. Appena accorgevami de' miei due così comodi impieghi. Non tralasciai mai di recarmivi con *esattezza nei dovuti giorni, abborrendo in ogni cosa la negligenza e piacendomi d'esser lodato come puntuale in qualsiasi impegno; ma vero è ch'io ci aveva poco merito, non essendomi punto gravosi.*

SECONDA PARTE.

CAPO I.

Dopo dieci anni di carcere e di dolore, io ritornava nel mondo con mille motivi di gioia e di mestizia, e col desiderio d'amare la più parte de' mortali e d'essere amato da loro. L'umana razza era quasi per me come un idolo che m'era stato per lungo tempo rapito, e ch'io finalmente ritrovava. Sarei stato contento d'esser gettato libero fra qualunque specie d'uomini, in qualunque più selvaggio paese, purchè ivi battessero cuori di figliuoli d'Adamo; e tanto più quindi esultai di ripatriare, di rivedere la cara e bella Italia ed una delle più nobili sue regioni, qual è il mio nativo Piemonte, e d'essere qui restituito agli amplessi d'ottimo Padre, d'ottima Madre, di fratelli e sorella amorevolissimi.

Se non avessi avuto nello stesso tempo motivi forti di mestizia, sarei forse impazzito dalla contentezza. Ma l'aver lasciato in carcere alcuni diletti amici, e particolarmente Federico, a me vincolato dalla più dolce affezione e che tanti diritti aveva alla mia - l'essermi separato da altri cari per viaggio - l'imparare la notizia d'infinite morti avvenute in quel decennio, e morti di non poche persone ch'io amava assai, fra le quali una sorella - lo scorgere sui venerati volti de' miei genitori la trista impronta d'un'età pur troppo avanzata e delle angoscie che avevano guasta la loro salute - il rimorso d'essere stato io cagione di tali angoscie - il timore di non poterneli più abbastanza risarcire - tutto ciò m'agitava e mi traeva secretamente amarissime lagrime dal più profondo del cuore.

La mia situazione era strana: io mi sentiva felice e coll'anima straziata; io mi sentiva misero e pieno di consolazioni. Io non capiva il mio stato.

Dopo alcune settimane, acquistai alquanto più di calma, ed allora venne in me crescendo la vaghezza di praticare nuovamente cogli uomini, di misurare nuovamente i miei giudizi coi loro, di conoscere la società nel suo presente aspetto e farmi viva parte di essa, lavorando secondo il poter mio a sua utilità.

Parevami che nella lunga sventura la mia mente fosse diventata più giusta, più atta a giovare, e parzvami inoltre che la solitudine ed il fuoco delle tribolazioni avessero dato alla mia volontà una tempra più forte. Io divisava, se la mia salute ch'era assai rovinata poteva ristabilirsi, di comporre alcune opere letterarie con animo di servire alla verità, alla morale, all'incivilimento cristiano, al cristiano patriottismo. Certo io m'illudeva aspirando a produrre assai cose, ma illudevami per buon desiderio: ognuno sa che l'ideare libri belli ed importanti non è difficile, difficile è il farli. Il mondo è pieno di stupendi progetti e le stupende esecuzioni sono rari prodigi. Io nel progettare sono sempre stato contentissimo, e poco o nulla nell'eseguire il che, grazie al Cielo, ha tarpato sovente la mia ambizione ed il mio orgoglio letterario. Dico grazie al Cielo, perchè se avessi potuto persuadermi d'aver grande ingegno sarei stato il più vano degli uomini.

CAPO II.

I miei buoni genitori, e particolarmente la madre intimorita dalle mie passate avversità,

Così termina quel tanto che ci rimane dell'*autobiografia* di Silvio Pellico! Gli altri frammenti, che pubblichiamo, portano i titoli seguenti:

FEDERICO CONFALONIERI.

> Amico fideli nulla est comparatio et non est digna ponderatio auri et argenti contra bonitatem fidei illius.
> (Eccli, c. 6. 15).

Signor, fra' miei dolori è tal dolore
Che non visto è dagli uomini e tu scerni,
Nè per lusinghe sen consola il core:

Questo cor che di palpiti fraterni
Battuto ha per viventi, i quai racchiusi
In lontana prigione ancor governi!

Ed un di lor più intimamente schiusi
M'avea gli affetti suoi! più avvicendati
I lunghi nostri pianti eransi effusi!

Ah! pietà di quegli animi angosciati!
Pietà di tutti! e sien di Federico
I dolci sguardi ancor su me posati!

D'altre grazie ogni dì ti benedico,
Ma il dovuto inno mio sarà più ardente
Alzato accanto al mio infelice amico.

Signor, se miri i falli, e chi innocente?
Innocente non sono, e pur volgesti
Sovra le mie catene occhio clemente;

Ed i sembianti lungo secol mesti
Fur serenati de' Parenti miei,
Cui letizia cotanta in me rendesti!

Federico a Te chieggio, e conscio sei
Come de' dritti suoi sovra il cor mio
Laude tesser bastante io non potrei.

Da supremi tormenti oppresso er'io,
Quando ti piacque che a me conto fosse
Di quello spirto amante il sentir pio.

Oh quanto del mio fato ei si commosse!
Quanto allora ei gioì, che da mia fronte
Acerbissime cure ebbe rimosse!

L'alma sua e la mia, dacchè le impronte
A vicenda conobbersi e scambiaro,
Sempre a cercarsi e intendersi fur pronte.

Ebbi altri amici, ma nessun più caro!
Nessun che più di Federico ambisse
Metter soave a' mali miei riparo!

Nessun che più di lui m'ingagliardisse
Con istanti, profonde, alte parole,
Sì che al Vangel fosser mie luci affisse!

Ambi illusi ne avean fallaci scuole,
Ma Federico in pria di me tornato
Era al fulgor del sempiterno Sole:

E in quegli stessi dì, quando abbagliato
Vanità giovenil troppo il tenea,
Mai non s'era in dottrine empie acquetato.

L'ingegno suo d'alti pensieri ardea,
Ma sempre ogn'altra abbandonava ei cura,
Se un infelice ei sollevar potea.

Siccom'ei compiangea l'altrui sventura,
La sua ti mova, o Carità Infinita,
E col sorriso tuo lo rassecura!

Come al nudo ei porgea di vesti aita,
Come a color cui fame era...
Rifocillava la mancante vita.

LUIGI PORRO.

> *Quare percussit nos Dominus?*
> (Reg. I, c. 4, v. 3).

Tempi non ho vissuti di sventura,
Porro, con te; lietissimi eran tempi:
Ma tal fraterna ambi ne strinse cura,
Qual pochi ha, tra felici anime, esempi.

E sebben preda a ineluttabil duolo,
Fossimo l'un dall'altro indi strappati,
E tu lunge piangessi il patrio suolo,
E di ferri a me i piè fosser gravati,

Pur nè tu me in obblio, certo, ponesti,
Nè te l'amico tuo pose in obblio:
Sa il Ciel sovra i tuoi giorni esuli e mesti
Quanti gemiti sparso abbia il cor mio!

Teco vivendo, a te m'unìa lo schietto
Animo e l'alternar pace e perigli,
Ma più il soave condiviso affetto
Pe' fidatimi tuoi teneri figli.

Essi mia ambizïone eran più cara!
Essi l'affanno mio, la mia speranza!
Tal d'amor filiale a te con gara
Ed a me pur godean far dimostranza.

Precipitò la folgore, e disciolse
De' nostri avventurati anni l'incanto!
A me voi tutti, a me ogni gioja tolse,
E ramingasti senza i figli accanto!

E sol dopo due lustri ho riveduti
Miei vecchi genitori e i patrii lidi!
Ma senza me i tuoi figli eran cresciuti,
E lor diletti volti io più non vidi!

Nè a lor mura natìe mover mi lice,
Nè calcar lice loro i miei sentieri:
Ci amiam, ma dacchè il labbro più nol dice,
Molti ignoriam del cor mutui pensieri.

Pur cotanto li amai, cotanto li amo,
Che a que' giovani spirti ognor ripenso,
E te renduto a' loro amplessi io bramo,
E prego che in lor fulga ogni alto senso;

Ma fulga puro de' prestigi infausti
Che movono alle ardenti anime guerra,
Nè come il fummo noi, tristi olocausti
Sien di delirio per la patria terra.

Noi trascinaro il vortice de' casi
E ardita speme in Ciel non benedetta;
Ma i nostri cuor da tante angoscie invasi
Luce più degna, spero, indi han concetta.

Forse talor ne' giorni tuoi solinghi,
Dici: « Di Silvio qual sarà or la mente?
« Non fia che più la vana ombra il lusinghi
« D'un vincol tra la sparsa itala gente? »

Nobile amico, io per Italia ancora
Ardo d'amor, ma non frenetico ardo,
E gemo che i suoi fati ella peggiora
Quand' a impossibili opre alza lo sguardo.

Dell'amor patrio - Discorso di Silvio Pellico.

CAPO I.

Gioventù generosa, che ardi d'amor patrio, t'invito a riflettere su questo affetto nobilissimo; t'invito a coltivarlo di tutto cuore, ma con senno, ma con vera cognizione di ciò ch'esso è, di ciò ch'esso impone.

Un amor patrio ostentato per cieco entusiasmo, per leggerezza, per impegno di fazione, ma non altamente sentito, è volgar cosa; egli è ciò, ch'è una fede religiosa, disgiunta da pii sensi, disgiunta da lodevoli opere.

Dal grand'obbligo d'amare tutti i nostri simili, deriva quello d'amare la patria, perocchè i nativi d'un medesimo paese sono quelli che hanno più relazioni tra loro, più modo e più dovere di giovarsi. Non già tuttavia che la divisione dell'umanità in più patrie è talvolta necessario motivo di deplorabili guerre, ma non mai ragione sufficiente d'illiberalità e d'odio fra i diversi popoli. Gli uomini buoni di tutti i tempi amando la patria furono anche benevoli verso gli stranieri.

Amor patrio vuol dire: amare i nostri simili in quel circolo d'azione in cui veniamo posti dal nascere concittadini d'altri uomini, dal nascere partecipi de' beni e de' mali d'un popolo. Vuol dire il sacro intendimento d'onorare l'umanità, e d'onorarla particolarmente in coloro che hanno con noi comuni sulla terra i massimi interessi sociali: la gloria degli avi, la cura della propria prosperità, la cura della prosperità de' figli e de' nipoti.

Per amare la patria con vero, altissimo sentimento, dobbiamo cominciare dal darle, in noi medesimi, tali cittadini, di cui non abbia ad arrossire. Non ama elevatamente un oggetto, se non colui che adopera tutti gli sforzi per rendersene degno.

Sarebb'egli un nobile dono che faremmo alla patria dandole in noi tali cittadini che negassero la Divinità? che non credessero esservi dopo morte alcuna differenza tra il buono ed il malvagio? che non avessero quindi alcuna ragione di non commettere un delitto, ogni volta che potessero commetterlo con piacere e senza timore di venire scoperti? Essere schernitori della religione ed amare degnamente la patria, è cosa incompatibile, quanto sia cosa incompatibile l'amare degnamente un amico e non riputare che v'abbia obbligo d'essergli fedele.

Siaci in abbominio, qual degradamento dell'umanità e sciagura della patria, l'irreligione; e quindi nostro primo proposto, non solo come creature razionali, ma come cittadini, sia d'adorare in ispirito e verità Colui da cui solo abbiamo tutti e vita, e patria, ed idee di bontà e di dovere.

Questo proposto significa voler essere Cristiani. Il Cristianesimo si è la religione, spogliata di tutte le superstizioni, ed impellente gli uomini a tutti i beni morali: chè sebbene fra i così detti Cristiani, v'abbia uomini e superstiziosi e malvagi, ciò non è e non può mai essere colpa della dottrina dell'Uomo-Dio, insegnata costantemente dalla Chiesa.

La sublimità di quella dottrina è sì facile sentirsi da un'anima retta, ed è sì consona quanto alla morale, ai lumi della ragione, e fu pubblicata con tale autorità dal più amabile de' Maestri, e diffusa con tanta copia di virtù da' suoi primi seguaci, e conservata con sì rispettabile sanzione di testimonianze, e malgrado tanti nemici e tanti abusatori, che l'uomo savio non può sottrarsi dal rivivere ed accettare que' pochi misteri ch'ella insegna.

Chiunque esamina le storie, vede che tutte le sètte

non cattoliche sono sorte dopo la Cattolica. Essere vero Cattolico ed essere vero Cristiano, sono dunque una cosa sola.

Noi che abbiamo avuto la fortuna d'essere aggregati alla più antica delle Chiese, alla sola i cui principii non siensi mai alterati, gloriamoci d'essere Cattolici, e non prestiamo fede a quegli uomini appassionati che vollero screditare la Chiesa nostra, volgendola in caricatura, dipingendo come suoi i difetti che non sono suoi, asseverandola meno sociale, meno benefica, meno atta di altre a dare uomini di vaglia alla patria.

Che tai denigratori s'ingannino, già il provarono molti de' nostri avi e molti che pur furono egregi cittadini fra altre nazioni. Proviamolo anche noi! Siamo Cattolici per coscienza, e dimostriamo che questo nome è impulso ad ogni civile virtù!

CAPO II.

Dopo aver sentito che il primo onore da rendersi alla patria, si è di voler essere veracemente e generosamente religiosi, diasi bando a quel vile rispetto, ad un più vile pregiudizio, per cui molti nascondono quasi debolezza la religiosa lor fede, e se si trovano fra increduli, si fingono increduli, per timore di venir confusi fra gli scempi o gli ipocriti. Pusillanimità simile a quella d'un soldato, non ladro nè traditore, il quale udendo taluno chiamar ladri e traditori tutti i soldati, facesse codarda eco alla calunnia e non osasse mostrare l'onorata divisa ch'ei porta sotto il mantello. E perchè vi sono ipocriti e scempi fra' cittadini, non ardiremo noi più di dirci cittadini?

E perchè vi sono ipocriti e scempi fra coloro che camminano su due piedi, ci metteremo noi carponi, per fingerci quadrupedi?

Siccome del passare taluno per una via con intento sciocco od iniquo, non dee farci arrossire di passarvi con nobile intento; siccome, perchè talvolta anche gli assassini fanno elemosina, l'onest'uomo non dee sdegnare di farla; siccome, perchè al tribunale vanno anche perversi avvocati, l'avvocato dabbene non dee tralasciare d'andarvi a difendere il diritto: così, perchè nel tempio entra ogni specie di gente, anche spregevole, il buon cittadino non dee vergognare d'entrarvi. Quell'altare non è meno santo, benchè l'impostore ardisca pure d'accostarvisi; quel rito non è meno sublime, benchè molte menti v'assistano con pensieri di stoltezza e di colpa; quel confessarsi conscienziosamente ad un fratello non è meno un possente stimolo al miglioramento, non è meno un'umiliazione generosa e feconda di grazia per l'uomo sincero, benchè uomini infinti si confessino pure e non si migliorino mai; quell'ardito anelito d'unificarsi con Dio nella mistica mensa non è meno bello, non è meno atto a santificare, benchè altri v'intervenga indegnamente e non senta Dio e ritorni di lì con pensieri più ignobili di prima.

O gioventù che intendi d'onorare la patria con tutte le virtù, scriviti dapprima questo proponimento nel cuore: « Non voglio arrossire del Vangelo! » Guardati dall'ostentare religione, ma professala. Fa vedere che si può essere pio senza essere bacchettone, e che si può essere pensatore sotto lo stendardo della Croce.

A chi ti dice che sotto questo stendardo l'intelletto umano s'avvilisce, perchè i tali ed i tali sott'esso preferiscono l'ignoranza al sapere, e l'inerzia alle magnanime opere, rispondi accennando i tali e tali altri, che adorarono quello stendardo e furono alti ingegni; che adorarono quello stendardo e furono operatori d'insigni fatti e d'insigni sacrificii.

A chi ti dice che la nostra religione proponendo agli uomini una patria celeste, li renda poco curanti della patria terrena, rispondi che il precetto d'amare il prossimo involve per necessità quello d'essere curantissimi della giustizia, il che significa essere generosi cittadini.

A chi ti dice che questa religione proponendo agli uomini d'essere umili e mansueti li condanna ad aggradire ogni più indegno obbrobrio, rispondi ch'ella propone l'umiltà e la mansuetudine perchè sono virtù, ma non già coll'esclusione de' dignitosi e robusti sentimenti. Rispondi che mentre ella è tanto pia ed illuminata, da benedire una dolcezza anche estrema in alcuni buoni, perocchè suo ufficio è di sorridere a tutti i buoni, senza disprezzarne pur uno, e perocchè v'ha tali individui e tali casi ne' quali una dolcezza estrema non è punto imperfezione, ma anzi somma virtù, ella ha pur sempre lodato che dolcezza e forza d'animo vadano congiunte; ella ha pur sempre benedetto gli spiriti vigorosi che senza diventar maligni e superbi, lottano contro l'iniquità e l'errore.

CAPO III.

La patria ha d'uopo che i suoi cittadini la rendano nobile e forte, coltivando non fiaccamente ma con alto rigore di volontà tutte le umane virtù. Non attesta dunque d'amarla se non quell'uomo che coltiva con alto rigore tutte quelle virtù, che la condizione di lui può ammettere.

La condizione di vivere dipendente e vincolato da debito di gratitudine verso i genitori, o verso chi faccia vece di essi, è comune a tutti gli uomini per molta o poca parte della vita. A tutti dunque la pietà figliale è obbligo sacro.

Troppo general cosa si è l'udir giovani parlare caldamente d'amor patrio, per darsi aspetto d'eroi, mentre chi li conosce nelle loro famiglie, li vede figliuoli inamabili, irriverenti, incuranti dell'angoscia che cagionano al padre ed alla madre. No, tali ingrati non sono e non saranno buoni cittadini. L'egoismo che li rende incapaci di cortesia, d'indulgenza, di sacrificio al cospetto de' venerandi autori della loro vita, l'egoismo che li rende crudeli alla vista delle lagrime paterne e materne, si naturerà talmente in essi, che li farà sempre solleciti di sè e poco d'altri; pessimi ricchi, se ricchi; pessimi poveri, se poveri; iniqui in tutti i loro impieghi. Chi non seppe onorar l'uomo nel proprio padre e nella propria madre, è impossibile che l'onori in altri. Una vera, terribile maledizione s'attacca a lui: non può più veder nobilmente l'umanità; non può più veder sè, e ciò che ha forma di sè, tranne come cosa inonorevole. È stato osservato da filosofi che nessun figliuolo ingrato potè mai accendersi di nobile ambizione nè riuscire egregio in arte o scienza alcuna.

L'istinto dell'amor figliale è sì forte, che sembrerebbe non esservi d'uopo raccomandare quest'amore. Ma ricordici questa verità:

Siccome Dio vuol l'uomo libero, affinchè abbia il merito d'operare il bene, così non gli ha dato alcuno istinto, anche de' migliori, de' più necessarii, che non si possa per malvagità reprimere, e sino totalmente cancellare. A tutti i buoni istinti, bisogna che diamo la conferma della nostra volontà, altrimenti vanno in desuetudine.

CAPO IV.

L'amor patrio volendo cittadini religiosi, quali disposizioni di mente e di cuore chied'egli da loro verso il principe e gli altri magistrati?

Chiaro è ch'egli esclude e bassa servilità e maligna irreverenza.

L'adulatore de' potenti e l'odiatore dell'autorità, tutrice de' comuni diritti, sono due malvagi cittadini: questa è verità generale ed inconcussa.

La mente ed il cuor del cittadino debbono coltivare, quant'è possibile, generosa stima e generoso amore a chi regge la patria. Dove un principe è buono, niuna persona ha più diritto di lui alla gratitudine di tutti.

Dove possa parere non tale, il retto cittadino s'astiene tuttavia dal giudicarlo con soverchio rigore, gli serve fedelmente per coscienza e perch'è minor male un principe non buono che la dissoluzione intera dell'ordine sociale, e prega per lui.

Non parlo del caso, ove il principe sia un nemico, venuto a signoria senza diritti e per flagello del popolo. A simile caso provvede Iddio, allorchè il flagello non è più meritato; ma nemmeno allora l'amante della patria non mostrasi corrivo a sollevarsi; chè troppo facil cosa sarebbe avesse a pentirsene. Sempre nelle sollevazioni, a pochi animi sinceri ed inesperti mischiansi molti eroi da macello, per lo più animati da rapacia, ma perfidi e secretamente codardi, i quali se l'assunto riesce, lo infamano co' disordini, e se non riesce, son pronti a riscattare la vita, vendendo i loro fratelli. Si esamini la storia, e vedrassi che così è.

Gli Stati si sono talvolta mutati in meglio per effetto di giuste guerre, ma non mai per congiure. Questa non è una opinione, ma un fatto; e chi volesse allegare eccezioni, le troverebbe sì scarse e sì dubbie, da non considerarsi per nulla.

Non v'ha dubbio, che il buon cittadino desidera di poter amare il suo principe ed i suoi magistrati. Questo giusto e nobile desiderio lo inclina a non prestare agevol fede al male che vien detto di loro; lo inclina ad essere sagace nello scorgere qua i lor veri pregi, là le vere ragioni che scusano i lor falli; lo inclina ad avvezzarsi piuttosto a ragionevole e benefica tolleranza, che a furente e malefica ira.

Se questa tolleranza vien chiamata viltà, ei non si perturba; ei sa che i soli vili sono vili, e non coloro che ricusano di farsi inutilmente forsennati. Ei ricorda *essere primiera prova di patria carità, il non dare con intestini tumulti occasione all'avido straniero d'invadere lo Stato e spogliarlo.*

Felice quel principe che sa destare stima ed amore negli uomini ch'egli governa, ma felici parimenti costoro, se fannosi un dovere d'amarlo, non per cecità di mente, non per indegna servilità ma per onore di sè e della patria, non meno che per giustizia e per gratitudine. Ove l'idea del principe e l'idea del paese ch'ei regge non s'identifica nello spirito degli abitanti, non v'è felicità pubblica, non v'è sicurezza.

FINE.

INDICE ANALITICO *delle persone e delle cose principali contenute in questo Volume.*

INDICE ANALITICO

DELLE PERSONE E DELLE COSE PRINCIPALI

CONTENUTE IN QUESTO VOLUME

A

Addizioni (alle *Mie Prigioni*), vedi Maroncelli Pietro.
Adelfi, Adelfia, nomi di settarii e di sètte 16, 18; vedi settarii, sètte.
Alberto (Carlo), 117, 238, 239; vedi (principe di) Carignano.
Alfieri, 359, 360, 361.
Andryane, settario. Estratto delle sue deposizioni, 23, 25 26, 27, 28, 48, 191; sue relazioni settarie, 258 (nota).
Apofasiméni, nome di settarii, 258.
Arrivabene, (Memorie), 148.
Artico, vescovo d'Asti, 248.
Austerlitz, 188.
Austria, lotta con la Carboneria, 16, 17 segg.
Autobiografia (della Giuseppina Pellico), 159, 214, 215, 216, 217.
Autobiografia (di Silvio Pellico), 147. Per che causa Silvio Pellico la scrivesse, e come sia stata distrutta, 238. Memoria conservatane dal P. Bresciani, 239 segg.; frammenti di essa, 372 segg.
Azeglio (Massimo di), 232 (nota 3), 250, 305.

B

Balbo (conte Cesare), 232 (nota 3), 304, 338.
Baracca (carbonaresca), vedi *Vendita*.
Barbaroux (conte), 220.
Bardaxì, ministro spagnuolo in Torino, 115.
Barolo (marchesa di), detta *Gesuitessa* da Atto Vannucci, 233. Sconsiglia Silvio Pellico dal pubblicare l'*Autobiografia*, 238. Relazioni con Silvio Pellico, 293, 300 segg., 327, 333, 334. Detta l'epitafio di Silvio Pellico, 336.
Barolo (marchese di), 232 (nota 3), 238.
Bastogi (Pietro), settario, 258.
Bazzoni (Giunio), poeta milanese, autore dell'ode: *Luna*

romita aerea composta nel 1827, essendosi sparsa la voce della morte di Silvio Pellico, 207 segg.
Belgioioso (principessa di), sue liberalità verso Mazzini, 259.
Benevello (contessa di), 232 (nota 3), 357.
Bianchi (Nicomede), 224, 234 segg.
Bini, 258.
Bersezio (Vittorio), giudizio su Silvio Pellico, 253 segg.
Bianco (Carlo), capo degli *Apofasimèni*, 258.
Boglino (G. Gioseffo), detto il Savonarola, 227, 230 (nota 1).
Bolza (conte), direttore della polizia austriaca in Milano, 164.
Bombelles (conte di), ministro austriaco in Torino, 222.
Breme (Filiberto, cavaliere di), 114.
Bresciani (Padre Antonio), 147. Sua memoria intorno all'*autobiografia* di Silvio Pellico, 238, 239, segg.; 368.
Botto (Abbate), revisore arcivescovile, 220.
Brofferio (Angelo), 250, 259.
Bubna, generale austriaco, 243.
Buonarroti, *diacre mobile* dell'ordine dei Filadelfi, 28, 29, poi dei sublimi maestri perfetti, 29, quindi degli *Apofasimèni*, 258. Sue relazioni con G. Mazzini, 255 (nota).
Byron (Giorgio), 109, 359.

C

Cambiaso (marchese), 259.
Canova (Angelo), settario, 125 157.
Cantiche di Silvio Pellico, 359.
Cantù (Cesare), testimonianze su Silvio Pellico, 148, 149, 153.
Carbonare (donne), vedi *Giardiniere*.
Carbonari (pseudonimi di) 5, (nota), 85, 86, 87, 89. Varii militanti, 258, 259.
Carboneria, sua origine, affinità con la massoneria 1,12; scopo politico, 4, 5; scopo politico e religioso, 22; gradi, iniziazione, 7; giuramento, 9, 18, 21. Nemica alla reazione della *Santa Alleanza* 13. Nemica giurata dell'Austria, 13 segg. Quanto numerosa, 14, 15. Sua organizzazione, 15 segg., 18 segg. Documento ufficiale sulla Carboneria universale, fatto compilare dal Metternich sulle relazioni ufficiali della famosa *commissione di Magonza*, e degli atti dei processi di Milano (1821-1824), 23 segg.; 244, 258.
Carcano (contessa), 232 (nota 3).
Carcere duro, 188 (vedi Spielberg).
Carignano (principe di). Sue relazioni col conte Confalonieri e con la società dei

Federati, 114 segg. Vedi Confalonieri.
Carravieri, carbonaro, 21.
Cavour, 232 (nota 3), 268 (nota 3).
Chateaubriand, denomina i Piombi di Venezia una carcere da poeta, 231 (nota), 357 (nota).
Chinetti, 175, 177.
Collegno, 115.
Colombo, poema proposto a Silvio Pellico, 361.
Comolli, scultore e settario, 114.
Conciliatore (famoso periodico), 17, 109, 110.
Confalonieri (conte Federico), capo della cospirazione lombarda (1821), 16, 111. Desta l'ammirazione de' giudici, 18 (nota 2). Estratto di alcuni de' suoi costituti 112, 116; era carbonaro e massone, 150, 238. Sue relazioni col cappellano di Spielberg, Paulowich, 191, 193, 197 (nota) 244, 258. Terzine inedite di Silvio Pellico sul Confalonieri, 376.
Consalvi, cardinale secretario di Stato, 108, 109, 126, 127.
Corradino, tragedia di Silvio Pellico, 356, 357, 359.
Corsini (Paolo), settario, 258.
Crétineau Joly, 5, 6 (nota), 196, 197.

D

Dabormida, generale e ministro, accusato dal Gioberti 250, 269 segg.

Dal Pozzo (avvocato), 115, 357.
Dörving (de Witt), settario tedesco, famoso per le sue deposizioni presso la commissione di Magonza (1823-1824). Estratto delle sue deposizioni, 23, 30.

E

Edoardo (Briche), scolaro di Silvio Pellico, 171 (vedi vol. I).
Ester d'Engaddi, tragedia di Silvio Pellico, 251, 254.

F

Faldella (Giovanni), 250 (nota 3), 267 (nota).
Farini (Carlo), suoi propositi rivoluzionarii, 258.
Filedonica, società secreta fondata da Pietro Maroncelli, 86, 93, 98, 100.
Foresti, antico magistrato austriaco, massone e carbonaro, 2 (nota 1). Sue relazioni col carbonaro *apprendente*, prete Fortini, 8 (nota); 14, 15, 17, 20, 21, 153.
Fortini, prete iniziato alla Carboneria, 8 (nota).
Francesco I, imperatore d'Austria, 188 segg.
Franzoni, arcivescovo di Torino, 250.

G

Gagliuffi, 246, vedi vol. I.

Galimberti, generale napoleonico, 125.
Gardani, presidente del tribunale di Venezia, 154, 158.
Gennarelli (Achille), 69, 104 (nota 2).
Giardiniere, Donne aggregate alla Carboneria, loro esistenza e loro uso nella setta 10, 11.
Gifflenga, capo degli Adelfi di Piemonte, 16, 115.
Gioberti (abbate Vincenzo). Fede di battesimo, 253 (nota 2); sue prime relazioni con Silvio Pellico, 248 segg.; gli dedica il *Primato*, 249. Nemico de' suoi antichi amici, 249, 250. Suo giudizio su alcune tragedie del Pellico, 250 segg.; e sulle *Mie Prigioni*, 252, 253. Ne difende le virtù e la religione, 253, 254, 255. Seguace della filosofia di Stratone di Lampsaco, 255 e nota. Sue idee repubblicane, consigli amichevoli di Silvio Pellico, 256, 257. Piglia parte alle congiure mazziniane del 1833. Sua lettera alla *Giovine Italia*, 259 (nota), Affratellato alla consorteria di Giuseppe Mazzini, 260, 261, 267 segg. Deposizioni giuridiche di un ufficiale, le quali svelano le sue mene settarie 261, 262 segg. È arrestato e messo in carcere, 267. Sua polemica col generale Dabormida, 269 segg.; dedica i *Prolegomi* a Silvio Pellico, carteggio e polemica tra loro, 273 segg. Sua tragica morte, 293 segg. Giudizii di Mazzini intorno a Gioberti, 297; di Camillo Cavour 268 (nota 3); di Silvio Pellico, 298.
Gioia (Melchior), 140.
Giordano (prete), consiglia Silvio Pellico a scrivere le *Mie Prigioni*, 225 segg.
Giovine Italia, congiura e varii affiliati, 258, 259, 260. Congiura scoperta, 265: vedi Mazzini e Gioberti.
Gismonda, tragedia di Silvio Pellico, 250, 252, 254.
Goehausen (Alessandro), direttore della Polizia austriaca in Milano, 109.
Gorresio (Abbate), 223.
Guelfi, nome di settarii, 16, 17.
Guerrazzi, 258.
Guerrini (Olindo, Stecchetti), suoi svarioni su Silvio Pellico, 144 (nota 3).

H

Hercolani (principe), 16.
Humbert (Ferrand), 231 (nota 2).

L

Laderchi (Camillo), 126, 146, 147, 149.
Lamberti, 242.
Latour (De), storico francese della vita di Silvio Pellico, 225.
Lecchi, generale napoleonico, 125.

Leone XII, 193.
Leoniero, tragedia di Silvio Pellico, 250.

M

Magiotti (Quirina, Mocenni), amica di Ugo Foscolo, e poi di Silvio Pellico, vedi Quirina.
Manin, 6.
Manzoni, 342, 347, 369.
Marchionni (Carlotta), celebre artista, amica di Silvio Pellico, 354, 356, 367.
Marchionni Teresa, amata da Silvio Pellico, 120.
Marenco, capitano, 114.
Mari (marchesi), 267.
Maria Antonietta, 3.
Maroncelli (Francesco), 71, 92, 104 (nota 2), 127. Estratto del suo processo, si confessa massone, ma non rivela complici come il fratello Pietro, 143, 144.
Maroncelli (Pietro). Cenni storici, 67 segg. Suo primo processo (1817), cause, sentenza e promesse, 71, 104. È incarcerato a Milano (1820), 120. Sua lettera al fratello, sorpresa dalla Polizia austriaca è causa della congiura scoperta, 120 segg. Confessa i nomi degli affiliati da lui alla Carboneria 128. Testimonianze dello Zaiotti, e del Cusani sulle sue rivelazioni, 140, 141, 142, 143. Si adopera in Milano a fondare una *Vendita*; vi aggrega l'incauto Silvio Pellico, il conte Porro ed altri, 145 segg. Come giudica la carcerazione del Romagnosi, 154 (nota). Un aneddoto sul Salvotti e Silvio Pellico, 155 (nota). È condannato a morte, 156 segg. Vita nello Spielberg, 191, 192, 193. Ragguagli sull'amputazione della gamba fattagli in carcere, 194, 195, 197 (nota). Sue *addizioni* alle *Mie Prigioni* di Silvio Pellico, 237 segg.
Masino (contessa di Mombello), 147, 231, 232 (nota 3).
Massari (Giuseppe). storiografo dell'Abbate Gioberti, 249, 250, 259. Strane asserzioni di lui, 259, 267 (nota), 273 (nota), 281 (nota).
Massoneria, sue attinenze con la Carboneria, 1, 2, 3, sparsa in Italia, prima della Rivoluzione; scoperta e distrutta in Venezia, 3. Divenuta strumento di Napoleone, di Eugenio, di Murat. Assai divulgata in Lombardia, 12; varie logge, 12 (nota 2). Sua confusione con l'*Adelfia* e la *Filadelfia*, 32. Varia, 69, 70, 85, 88, 89, 96, 242.
Matteucci, scienziato, settario, 267.
Mazzini, 2, 250, 258, 259. Autore dell'opuscolo: *La Giovine Italia e l'Abbate Vincenzo Gioberti*, 261. Visita Silvio Pellico, 307, 338.
Mayer (Enrico), affiliato alla *Giovine Italia*, 258.
Maynard (abbé M.), autore della Storia della vita di

Crétineau Joly, (6) nota, 230.
Metternich (principe di), 193. Accusa Silvio Pellico di avere esagerato fortemente nel racconto delle *Prigioni*, 195 segg.; e di avere raccontato cose false. Suo colloquio con Luigi Veuillot intorno a questo argomento, 228, 229, 230.
Misley (Enrico), 140, 141, 142 143, 193, 195.
Montanelli, storico e settario, 69, 267.
Monti, gran maestro Carbonaro della vendita di Fermo, 19.
Monti (Vincenzo), 242.
Moretti, prete apostata, ex-colonnello Napoleonico, settario, 146.
Murat, 87, 95, 104.
Mustoxidi, 242.

N

Napoleone, ode di Silvio Pellico sulla morte del Grande, 344.
Nota degli oggetti lasciati da Silvio Pellico nello Spielberg, 224.

O

Omodei, colonnello napoleonico, 125.

P

Pallia, prete ascritto alla *Giovine Italia*, amico di Gioberti, 259.

Pareto (Lorenzo), marchese settario, 259.
Pinelli, 249.
Pralormo (conte di), ambasciatore sardo in Vienna, 199, 203, 204, 205; 217, 218; 232 (nota 3).
Provana (conte di), 220.
Pagani (Giulio), massone e poliziotto, 109.
Pallavicino (Giorgio), 190 (nota), 191, 239, 272. Cenno storico, 292 (nota), 297 (nota 3).
Paulowich, sacerdote cappellano nello Spielberg, 192, 193.
Pellico (Francesco), sacerdote e poi gesuita, 147, 161, 177, 178, 183, 216, 248, 276, 277 (nota), 285 (nota 2), 287, 319, 320.
Pellico (Giuseppina), sorella di Silvio, 159, 208, 305, 316, 319.
Pellico (Luigi), cade malato alla notizia della condanna di Silvio; come la madre si consultasse per guarirlo, 160 segg.; 171, 175, 177, 178, 183. Si adopera presso l'ambasciatore sardo in Vienna per la liberazione di Silvio, 199, 200. Sue lettere al conte di Pralormo, 199, 203, 204, 205. Sua morte 315; 367.
Pellico (Onorato), padre di Silvio, 159. Sua supplica all'Imperatore per la liberazione di Silvio, 200, 201, 202. Sua lettera all'ambasciatore sardo, 204, 205. Sua lettera alla Giuseppina

Pellico, in cui le invia la poesia del Bazzoni sulla morte, *vociferata* di Silvio, 206, 207. Sua morte, 315, 316.

Pellico (Silvio). Gli atti del suo processo negati allo scrittore di questi volumi, 106, 107. Suo detto intorno al principe di Carignano, 117. Legge in Venezia la *Notificazione* di condanna de' Carbonari, 117 segg. È incarcerato a' 13 di ottobre 1820. Ragguagli sul suo arresto, 128, 131, 134, 135; 214, 215 segg., vedi *Autobiografia, Bresciani*, Suo primo atteggiamento dinanzi ai giudici, 128, 129. Notizie sulla sua prigionia nelle carceri di Santa Margherita, 135. È trasportato in Venezia, febbraio 1821, p. 137. È costretto dalle circostanze a confessarsi reo, 134, 138-140. Perchè si mise nella via delle confessioni, 140-144. Giudizii di Cesare Cantù e maldicenza di Olindo Guerrini (Stecchetti), 144. È aggregato alla Carboneria da Pietro Maroncelli, 145. Testimonianze su ciò, 146, 147. Aggrega altri, secondo Cesare Cantù, 148. Come accadde la sua appartenenza alla Carboneria, 149, 150, 151. Nelle carceri di Venezia, 152, 153. Se abbia svelato compagni di setta, per es. il Romagnosi, 153, 154. La sentenza di morte, la commutazione nel carcere duro, parole del Salvotti, 154, 155 segg. Impressioni della sentenza, 158, 159. Dolori della sua famiglia, 159 segg. Partenza da Venezia per allo Spielberg, 163. Suo carteggio dalle carceri di Venezia, 164 segg. Vita nel castello di Spielberg, 188 segg. Foggia del vestito e regime di vita, 189 segg. Se fu veridico nel racconto delle *Mie Prigioni*, 193, 194, 195, 196, 197, 198. Ode sulla sua morte, di cui s'era sparsa la voce, 207 (vedi Bazzoni Giunio). La liberazione dal carcere duro, scena graziosa accadutagli in Brescia, 212, 213 segg. Le impressioni nella sua famiglia al suo ritorno, 214 segg. Accoglienze festose che riceve dalle principali famiglie piemontesi, 232 (nota 3). Sue lettere di ringraziamento al conte di Pralormo, 217 segg. Come si accinge a narrare la storia delle sue *Prigioni*, 225 segg. Fine che ebbe nel comporre quel libro, 228, 229, 230, 231 (vedi Metternich). Impressione che *Le Mie Prigioni* produssero nell'Austria, 229, 230 (nota 2); persecuzioni e ingiuste accuse nella sua patria, 231 segg., 246. Sua professione di fede morale religiosa politica, 235, 236, 237. Disapprova le *Addizioni* di P. Maroncelli, e viene nel pensiero di comporre un' *autobiografia* 238. Cenni su questa, riferiti dal P. Bresciani, 239 segg. Sue relazioni con l'abbate Vincenzo Gioberti, 248 segg. Rottura con lui, carteggio e polemica, 273 segg. Suoi giudizii sul Gioberti, 290, 291, 292; come ne fu ingiuriato, 293. Sue relazioni con la famiglia Barolo, 300 segg.; non accetta di scrivere nell'*Armonia*, 303; firma una petizione al re di Napoli, chiedente la Costituzione, 304, 305. È nominato cavaliere dell'Ordine di Savoia 305; aneddoto coll'abbate Casalis, 306. È visitato in Torino dal Mazzini, 307. Sua lettera al marchese della Rovere sull'educazione de' Principi, 308 segg. Preghiera di ringraziamento a Dio sulla morte della sua madre, 314; cure affettuose verso sua sorella Giuseppina Pellico, 316 segg. Ragguagli sulla sua morte, 319 segg.; suo testamento, 328. Sua vita letteraria, 337 segg. Sul suo ingegno infiacchito nel carcere duro, 233, 238, 341, 359, 362. Se e come Silvio Pellico amasse la patria italiana, 339, 340, 364. De' suoi detrattori, 139, 233, 357 segg., 361. Ritratto morale, tracciato da lui medesimo, 363. Delle sue opere inedite, 365 segg.

Perrone (conte di), emissario del principe di Carignano presso il conte Confalonieri, 144 segg.

Ponte (Sacerdote), Cappellano della marchesa di Barolo, intimo amico di Silvio Pellico, 147, 307, 319, 320, 326.

Porro (conte Luigi Lambertenghi), uno de' capi della cospirazione lombarda (1821) p. 16; grande amico e benefattore di Silvio Pellico, 104, 129, 145. Quartine di Silvio Pellico sul conte Porro, 378.

Prigioni (*Le mie*) di Silvio Pellico, 188 segg., 193, 194, 195 segg. Come e quando furono scritte, 225, 226; pronta diffusione e universale in Italia e altrove, 227 segg., 233. Della veracità del racconto, 228 segg. Persecuzioni e accuse che gliene vennero da parte di alcuni italiani, 231 segg.; 247, 252.

Q

Quirina Magiotti (Mocenni), la *donna gentile* di Ugo Foscolo, amica carissima di Silvio Pellico, da lui però non mai vista, 170, 354, 357, 360, 364.

R

Radice, 115.
Rasori, celebre medico e settario, 125 (vedi vol. I).
Rattazzi (Urbano), 249.

Ressi (Adeodato) professore, 124, 146, 154 (nota) 157.
Rezia (Giacomo Alfredo), 157.
Romagnosi (professore), 124, 153; arrestato e assolto, 153, 154.
Romantica, società del *Conciliatore*, 109.
Rosmini (De), segretario del tribunale di Venezia, 158.

S

Salvotti, 15 (nota 2), 16. Sua relazione al Governo intorno a' moti settarii del 1821, 18 segg., 110 (nota).
San Marzano, 115.
Santarosa, 232 (nota 3).
Saurau (conte), Governatore di Milano 17.
Schiller, custode nelle carceri di Spielberg, 190, 225, 228, 323.
Sedlenitzki (conte), ministro di polizia austriaca in Vienna, 199, 218.
Settarii, setta: *Adelfi*, *Filadelfi*, *Maestri perfetti*, *Cacciatori americani*, *Figli di Marte*, *Difensori della patria*, *Figli dell'onore*, *Amici del dovere*, *I decisi*, *Società de' patriotti europei*, 18, 29.
Setta de' S. M. P. (*sublimi maestri perfetti*), 25 segg.; sua origine, 28 segg. Suo scopo 30, 33 segg. Confronto con la *Lega tedesca* detta *Tugendbund* (vedi), 30 segg., 32. I *sublimi Eletti* superiori a' *sublimi maestri perfetti*, 30. È diretta secretamente dal *Gran Firmamento*, 34. Sua distribuzione geografica, 35. Composizione de' sinodi, 37. Obblighi de' S. M. P., 38. Cenni storici, 40, 41. Sua estensione 42, 43. Decreti del gran Firmamento, 43, 57. Formule di fede e atti, 44, 45, 46. Estratto del rituale, 46 segg. Libro degli statuti dei *Sublimes Elus*, 49 segg., 54 segg. Statuti dei S. M. P., 51 segg. 55 segg. *Diacres territoriaux*, 53 segg.
Settime, 232 (nota 3).
Sinodo, nome di loggia della setta degli *Adelfi*, 27 segg.
Solera, Carbonaro, 2.
Spielberg, castello nella Moravia, dove scontarono la pena del carcere duro Silvio Pellico ed altri condannati italiani, 157, 163, 181, 188.
Spina, cardinal Legato di Forlì. 104. 110, 111, 117, 125, 129, 147, 148, 150, 186, 235, 244, 246.
Strassoldo (conte), Governatore di Milano, 110, 126, 146, 243.
Stratone di Lampsaco, 255, 256.
Sublimi maestri perfetti, settarii, 28 segg., vedi settarii, sètte.
Sublimi Eletti, capi secreti de' sublimi maestri perfetti 30, vedi settarii, sètte.
Tieboar, motto carbonaresco formato dalle iniziali della sentenza: *Tirannum Inter-*

fice Et Bona Omnia Antiqua Recupera, 9 (nota).
Tommaso (marchesa di S.), 232 (nota 3).
Tommaso Moro, tragedia di Silvio Pellico, 355, 356.
Torre (conte della), 205.
Tragedie di Silvio Pellico, 342, 352, 353, 355.
Trecchi (contessa Fulvia-Nava), 110.
Trobadore, (cantiche del) 182.
Tugendbund (Lega della virtù), setta carbonaresca, 13 (nota), 29.

U

Unità cattolica, 147 (nota 1).

V

Vannucci (Atto), senatore e scrittore, ingiusto per ciò che riguarda Silvio Pellico, 153, 233.
Veuillot (Luigi), celebre giornalista francese, suo colloquio col principe di Metternich intorno alla veracità di Silvio Pellico nel racconto delle *Prigioni*, 229 segg.
Vendita (loggia) di Carbonari, fondata in Milano da Pietro Maroncelli, 145, 150.
Ventura (Padre), gesuita e poi teatino, celebre predicatore e scrittore, 250.
Verga (Carlo), chierico poi senatore, 250.
Visconti (d'Aragona), 125.

Z

Zaiotti (Paride), 69, 140, 141, 145, 193, 194, 195, 198. Incrimina Silvio Pellico di falsità nel racconto delle *Prigioni*, 231 (nota).
Zanze, fanciulla resa immortale da Silvio Pellico, del quale temperò i dolori nelle carceri di Venezia, 152, 228, 231 (nota).

ILARIO RINIERI

Della Vita e delle Opere di Silvio Pellico

Volume I. - L. 5
Id. II. - » 5   } Opera completa L. 9

Franco di porto in tutta Italia.

Dirigere Commissioni alla Libreria Streglio - TORINO.

CPSIA information can be obtained at www.ICGtesting.com
Printed in the USA
LVOW03s0259110414

381280LV00005B/93/P